Bibliothèque Biographique
DE LA COMPAGNIE DE JÉSUS.

VIE
DU PÈRE

NICOLAS TRIGAULT
DE LA COMPAGNIE DE JÉSUS;

Par l'abbé C. DEHAISNES,
Conservateur des archives de Douai.

PARIS
LIBRAIRIE DE P. LETHIELLEUX,
Rue Bonaparte, 66.

LEIPZIG
L. A. KITTLER, COMMISSIONNAIRE,
Querstrasse, 34.

H. CASTERMAN
TOURNAI.

BIBLIOTHÈQUE BIOGRAPHIQUE

DE LA COMPAGNIE DE JÉSUS.

LE PÈRE N. TRIGAULT

VIE

DU PÈRE

NICOLAS TRIGAULT

DE LA COMPAGNIE DE JÉSUS;

Par l'abbé C. DEHAISNES,

Conservateur des archives de Douai.

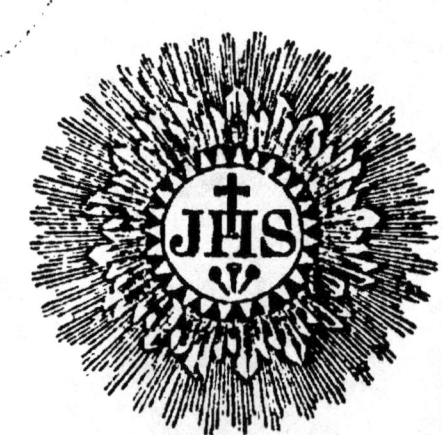

PARIS ✠ LEIPZIG
LIBRAIRIE DE P. LETHIELLEUX,   L. A. KITTLER, COMMISSIONNAIRE,
Rue Bonaparte, 66.   Querstrasse, 34.

H. CASTERMAN
TOURNAI.
1864

PROPRIÉTÉ
et réserve pour toute traduction.

A MONSIEUR L'ABBÉ FAVA,

Vicaire-Général de Saint-Denis (Réunion), Vice-Préfet apostolique du Zanguebar.

Vous n'avez pas oublié, mon cher ami, ces jours du séminaire, durant lesquels, jetant les yeux vers un avenir lointain encore, nous parlions ensemble d'océans à traverser, de contrées sauvages à parcourir, de peuplades barbares et idolâtres à former à la foi et à la civilisation. Ces vagues projets, ces rêves de notre jeunesse, vous les avez réalisés : vous avez traversé plusieurs fois la mer des Indes ; les côtes presque inconnues de l'Afrique orientale ont été explorées par le navire qui vous a été confié ; et c'est grâce à votre zèle qu'une mission, qui sera féconde en résultats, a été établie dans l'île mahométane et païenne de Zanzibar.

Resté dans la patrie, je me suis rappelé nos aspirations d'autrefois et vos travaux d'aujourd'hui, en étudiant la vie et les ouvrages de l'un des premiers apôtres, que la Flandre envoya dans les contrées que baigne l'océan indien. Comme vous il était douaisien ; comme vous il a planté la croix au milieu de populations qui se courbaient devant le croissant ou devant de grossiers fétiches ; il a traversé ces mêmes flots que vous avez tant de fois sillonnés : aussi, c'est à vous que je dédie cette *Vie du Père Trigault*.

Lorsque vous lirez ces pages sous les palmiers de l'île de la Réunion ou dans ce vaste établissement de Zanzibar auquel un souvenir du pays natal vous a fait donner le nom douaisien de *La Providence*, rappelez-vous les jours de notre jeunesse ; rappelez-vous que parmi les nombreux amis que vous avez laissés en France il est un qui n'a cessé de vous suivre dans vos courses lointaines du regard et de la pensée, et dont l'amitié n'a pu être refroidie ni par les années, ni par la distance, ni par *l'abîme aux grandes eaux* (*); rappelez-vous qu'en écrivant les travaux du P. Trigault dans l'Inde et dans la Chine, je me suis souvent surpris à songer à vos missions de l'île de Zanzibar et de la côte d'Afrique : rappelez-vous cela, et donnez-moi un souvenir devant Dieu et dans votre cœur.

Tout à vous en J.-C.

Chrétien Dehaisnes.

Douai, 4 octobre 1863, fête de Saint François-Xavier.

(*) Aquæ multæ non potuerunt exstinguere caritatem.

INTRODUCTION.

I

La Chine au commencement du XVIIe siècle.

En commençant son *Histoire de l'expédition chrestienne au royaume de la Chine, entreprise par la compagnie de Jésus,* le père Trigault dit à ses lecteurs dans une sorte d'avant-propos : « D'autant que les affaires de la Chine sont quasi non moins esloignez de ceux de l'Europe par la raison de la distance des lieux, j'ay trouvé bon, devant que commencer ce que j'ay desseigné, de promettre quelque chose de la situation de ce royaume, coustumes, mœurs, loix et autres semblables, à fin de n'estre en après contrainct d'interrompre souvent le fil de mon discours (1). » De même, avant de retracer les voyages et les études, les prédications, les travaux et les souffrances du savant jésuite de Douai et des autres missionnaires de la compagnie dans l'empire chinois, nous croyons devoir donner de cette contrée, de ses institutions et de sa situation politique au commencement du XVIIe siècle, une description abrégée, qui sera du reste presque complètement empruntée aux ouvrages de celui dont nous racontons la vie. Peut-être ces notes de voyage, écrites il y a deux à trois cents ans, seront-elles toutes nouvelles pour plusieurs de ceux qui nous liront, comme elles l'ont été pour nous; pour tous, nous le pensons du moins, elles seront curieuses et intéressantes, et elles serviront à jeter quelque jour sur l'étude historique que nous essayons dans ces pages. Ajoutons qu'avant de puiser aux récits du père Trigault, nous nous sommes prouvé qu'ils étaient vrais, en les comparant aux travaux

---

(1) *Histoire de l'expédition chrestienne au royaume de la Chine, par le* R. P. Nicolas Trigault *douysien, et nouvellement traduite en français par le* S. D. F. de Ricquebourg-Trigault, p. 2.

importants publiés il y a quelques années par M. Abel de Rémusat, le savant sinologue, et par M. l'abbé Huc, le hardi missionnaire qui a traversé plusieurs fois la Chine et la Tartarie. Et d'ailleurs, qui pourrait refuser d'ajouter foi à ce naïf narrateur en lisant dans la préface et l'avant-propos que nous avons déjà cités : « Or, vous ne devez nullement douter de ceste vérité.... car je suis non-seulement entré dans ce mesme royaume, mais encor j'ay vescu des ans entiers, j'ay veu six des plus nobles provinces d'iceluy, j'ay été en conférence avec les principaux du peuple, les souverains magistrats et hommes lettrez, j'ay parlé le propre et naturel langage des Chinois, et j'ay appris de propos délibéré leurs coutumes, lois, mœurs, cérémonies, finalement, ce qui est de grande importance, j'ay eu, jour et nuict, leurs livres en main... Et je tascherai donc plus de plaire au lecteur débonnaire par la candeur de la vérité que par le fard des paroles (1). »

(1) Trigault. *Histoire de l'expédition chrestienne*. Préface p. 2 et 3.

II

Idée générale de l'empire.

La Chine appelée parfois *Tien-tchao* le Céleste Empire, ou *Tchoung-kouo*, l'*Empire du milieu* ou encore *Tchoung-hoa* la *Fleur du milieu*, avait reçu de la dynastie qui régnait au commencement du XVIIe siècle le nom de *Ta-Min* ou Empire de la grande lumière (1). Avec ses 15 grandes provinces et ses pays tributaires, avec 158 *fou* ou villes très-importantes, ses 247 *tcheou* ou villes encore très-grandes et ses 182,000 *hien* ou villes ordinaires, ses citées de barques et ses innombrables bourgades et villages, avec ses 58,880,801 hommes en état de porter les armes, sans y comprendre les peuples qui n'étaient soumis qu'au tribut, elle formait l'état le plus vaste et le plus riche dont l'histoire ait conservé le souve-

(1) Chaque dynastie nouvelle changeait le nom de l'empire Les Malais et les Indous l'ayant connu à l'époque où régnait la dynastie des *Thsin* l'appelèrent *Tchina*, nom que les Portugais adoptèrent et répandirent dans toute l'Europe.

nir (1). Son sol fertilisé par de grands fleuves et de nombreux cours d'eau, par un habile système d'irrigation, une industrie active et des méthodes d'agriculture que les siècles avaient perfectionnées, fournissait abondamment tout ce qui était nécessaire à la subsistance, au bien être et au luxe de son immense population, tandis que les transactions commerciales étaient multipliées par l'amour et le génie des Chinois pour le négoce et le gain, étaient favorisées par les routes, les grands cours d'eau, les nombreux canaux qui mettaient facilement en relation les provinces les plus éloignées l'une de l'autre.

Depuis un temps immémorial ces peuples fabriquaient des étoffes de soie et de coton, des toiles de chanvre, des crêpes et des satins à fleurs; leurs ouvrages en bambou et en ivoire, leurs laques et leurs porcelaines étaient déjà recherchés en Europe; c'était d'eux que les Arabes avaient connu l'usage de la poudre à canon qu'ils nous ont enseigné. Inférieur aux nôtres pour la grandeur et la durée, leurs mo-

---

(1) Trigault. *Histoire de l'expedition chrestienne*, page 4 à 6, 44 etc. Les chiffres cités sont donnés par Trigault, d'après une description de l'Empire chinois imprimée à Péking en 1574.

numents publics et leurs habitations particulières présentaient pourtant un caractère d'originalité et de légèreté qui plaisait à l'œil : les couleurs brillantes dont étaient peintes leurs demeures, le mobilier en bois de senteur, en laque, en ivoire, en porcelaine qui les ornait, les innombrables arcs de triomphe qui s'élevaient dans les villes, les ponts magnifiques jetés sur les fleuves les plus larges, les palais aux toits gracieusement relevés et ornés de dragons ailés et d'animaux fantastiques, les pagodes aux délicates sculptures, aux statues souvent grotesques mais colossales, les fêtes embellies par la musique, par des exercices littéraires et par des représentations dramatiques, tout annonçait une civilisation antique et puissante, peut-être même déjà l'excès de cette civilisation (1).

(1) Trigault. *Histoire de l'expédition chrestienne*, page 10 à 18, et passim.

III

L'imprimerie.

L'ouvrage de Trigault nous fait connaître que l'imprimerie avait atteint en Chine, un degré assez remarquable de perfection : « Et il en est qui asseurent que les Chinois ont usé de l'imprimerie devant que Dieu immortel se fust abaissé soi-mesme en ce monde mortel. Mais elle est beaucoup différente de la nostre, qui serait très-difficile pour la multitude de leurs caractères hiéroglyphiques, encor qu'aujourd'hui, en quelque brevet, ils gravent leurs charactères en une table légère et unie, faite de poirier, pommier, ou de l'arbre qu'ilz appellent *zizyzho*. Sur cette table ilz transcrivent la feuille, ou plus tost la collent toute entière légèrement, puis après ils rasent très subtilement le papier déjà deséché, de telle façon qu'on ne voit rien rester en la tendre surface que les charactères apparens, puis ilz engravent avec des touches de fer tellement ceste tables que les seuls linéamentz des charactères ou de la peinture paraissent élevés. En après ilz impriment comme il leur plaist leurs feuilles avec une facilité et promptitude incroyable. Et quelquefois un seul imprimeur en despechera mil et cinq cens en un jour. Ilz sont aussi si prompt à graver leurs tables, qu'ilz me semblent ne mettre pas plus de temps à en graver une que les nostres feraient à la composer, et corriger..... De ceste commodité provient si grande multitude de livres, et à si bon marché, qu'il n'est pas aysé de l'expliquer à qui ne l'a veu (1). »

La langue chinoise a toujours passé pour très-difficile à apprendre ; ses quatre cent cinquante intonations monosyllabiques se multiplient par la variété très-subtile des accents, jusqu'à seize cents environ ; différant dans les diverses provinces, elle présente, même dans le *Kouan-hoa* ou langue commune, un grand nombre de sons presque identiques, de telle façon que, même en parlant entre eux, les habitants du pays sont souvent forcés de tracer leurs mots en l'air, sur la main de leur interlocuteur, sur un mor-

(1) Trigault. *Histoire de l'expedition chrestienne*, p. 10.

ceau de papier ou sur le vernis en laque qui recouvre les tables. N'usant guère de l'écriture phonétique pour leur langue, ils ont presque autant de caractères qu'il y a de mots; cependant en les modifiant à l'aide des accents, ils sont parvenus à les réduire au nombre de soixante-dix à quatre-vingt mille. « Qui en cognoist dix-mille d'iceux, dit le père Trigault, il a la cognoisance des lettres qui sont quasi nécessaires pour escrire; car il n'est pas du tout besoin de les cognoistre toutes; et n'y a peut estre en tout le royaume aucun qui les cognoisse. La plupart de ces lettres sont d'un mesme son, non mesme figure, voir aussi non d'une mesme signification. D'où provient qu'on ne trouve aucun autre langage tant équivoque (1). »

(1) Trigault. *Histoire de l'expédition chrestienne*, p. 21.

IV

L'instruction et la classe des lettrés.

L'instruction était très-répandue en Chine au XVIIe siècle; déjà favorisée par la quantité prodigieuse de livres que l'on trouvait partout, elle l'était plus encore par le grand nombre des écoles publiques : il n'était pas de village et de hameau, de cité flottante et de réunion de quelques barques, où l'on ne vît un lettré enseignant les caractères avec le pédantisme qui distinguait celui qu'on appelait autrefois en France le *magister*. Il fallait avoir étudié pendant plusieurs années, dans ces écoles et avec des maîtres particuliers, pour arriver aux trois degrés qui correspondaient à nos grades de bachelier, de licencié et de docteur. On ne les obtenait qu'après de longs examens, dans lesquels on était interrogé sur les mathématiques et l'astronomie, sciences très-estimées mais imparfaitement connues, sur les anciennes annales et l'administration de l'empire, questions traitées dans un nombre considérable d'ouvrages, et enfin sur toutes les idées que renfermaient les *King* ou les cinq doctrines et le *Tétrabiblion* de Confucius et de deux autres philosophes, sortes de livres sacrés où il y a de la philosophie, de l'économie politique, de l'histoire et de la poésie. La sévérité des examinateurs était très-grande. « Sitôt, dit encore le père Trigault, que le *Ti-ho* (président de la commission) est arrivé, tous ceux de la ville ou des lieux voisins qui prétendent à ce degré, (Baccalauréat), accourent incontinent ensemble et arrive souvent qu'il y en a quatre ou cinq mille d'une seule ville.... Après deux premiers examens, sont présentés au *Ti-ho* deux cens seulement de tout ce nombre, qu'ilz ont jugez les plus capables. Le troisième examen est faict par le *Ti-ho* qui est en tout et par tout plus rigoureux que les autres, car les deux cens il n'en dénomme pas plus de vingt ou trente bacheliers, et les adjoute au nombre de ceux des années précédentes, qui tous, à cause de leur dignité, ne sont pas des moindres de la ville. Car ilz sont honorez de tous pour le respect de l'authorité à laquelle ils s'avancent; ils prennent la robe longue, le bonnet et les brodequins, marque particulière de leur qualité (1). »

Pour les degrés correspondants à la licence et au doctorat, les examens étaient encore beaucoup plus longs et beaucoup plus difficiles. On comprendra mieux l'importance que les Chinois y attachaient, lorsque nous aurons fait connaître leur système administif et leur situation politique.

V

L'empereur et les mandarins.

L'idée de la famille était le principe constitutif de la société chinoise; et la personnification de ce principe était l'empereur que l'on appelait d'après une expression très-usitée le *père et mère* de ces trois cents millions de sujets; on lui donnait aussi le nom de *Tien-dze* ou Fils du ciel, parce que l'on croyait que c'était du ciel, qui dirige tout, qu'il tenait sa puis-

(1) Trigault. *Histoire de l'expédition chrestienne*, page 27 et seq.

sance à laquelle nul ne pouvait se dérober ; chef religieux, militaire, politique et littéraire de l'empire, son autorité était absolue ; à son avènement il pouvait changer, il pouvait abolir toutes les lois ; à lui seul appartenait le droit de vie et de mort ; tout pouvoir émanait de lui ; ses ordres étaient considérés comme sacrés ; on frappait neuf fois la terre du front lorsqu'on était admis à l'honneur insigne de saluer le trône vide où il s'asseyait quelquefois ; on conservait comme une relique précieuse une ceinture de soie qu'il avait donnée à un ministre ; et une parole bienveillante adressée par lui à l'un de ses sujets, était gravée par celui-ci dans le marbre ou sur des étoffes précieuses pour être transmise à la postérité. Il y avait pourtant des limites à cet absolu pouvoir. Les coutumes traditionnelles, les usages des ancêtres étaient des lois inviolables même pour le *Fils du Ciel* ; sur ce point, il lui était impossible de braver les mœurs et l'opinion publique ; mais l'obstacle insurmontable que trouvait l'absolutisme impérial était la corporation des lettrés.

Ces lettrés que nous appelons mandarins d'après les Portugais et que les Chinois nomment *Kouang-*

fou, étaient déjà ce qu'ils étaient alors, au onzième siècle avant Jésus-Christ. Distingués des autres Chinois par leur globule rouge, bleu, blanc ou doré, par leur longue robe, par leur ceinture ornée de dessins variés formés, selon la dignité, avec des laques, de l'ivoire ou des pierres précieuses, par les cassolettes d'encens, les drapeaux de soie et les parasols plus ou moins nombreux, plus ou moins riches que l'on portait devant eux, et enfin par le nombreux cortége de soldats, de domestiques et d'esclaves qui les accompagnait, les mandarins étaient entourés de la vénération la plus profonde; lorsqu'un lettré d'un grade élevé s'avançait dans une rue, on voyait, même au milieu des quartiers les plus populeux de Péking, les passants, toujours si nombreux et si affairés, retourner sur leurs pas ou s'agenouiller dans la poussière, et toutes les maisons devant lesquelles passait le grand dignitaire observaient un silence respectueux. C'était seulement parmi ces lettrés, et toujours d'après les classifications établies dans les examens, que l'Empereur pouvait choisir les employés civils et militaires. L'administration était confiée à six cours souveraines ayant leurs bureaux, leurs divisions et leurs subdivisions dans toutes les provinces : la première appelée *Li-pou*, s'occupait de la nomination des officiers civils, la deuxième, *Hou-pou*, des revenus publics, la troisième, *Ly-pou*, des rites et des cérémonies, la quatrième, *Snig-pou*, de la guerre, le cinquième, *Hnig-pou*, des affaires criminelles, la sixième, *Koung-pou*, des bâtiments publics; il y avait encore des cours établies par les conseils de la censure, pour les représentations des provinces et pour les affaires des pays tributaires; le *Han-Lin* ou académie impériale s'occupait de l'instruction publique, de la littérature et des sciences. L'initiative de toutes les affaires appartenait à ces cours et non à l'Empereur lui-même; aussi Trigault nous dit-il : « Encore que j'ay dit que le gouvernement de ce royaume est monarchique, toutes fois on peut voir qu'il n'y a pas peu de l'aristocratie meslée (1). » Au-dessus de ces cours étaient les *Colaos*, au nombre de trois ou six, véritables ministres chargés des affaires au nom de l'Empereur, et plus haut encore, les conseils des *Choli* et des *Tauli* composés tous

---

(1) Trigault. *Histoire de l'expédition chrestienne*, page 38.

deux de soixante docteurs, chargés d'avertir l'Empereur de toutes les fautes commises dans l'état. Et le pouvoir de ces deux conseils n'était pas une lettre morte : l'on avait vu, à l'époque où Trigault était en Chine, deux exemples de résistance ouverte à la volonté de l'empereur. *Wan-Lie* qui régnait alors ayant déclaré que le plus jeune de ses fils hériterait de la couronne, beaucoup de mandarins qui avaient écrit contre cette décision arbitraire, avaient été destitués ; mais « certain jour, dit le missionnaire, tous les mandarins qui pour lors estoient présens conspirant ensemble s'en allèrent au palais royal, et déposant les marques de leurs offices, envoièrent quelqu'un pour advertir le roy que s'il vouloit contre les lois persister en ce faict, qu'ils se démettaient à l'advenir de leur magistrature.... Ce que le roy ayant ouy, s'abstint contre gré de ce dessin. » Et Trigault ajoute : « Naguères aussi comme le plus grand des *Colaos* ne s'acquittoit pas bien de son devoir, en deux mois il a été accusé, par presque cent libelles, par ces censeurs royaux, encore qu'ilz ressentent bien qu'il estoit surtout fort aymé du roy, et peu après il est mort, et certes (comme on dit) de grand regret et desplaisir (1). »

De tels faits prouvent suffisamment qu'il y avait en Chine un contre-poids à l'autorité de l'empereur dans la corporation des lettrés et dans l'opinion publique : le peuple avait aussi ses moyens d'action contre le pouvoir; c'était le droit de présenter des réclamations aux cours souveraines, d'écrire et d'imprimer des pamphlets mordants qui étaient répandus à profusion, et surtout des affiches railleuses, incisives que l'on placardait dans les rues, sur les places publiques, à la porte même du mandarin que l'on attaquait. Rappelons aussi que, chaque jour, tous les actes officiels étaient publiés dans la *Gazette de Péking,* sorte de moniteur universel dont chaque numéro contenait 60 à 70 pages et dont l'abonnement revenait à moins de douze francs par année. La liberté de la presse et la publicité des actes du gouvernement étaient donc pratiquées en Chine depuis des siècles, quand les Européens n'en avaient pas encore la première idée (2). Du reste, au point de vue politique, l'autorité

---

(1) Trigault. *Histoire de l'expédition chrestienne,* page 42.
(2) Trigault. *Histoire de l'expédition chrestienne,* page 34 à

de l'empereur était loin d'être aussi solidement établie qu'on le croit généralement en Europe : au commencement du XVIIe siècle, des sociétés secrètes travaillaient à la renverser à l'intérieur, tandis qu'à l'extérieur les Tartares, qui avaient dominé de 1206 à 1368, se préparaient à faire de nouvelles invasions. *Wan-Lie*, qui régnait alors, était un prince aimant les lettres et les sciences, adonné à la mollesse et aux plaisirs, qui laissait gouverner ses eunuques et ses colaos favoris qu'un mot de leur maître pouvait envoyer dans l'exil ou au supplice. Pour se défendre contre les Tartares, la Chine avait la grande muraille et des millions de soldats ; mais le rempart qui forme la frontière nord-ouest n'a jamais pu arrêter un ennemi sérieux ; et quant aux troupes, elles avaient trop peu d'habitude de la guerre, de discipline et peut-être même de courage pour résister à l'impétuosité de ces cavaliers du désert qui allaient bientôt se précipiter sur l'empire, comme leurs ancêtres, sous les ordres d'Attila, s'étaient autrefois jetés sur

---

11. — L'abbé Huc. *L'empire chinois.* t. I, page 92 et suiv. t. II, page 99 à 111.

l'empire romain en décadence. Ces troupes ne semblaient pas plus capables de contenir les sociétés secrètes qui depuis longtemps agitaient le pays : la plus redoutable était celle des *Pe-Lien-Kiao* ou l'association du Nénuphar blanc, qui avait ses chefs, ses partisans, ses réunions, ses mots d'ordre dans toutes les provinces. Telle était la situation politique de l'empire au moment où les jésuites commencèrent à y introduire le christianisme : ces deux périls, que nous verrons éclater dans la suite de ce récit, n'existaient encore qu'à l'état latent ; régnant paisiblement depuis plusieurs siècles, la dynastie des *Ming* se croyait assise à jamais sur le trône impérial ; les peuples se livraient sans crainte à l'industrie, aux arts et aux plaisirs ; le *Céleste-Empire* brillait dans toute sa splendeur. Depuis lors, le triomphe des sociétés secrètes et les invasions des Tartares l'ont peu à peu affaibli ; et les voyageurs qui le visitent aujourd'hui ne le voient que dans un âge de décadence (1).

(1) Trigault. *Litteræ annuæ ad annos* 1611, 1612, 1621, passim. — Semedo. *Histoire du grand royaume de la Chine.* — L'abbé Huc. *Le christianisme dans la Chine*, t. II, p. 300.

VI

Les religions.

La Chine n'avait jamais eu de religion d'État ; tous les cultes y étaient tolérés pourvu qu'ils ne fussent point dangereux pour le gouvernement. Trois religions principales y régnaient. La première est la doctrine des Lettrés ou *Jou-Kiao*. Après avoir prescrit l'adoration d'un être suprême, tout-puissant et spirituel, ainsi que des honneurs envers les génies des montagnes, des fleuves et de l'air, cette doctrine était devenue, depuis cinq cents ans, une sorte de panthéisme : « Icelle asseure, dit le père Trigault, que cet univers est composé d'une seule et mesme substance, et que le Créateur d'iceluy ensemble avec la terre et le ciel les hommes et les bêtes brutes, arbres et plantes, et finalement les quatre élementz font un corps continu, duquel grand corps chasques choses sont chasques membres. Ilz enseignent, par l'unité de cette substance, de quel amour toutes choses doivent estre unies ensemble, et que chacun peut parvenir à la ressemblance de Dieu, d'autant qu'il est une mesme chose avec lui (1). » On le voit, les idées de Spinosa et de Kant ne sont pas précisément nouvelles. Le Dieu universel des lettrés n'avait point de temple ; l'empereur seul l'honorait deux fois chaque année, sur deux magnifiques autels élevés l'un à Péking, l'autre à Nankin, et dédiés le premier au ciel le second à la terre ; les mandarins de l'ordre le plus élevé étaient aussi chargés de faire, une fois l'an, des sacrifices aux esprits des montagnes, des fleuves et des quatre régions du monde. Quant à l'âme, après la mort elle s'évanouit en fumée si le vice l'a peu à peu décomposée; et si au contraire la pratique du bien l'a rendue plus vigoureuse, elle continue de vivre pendant de longues années et même pendant des siècles. Les principales vertus que recommandent cette doctrine sont la charité envers le prochain, le respect pour ceux qui ont la puissance, et une vénération religieuse envers les âmes des

---

(1) Trigault. *Histoire de l'expédition chrestienne*, page 86 et 87.

parents et surtout envers celle de Confucius. Chaque famille a une sorte d'oratoire où sont écrits sur des tablettes les noms des ancêtres; chaque ville a un temple des lettrés où, au dessus de l'autel, se trouvent ces mots : Siége de l'âme de Confucius. Trois ou quatre fois l'an, on fait dans ces oratoires un sacrifice solennel et on offre aux ancêtres et au père des philosophes chinois, de la viande, du vin, des fleurs, des fruits, en un mot tout ce qui sert dans la vie. « Ils ne croient pas, nous dit le missionnaire, que les mortz mangent les viandes; mais ils disent qu'ils veulent par ainsi témoigner l'affection qu'ilz leur portent. Voire plusieurs asseurent que ces cérémonies ont esté establies plustot en considération des vivants que des mortz, afin que les enfans et autres plus grossiers soyent enseignez comme il faut obéir aux pères et mères vivans, qu'ilz voient estre, mesme après la mort, honorez avec tant de devoirs par les plus sages et les plus qualifiez. » Nous reviendrons plus tard sur ce culte de vénération rendu aux ancêtres et à Confucius; disons maintenant qu'il était pratiqué par les observateurs des trois religions et qu'on le considérait comme l'une des bases de la société et de la civilisation (1).

La seconde doctrine était celle des *Tao-sse* ou docteur de la raison. Elle avait été mise au jour par un savant philosophe chinois du nom de *Lao-tze*, qui, après avoir visité la Bactriane et peut-être la Palestine et la Grèce, publia le *Livre de la voie et de la vertu*. « Cet ouvrage présente, dit M. Abel de Rémusat, une conformité frappante avec la doctrine que professèrent, un peu plus tard, les écoles de Platon et de Pythagore. Et en voyant les rapports qui existent entre les doctrines et la vie de ce dernier et celles de *Lao-tze*, l'on se demande si le philosophe de Samos n'a rien connu des idées du philosophe chinois. Avec les siècles, beaucoup de superstitions avaient altéré la doctrine des *Tao-sse*; on avait décomposé le Dieu suprême en plusieurs divinités, auxquelles s'étaient joints les génies des montagnes et des fleuves du culte des lettrés, et l'on adorait ces dieux sous forme de peintures et de statues ; les prêtres et les prêtresses des *Tao-sse* retirés dans des monastères et

---

(1) Trigault. *Histoire de l'expédition chrestienne*, page 86 à 89.

voués au célibat y pratiquaient l'astrologie et la nécromancie, y composaient le fameux élixir d'immortalité qui, pendant un certain temps, leur avait donné une grande influence. On les demandait dans les familles, pour célébrer les cérémonies religieuses publiques, et les funérailles des ancêtres (1). »

L'Inde avait donné à la Chine une troisième doctrine, la religion du *Fo* ou *Omito-Fo* qui était le Bouddhisme. C'était bien le culte du Dieu de l'Indoustan avec sa trinité et ses incarnations, avec ses bonzes religieux, ermites ou pèlerins, avec ses idoles monstrueuses et ses temples gigantesques. « En iceux, dit Trigault, on void des monstres demesurez d'idoles de cuivre, de marbre, bois et terre ; joignant ces temples sont eslevez des tours de pierre ou de brique, et en icelles sont encore aujourd'hui conservées de grandes cloches de fonte et autres ornemens de grand prix. » Les bonzes et les bonzesses qui habitaient dans les monastères ou dans les ermitages consacrés au culte de *Fo* étaient alors au nombre de

---

(1) Trigault. *Expédition chrétienne*, page 93 à 96. — Abel de Rémusat. *Mélanges asiatiques*. t. I, page 91 et suiv.

deux ou trois millions : mais décriés à cause de leurs vices et de leur bassesse, ils n'avaient d'influence que sur la lie du peuple. Cependant depuis quelques années, un certain nombre d'entre eux avaient essayé de reprendre une vie plus austère (2).

Pendant des siècles, les partisans des trois cultes avaient lutté avec acharnement; les lettrés, dans ces pamphlets pleins d'esprit et de verve qu'ils publient souvent, avaient accablé les tao-sse et les bonzes en divulguant leurs pratiques superstitieuses. Mais à l'époque où les missionnaires pénétrèrent dans la Chine, ces luttes avaient cessé : « Or en ce temps ceste-ci, est l'opinion la plus receue et approuvée des plus sages et advisez, que toutes ces trois loix sont unies en une, et qu'ensemble elles prennent et doivent toutes estre observéez. » Ces peuples, en effet, répétèrent souvent la fameuse formule : « San-Kiao y Kiao; les trois religions n'en sont qu'une » et ils sont ainsi arrivés à l'indifférentisme le plus complet (2).

(2) Trigault. *Expédition chrétienne*, page 89 et 90.
(2) Trigault. *Expédition chrétienne*, page 96. — L'abbé Huc. *L'empire chinois*. t. II, p. 226.

Le caractère chinois présentait quelques traits saillants que nous ne pouvons omettre. Intelligents, ingénieux, d'un esprit facile et souple, discutant avec finesse et ironie, apportant en naissant le goût de l'industrie et du commerce, animés par l'amour du gain, ils semblaient devoir comprendre facilement l'excellence des produits de l'Europe, des connaissances de ses savants et des doctrines de l'évangile; mais il y avait chez eux un attachement aux idées des ancêtres et aux coutumes traditionnelles qu'il était bien difficile de vaincre; leur orgueil national, la pensée qu'ils avaient de leur supériorité sur tous les peuples étrangers qu'ils appelaient des barbares, étaient des obstacles peut-être plus grands encore; l'amour des jouissances matérielles et l'habitude de la polygamie chez les lettrés devaient aussi retarder la propagation du catholicisme. L'omnipotence de l'empereur, le respect religieux que l'on avait en général pour ses idées devaient produire le même effet sur une population manquant souvent d'énergie et de grandeur d'âme. Enfin il était défendu à tous ceux qui n'étaient pas chinois, de pénétrer dans l'empire. « Ils ne laissent, dit Trigault, vivre dans l'enclos du royaume aucun étranger qui fait dessein de s'en retourner en son pays, ou qu'on entend avoir quelque commerce avec ceux du dehors; voire aussi, ils ne permettent à aucun estranger entrer au cœur du royaume; et encor que je n'aye vu aucune loy qui le défende, toutefois je vois que ceste coutume est depuis plusieurs siècles observée entre eux, par certaine crainte et horreur qu'ilz ont des estrangers.... Mais si l'un d'iceux entre secrètement au royaume de Chine, ils ne le punissent ny de servitude ny de mort; mais ilz lui défendent de retourner en son pays; de peur que d'aventure, il ne trame des nouveautez parmi les siens, à la ruine de l'empire chinois. C'est pourquoi ilz punissent fort sévèrement ceux qui sans permission du roy négotient ou conversent avec les estrangers (1). »

Et ceci, écrivons-nous avec le père Trigault, en terminant cette description de la Chine, « ceci soit assez dit touchant tout le royaume suivant la briefveté proposée, car il serait besoin qu'on publie un volume entier de ces choses... Commençons mainte-

(1) Trigault. *Histoire de l'expédition chrestienne*, page 50.

nant à parler de l'entrée de la religion chrestienne en ce royaume qui est ce à quoi nous avons principalement visé en cette œuvre (1). »

VII

Le christianisme dans la Chine avant l'arrivée du père Trigault.

Déjà l'évangile avait été prêché dans l'empire chinois et chez les Tartares tantôt ses tributaires et tantôt ses dominateurs : nous aurons l'occasion de prouver, dans la suite de ce récit, qu'un prêtre nestorien Olopen l'avait fait connaître à Péking même, en 635 ; au IXe siècle, Timothée, patriarche de Syrie, envoya des moines chez les Tartares Houg-non, qui habitaient sur la frontière de l'empire. Vers 1250, sous les successeurs des fameux Tchingis-Khan, Plan-Carpin visita l'empire des Mongols, envoyé par le pape Innocent IV ; et saint Louis nomma comme son

---

(1) Trigault. *Histoire de l'expédition chrestienne*, page 104.

ambassadeur auprès des Tartares occidentaux, Guillaume Van Ruysbroeck plus connu sous le nom de Rubruquis, moine franciscain de la Flandre-wallonne, qui a laissé des récits si curieux sur ces contrées et sur les chrétiens qu'il y trouva, qui a la gloire d'être le premier de ces missionnaires gallo-belges qui devaient prêcher l'évangile dans les contrées de l'extrême Orient. Le hardi et zélé Jean de Montcorvin, franciscain français, pénétra jusqu'à Péking au commencement du XIVe siècle ; en mourant, il laissa une chrétienté florissante, avec un archevêché dans la capitale et quatre suffragants dans les provinces environnantes (1). Mais au siècle suivant, l'Europe et la chrétienté oublièrent ces églises lointaines qui avaient coûté tant de travaux et de fatigues ; et c'est à peine si, vers 1492, l'on ajoutait foi aux curieuses révélations du vénitien Marco-Polo ; l'on alla même jusqu'à douter de l'existence de ces royaumes connus sous le nom de Cathay et de Zipongy.

Avec Vasco de Gama, les Portugais doublèrent le cap des Tempêtes, et découvrirent de nouveau

---

(1) Henrion. *Histoire des missions catholiques.*

l'empire chinois. Après avoir converti des milliers d'idolâtres dans la presqu'île de l'Inde; après avoir, avec une audace que le ciel seul pouvait inspirer et soutenir, planté la croix du Christ dans la capitale de l'inaccessible Japon, saint François Xavier voulut pénétrer dans l'empire chinois, dans cette vaste contrée que ses habitants appelaient le monde et que les peuples voisins regardaient comme le foyer de leurs lumières et de leur civilisation. Aussitôt les difficultés et les obstacles semblent se multiplier devant lui; il parvient pourtant, après avoir tout bravé, à prendre terre dans la petite île de Sancian, vis-à-vis Canton. Mais à peine, du haut de ce rocher, a-t-il entrevu les rivages si désirés de la Chine, qu'il est saisi par la maladie; seul et sans secours, en proie à une fièvre ardente, il gisait sur le roc, quand un marchand portugais, ému à la vue de ses souffrances, le transporta dans une misérable hutte qui se trouvait sur la côte; et c'est là que le 2 décembre 1552, l'apôtre des Indes et du Japon rendit le dernier soupir, se résignant à la volonté de Celui qui ne lui avait pas permis de prêcher l'évangile dans l'empire chinois (1).

(1) Henrion. *Histoire des missions catholiques*, t. I, p. 160 et suiv. Paris Gaume 1847.

Quatre ans plus tard un dominicain et un jésuite y pénètrent, mais ils sont chassés presque aussitôt; d'autres jésuites ne sont pas plus heureux en 1563; établis dans l'île de Macao, plusieurs d'entre eux, pendant les vingt années qui suivent, profitent de toutes les occasions favorables pour entrer dans la province de Canton; ils ne peuvent y rester. Tant d'insuccès leur avaient presque enlevé l'espoir d'y pénétrer jamais; et plus d'une fois l'on entendit leur supérieur Valognoni s'écrier, en regardant des rivages de l'île la côte inaccessible de l'empire chinois : « Ah! rocher! rocher! t'ouvriras-tu enfin! (1) » Cette gloire, ce bonheur étaient réservés au père Matthieu Ricci.

(1) Alvarez Semedo. *Histoire universelle du grand royaume de la Chine.* Paris, 1617, page 243.

VIII

Le père Ricci.

Né en 1552, à Macerata, dans la marche d'Ancône, Ricci, admis jeune encore dans la Compagnie de Jésus, avait étudié les sciences à Rome sous un mathématicien remarquable le père Clavius ; ses supérieurs, en 1577, l'avaient destiné à la mission des Indes orientales, et, deux ans plus tard, il entrait dans la résidence de Macao, sorte de noviciat préparatoire à la mission de la Chine, où l'on apprenait les habitudes, les mœurs et la langue du pays, où l'on attendait le moment d'y pénétrer. Au mois de décembre 1582, le don d'une paire de lunettes et d'une horloge à un mandarin et le désir que témoignèrent Ricci et ses compagnons de s'instruire de la religion et des lois de l'empire et de discuter avec les lettrés, leur obtinrent l'autorisation de s'établir dans la ville de Tchao-King, non loin de Canton. L'arrivée d'un nouveau gouverneur les obligea de quitter leur résidence ; mais ils y furent bientôt rappelés, et ils eurent enfin le bonheur de sauver une âme : c'était un vieillard, atteint d'une maladie incurable et abandonné dans un champ, qu'ils recueillirent, soignèrent, instruisirent et à qui ils administrèrent le baptême peu de temps avant sa mort.

Mais c'était sur la classe des lettrés qu'il fallait agir. Ricci avait fait placer des cartes géographiques, des sphères et des instruments de physique sur les murs et dans les salles de la résidence ; une grande horloge, qui sonnait les heures, attirait les regards des passants. Des mandarins vinrent discuter des questions de géographie et d'astronomie avec le savant étranger du pays d'Occident ; et, sans trop froisser leur amour-propre, le missionnaire leur prouva qu'ils étaient dans l'erreur sur plusieurs questions importantes. Avec le père Ruggieri il composa plusieurs traités sur les sciences et sur la religion ; les mandarins les étudièrent, les discutèrent avec l'avidité de connaître qui leur était naturelle ; et le nom de Matthieu Ricci, en chinois *Li-mateo,* fut bientôt connu dans une partie de la province de Canton : le gouverneur fit écrire lui-même sur la façade de la résidence des Jésuites : Maison de la fleur des saints.

C'est dans ces travaux de savant plutôt que de missionnaire, que les religieux passèrent six années à Tchao-King ; ils n'avaient pu convertir que deux chinois dont un lettré ; et durant ce temps des troubles suscités par les bonzes avaient éclaté contre eux à Canton, et deux fois ils avaient été chassés de leur habitation. Un nouveau gouverneur, qui arriva en 1589, leur ordonna enfin de quitter définitivement la ville.

Suivant le conseil du Sauveur qui ordonne à ses disciples persécutés dans une ville d'aller prêcher dans une autre, Ricci et ses compagnons se dirigèrent vers une cité voisine, *Chao-Scheou*, où *Tchin-taïso*, un lettré qui les avait visités à Tchao-King, disposa les esprits en leur faveur en se déclarant le disciple du célèbre *Li-mateo*. Fils d'un mandarin très-célèbre, déjà renommé lui-même et par ses connaissances et par les postes élevés auxquels il pouvait aspirer, Tchin-taïso était passionné pour l'étude. Le père Ricci cultiva cette âme ardente et généreuse, cet esprit délicat et pénétrant. Après la géométrie et la physique on étudia la religion : le christianisme fut examiné à fond ; le lettré avoua la divinité de l'évangile. Mais ses passions l'avaient engagé dans des liens illicites, et il n'avait pas la force de les rompre; enfin après cinq années de lutte, en 1594, touché par la grâce, il se disposa au baptême qu'il reçut de la main de celui qui l'avait instruit. Deux chinois, habitant Macao depuis plusieurs années, assistaient le père comme coadjuteurs, et leur zèle contribua puissamment à répandre le christianisme dans cette nouvelle résidence. Cependant la tentative, plusieurs fois renouvelée, de chasser les missionnaires, les troubles fréquents que les bonzes avaient excités contre eux dans la province, faisaient de plus en plus comprendre à Ricci, que les prêtres européens devaient d'un côté se présenter comme des lettrés de l'Occident, et, de l'autre, obtenir de l'empereur lui-même l'autorisation de s'établir dans l'empire. Il adopta pour tous les jésuites attachés à la mission de la Chine, un costume riche et sévère qui rappelait celui des lettrés, et il partit pour Péking, à la suite d'un mandarin militaire qui l'avait prié de soigner son fils. Divers obstacles le forcent de s'arrêter à Nan-tchang capitale de Kiang-si, où il fonde une chrétienté et écrit en chinois un traité sur la mémoire artificielle, une géométrie d'Euclide, un dialogue sur l'amitié imité de Cicéron et un abrégé de la doctrine chrétienne. Enfin, en 1598, il arrive à Péking ; mais le gouvernement, qui était en guerre avec le Japon, craignait les étrangers, et Ricci revint presque aussitôt se fixer à Nan-King, la seconde capitale de l'empire où il établit une troisième chrétienté. Les nombreux lettrés qui se trouvaient dans cette ville entrèrent bientôt en rapports avec le prêtre, le savant de l'occident ; la science préparait la voie à l'évangile. La conversion la plus importante fut celle de l'un des principaux officiers de l'armée, *Sin*, baptisé sous le nom de Paul, qui, dans la suite, convertit sa famille ainsi que plusieurs de ses amis et rendit à la religion les services les plus signalés. En 1600, Ricci, qui n'oubliait pas qu'il était indispensable d'être autorisé par le gouvernement, se dirige de nouveau vers Péking : son voyage est entravé plusieurs fois, et enfin au moment où il va entrer dans la capitale, l'eunuque gouverneur du fort de *Tien-tsin* lui enlève les présents qu'il portait à l'empereur Wian-Lie. Mais celui-ci, ayant appris qu'on avait enlevé à un lettré étranger une cloche qui sonnait d'elle-même (c'est ainsi qu'on désignait une horloge), voulut voir cette merveille et s'en faire expliquer le mécanisme par l'étranger lui-même. Ricci fut amené dans la capitale ; ses réponses excitèrent l'admiration des docteurs les plus illustres ; Wian-Lie, à qui on les rapporta, fit construire une tour où l'on plaça la merveilleuse horloge, et exposa dans les salles de son palais deux tableaux qui représentaient le Sauveur et la Vierge, autres objets ravis au missionnaire. Quant à celui-ci, il obtint la faveur insigne d'être admis à s'incliner trois fois devant le trône de l'empereur ; on lui accorda, faveur plus importante pour lui, la faculté de résider à Péking. A la bienveillance de l'empereur se joignit l'estime des mandarins, qui entendirent avec étonnement et admiration un étranger leur expliquer le phénomène des éclipses, l'existence des antipodes et la situation géographique d'une foule de contrées qui leur étaient presque toutes inconnues ; ses livres furent lus, étudiés et commentés par les plus savants lettrés ; on l'appelait dans tout l'empire le docte, le grand, le saint *Li-ma-teo*. Le missionnaire était enfin récompensé des dix-huit ans de voyages, de fatigues, de déceptions, par lesquels il avait passé. Dès l'an 1602, six personnages d'une condition élevée, dont l'un était juge impérial, et un autre, mari d'une sœur de l'impératrice, furent régénérés dans les eaux du baptême; les docteurs les plus illustres, Lig-osun, Fumochan et Li demandèrent la même faveur. Dans les provinces, les missionnaires, assurés maintenant de la protection de l'empereur, osaient se montrer en public, parler et agir avec liberté; des conversions nombreuses étaient opérées, surtout par le zèle de quelques nouveaux convertis. Ricci dut modérer l'ardeur de ces néophytes et de ses confrères : il ne se croyait pas encore assez fort pour braver l'opinion d'un certain nombre de mandarins, qui soutenaient qu'une religion aussi élevée que celle de l'occident, n'était pas faite pour le peuple. Mais un soulèvement contre les jésuites de Canton, dans lequel périt le père François Martiny, fut pour lui une occasion de faire des réclamations et d'obtenir des priviléges plus importants. Un noviciat fut établi à Péking, dans lequel il forma de jeunes chinois aux mathématiques et aux lettres, et surtout à la vertu et à la piété. Au milieu de ces affaires, de ces travaux et de ces discussions, il avait eu le temps d'écrire en chinois quinze ouvrages dont le plus important est le Thim-tchu-tchi-ly ou la *Véritable doctrine de Dieu*. La mission de la Chine était fondée; elle avait 18 missionnaires, dont 11 prêtres européens, 7 frères coadjuteurs indigènes, et trois résidences dont une à Péking près du palais impérial, lorsque épuisé de fatigue, le père Matthieu Ricci mourut le 11 mai 1610. Quelques mois après, pénétrait dans l'empire chinois le père Nicolas Trigault.

VIE
DU
R. P. N. TRIGAULT
MISSIONNAIRE EN CHINE.

CHAPITRE PREMIER.

La ville de Douai et la famille Trigault. — Naissance et études de Nicolas Trigault. — Son entrée dans la Compagnie de Jésus. — Ses premiers travaux comme professeur. — Son départ pour les missions étrangères.

Au milieu de la fraîche et fertile vallée de la Scarpe, entre la Flandre, l'Artois, le Hainaut et le Cambrésis, est assise la ville de Douai. Cité pieuse, elle avait, en naissant, groupé ses demeures au pied des collégiales de Saint-Amé et de Saint-Pierre; et dans la suite des siècles, elle avait offert elle-même un asile toujours sûr à trois abbayes, à plusieurs couvents et aux monastères de la contrée, qui avaient fondé dans son enceinte des maisons de refuge. Cité amie des lettres, elle avait vu, dès le dixième siècle, des écoles fleurir dans les cloîtres de ses églises et de ses couvents; et sa *Confrérie des Clercs Parisiens*, son *Association du Banc de Cuincy* avaient ouvert, à l'ombre des autels et dans les castels du pays, des concours poétiques, que l'on pourrait appeler les jeux floraux de la Flandre et de l'Artois. Mais c'est surtout au seizième siècle que cette ville devint pour tout le pays un centre de lumières. En 1562, une université fut érigée dans ses murs, et dès lors, chaque année, plusieurs milliers d'étudiants vinrent lui demander la science et les grades académiques. Ils recevaient l'instruction autour des chaires de ses professeurs et dans ses six collèges, et l'hospitalité dans ses dix-sept séminaires ou pensions gratuites pour la plupart. Dès lors on put l'appeler l'*Athènes du nord*, et au commencement du dix-septième siècle l'un de ses poètes put dire dans ses vers :

Douay, docte séjour des beaux esprits Belgeois,
Où tout le monde accourt ainsi que dans Athènes.

Comme toutes les autres cités de la Flandre, cette ville avait une bourgeoisie riche et puissante: depuis longtemps, dans leur hôtel-de-ville, sous leur fier beffroi, ses échevins et ses *six-hommes* délibéraient librement sur tout ce qui intéressait leurs concitoyens. C'était en partie à leur industrie que les Douaisiens devaient ces libertés municipales : le commerce de blé, dont ils avaient le monopole, faisait arriver chez eux l'or de la Flandre et de la Hollande; leurs laines, leurs étoffes, leurs draps étaient recherchés au loin ; de nombreuses corporations d'ouvriers teinturiers, pelletiers, forgerons, s'étaient formées sous des maîtres riches et influents. La ville était alors pleine de vie et de mouvement : un autre poète, Jacques Loys, le père de celui que nous venons de citer, disait que l'oreille y entendait toujours

> Et le résonnant fer de cent marteaux fascheux
> Et les bruits esclattants d'un peuple soucieux (1).

Parmi ces bourgeois, qui unissaient ainsi le culte des lettres au goût pour le commerce, étaient les Trigault, l'une des rares familles de la Flandre française qui portaient encore, à la fin du moyen âge, le nom celtique qu'elles avaient reçu avant les invasions des Romains et des barbares (2). Dans la seconde moitié du quinzième siècle les archives de Douai offrent les noms de Gratien, de Jacques et de Jacquemart Trigault, nés l'un à Cantin et les deux autres dans la ville même ; ils habitaient, le premier rue des *Luyseaulx* maintenant rue Saint-Pierre, et le second rue de *Launoy* maintenant rue d'Infroy ; le troisième occupait, rue Notre-Dame ou de Valenciennes, la *maison Saint-André,* vaste demeure, dont les jardins longeant le cimetière s'étendaient jusqu'aux remparts, et qui semble avoir été l'antique patrimoine

(1) Buzelin. *Gallo-Flandria,* 163 à 166. — Les vers que nous avons cités sont tirés des œuvres des Loys, imprimées chez Pierre Auroy. Douai 1612, 1613.

(2) Le mot Trigault ou Trégault signifie en gaëlic les *trois bois.* C'est un nom que portent plusieurs hameaux dans le nord de la France.

de la famille ; tous trois étaient bourgeois de la cité, et les deux derniers se livraient au commerce de draps et de laines (1). En feuilletant les registres du seizième siècle, nous trouvons un grand nombre de Trigault, alliés aux Doby, aux De Ricquebourg, aux Blassel, aux Leriche de Douai, aux Robault d'Arras et à d'autres familles de Lille et de Bouchain ; presque tous marchands drapiers et pelletiers, ils figurent souvent parmi les *six-hommes* et les échevins de la ville (2). Au dix-septième et au dix-huitième siècle, ils sont unis aux de Gouy, aux Levaillant, aux Bommart, aux Delannoy, aux Evrard, aux de Comble de Rombaux ; plusieurs sont encore marchands et arrivent au *magistrat* ; d'autres sont avocats de la gouvernance ou professeurs à l'université ; l'on en trouve dans le chapitre de Saint-Amé et dans celui de Sainte-Croix à Cambrai, dans l'abbaye de Flines et dans celle de la Paix-Notre-Dame, dans le monastère de Saint-Ghislain en Hainaut et dans la Compagnie de Jésus (3). Leur nom disparaît de Douai à la fin du dix-huitième

(1) *Registre aux bourgeois de la ville de Douai* ; id. aux *naissances* ; id. aux *testaments*, depuis la fin du quinzième siècle. *Passim* — Guilmot. *Extraits des archives de Douai*, p. 172, 1403, 1407, etc. — Nous devons la connaissance de plusieurs membres de la famille Trigault à l'obligeance de M. Aug. Preux, qui a fait les recherches les plus patientes et les plus heureuses sur un grand nombre de familles douaisiennes.

(2) Registres de la ville, id. — Guilmot, id. p. 172, 419, 628, 1008, 1499, etc.

(3) Registres de la ville, id. — Guilmot, id. p. 335, 346, 416, 421. — Le père Ignace. *Dictionnaire* ; mss. de la bibliothèque d'Arras t. IV. p 315 — Le Glay, *Cameracum christianum*, p. 128.

siècle, et aujourd'hui il n'est plus conservé que dans une branche, qui s'était établie à Cambrai au dix-septième siècle. Les armes de cette famille étaient *d'argent à trois tau de sable*, avec la devise : *In Trinitate*. On les voyait en 1644 sur les verrières du cloître des Dominicains et de l'église des Jésuites ; elles furent enregistrées dans l'armorial général en 1698. Comme il n'en est fait mention qu'après le départ des Trigault pour la Chine, nous nous sommes demandé si le *tau*, cette crosse des évêques régionnaires de l'église primitive, n'était pas une allusion au dévouement des missionnaires, et si, dans le nombre de ces *tau*, et dans la devise, l'on ne pourrait pas voir un souvenir des trois jésuites du nom qui portèrent la foi au-delà de l'océan (1).

Dans la première moitié du seizième siècle, la famille Trigault comptait parmi ses membres Philippe, homme de pieuse et sainte mémoire, l'un des témoins du prodige qui fit donner, à la Vierge de l'église de Saint-Pierre, le nom de Notre-Dame-des-Miracles (2) ; son fils Jean qui était mégissier ou, comme l'on disait alors, *marchant de chamois*, avait épousé Marie Leriche, issue aussi de l'une des bonnes familles de la bourgeoisie de Douai : c'est de cette union et dans cette ville, probablement sur la paroisse Saint-Pierre, que le 3 mars 1577 naquit Nicolas Trigault. Plusieurs de ses frères et de ses sœurs nous

---

(1) Manuscrit de la bibliothèque d'Arras, n° 278, p. 85 et 88. — Armorial général de d'Hozier

(2) Martin l'hermite. *Histoire des saints de la province de Lille, Douay et Orchies*, p. 556.

sont connus : Elie né en 1575 et Jean né en 1582, qui tous deux entrèrent aussi dans la Compagnie de Jésus; Michel qui fut plus tard bourgeois de la cité et marchand peaussier comme son père; Marie née en 1591, et Marguerite qui, d'abord religieuse chez les Dames de Flines, entra dans l'ordre plus sévère des Bénédictines de l'abbaye de la Paix, et écrivit une *Vie de Florence de Werquignœul*, remarquable par la simplicité naïve du style et de la pensée, par le ton doux, pieux et élevé qui y règne. Cette vie a paru si édifiante à Dom Martène et à Dom Durand qu'ils l'ont insérée dans leur *Voyage littéraire*, bien que cette reproduction fût, en leur ouvrage, une sorte de hors-d'œuvre (1).

Dans cette famille pieuse qui devait fournir à l'Eglise tant de prêtres et tant de religieuses, Nicolas Trigault dut être formé, dès l'âge le plus tendre, à la

(1) *Album novitiorum domus Probationis Tornacensis ab anno 1584 usque ad annum 1608.* Mss. de la bibliothèque de Bourgogne, n° 1016. Annis 1594, 1598, 1612. — *Voyage littéraire de deux bénédictins*, t. I, p. 218. — On lit dans une *Etude sur les mémoires inédits de M. Monnier de Richardin* publiée en 1841 dans les *Archives historiques et littéraires du nord de la France* (p. 175), que le 17 mars 1699, le professeur de droit Monnier de Richardin écrivit de Paris une lettre plus que tendre à Marguerite Trigault, sœur du célèbre missionnaire. La religieuse, la sœur du missionnaire, Marguerite Trigault, avait fait ses vœux chez les dames de Flines plusieurs années avant 1600, elle était entrée en 1604 dans l'abbaye plus sévère de Notre-Dame de la Paix, et elle n'existait plus en 1699. Nous ferons d'ailleurs remarquer que rien, dans la lettre du professeur de droit, n'autorise à faire croire qu'elle soit adressée à une religieuse : tout indique le contraire.

piété et à la vertu : mais aucun auteur, aucun document ne nous fait connaître son enfance. Nous savons qu'à l'âge de huit ans, il commença ses études dans le collége d'Anchin. Dirigé par les jésuites qui avaient eu soin d'y réunir des professeurs distingués par leur zèle et par leur talent, ce collége n'avait pas tardé à devenir le plus florissant de toute la contrée. Parmi les nombreux condisciples de Nicolas Trigault et de ses frères, nous citerons Jean Rosier d'Orchies qui, plus tard, devenu curé d'Esplechin, publia un volume de poésies qui se font remarquer souvent par l'affectation et toujours par le prosaïsme. Afin de faire connaître les noms des professeurs de celui dont nous écrivons la vie, nous emprunterons à Jean Rosier quelques strophes, dans lesquelles, inspiré par un sentiment qui vaut mieux que ses vers, il chante le père Maurice, et les autres religieux qui ont formé ses jeunes années.

> Je laissay mon pays l'an quatre vingt et trois,
> Et fus enregistré trois jours avant les Rois ;
> Sous Père Mathias j'expédiay la course
>   De la syntaxe douce.
>
> Schondonch me recevant au coupeau Parnassin,
> Mes lèvres abreuva du nectar castalin,
> Si bien m'endoctrina en l'art de poésie
>   Qu'en orne ma patrie.
>
> Le mesme m'enseigna les traits de l'orateur
> Sous lequel de cet art fus un an auditeur,
> Et laschant les torrens de sa grave harangue
>   En a doré ma langue.

> Je fus deux ans après tousjours philosophant
> Dessous Deckerius esprit subtilizant :
> De Dieu j'eus tout cela, et par le bénéfice
> Du bon Père Maurice (1).

Quelques lignes de prose latine, écrites de la main du P. Trigault lui-même, nous font connaître d'une manière plus simple, mais un peu trop laconique, qu'il passa un an dans la classe inférieure, un an aussi dans le cours qui correspond à la sixième d'aujourd'hui, deux en syntaxe, un en humanités, deux en rhétorique et deux en philosophie ; ses études furent assez fortes pour que, le 17 septembre 1594, avant d'avoir atteint dix-huit ans, il pût recevoir le grade de licencié ès-arts dans l'université de Douai (2).

(1) *Poëmes françois contenant plusieurs épithalames, épigrammes... par M.* Jean Rosier, *prestre, pasteur d'Esplechin. A Douai, de l'imprimerie de Pierre Auroy,* 1616. — S ce volume de 327 pages n'offre guère rien de remarquable comme poésie, il pourrait du moins être utile à ceux qui voudraient s'occuper de l'histoire de Tournai, Douai et Orchies, vers le milieu du seizième siècle. Deux élégies sont adressées aux Loys, poètes douaisiens que Jean Rosier comptait au nombre de ses amis et dont il avait imité la manière prétentieuse. Du reste le curé d'Esplechin ne se faisait pas complètement illusion sur le peu de mérite de ses vers ; il avait pris pour épigraphe de son livre : *Non sans espine Rosier;* et il écrivait dans son épître au *lecteur débonnaire :*

> Or, tels que sont, mes discours poétiques.
> Amy lecteur, reçois de bonne part.
> C'est aux amis que j'en veux faire part,
> Laissant gronder les rimeurs fantastiques.

(2) *Album Novitiorum domus probationis Tornacensis.* Loc. cit.

Nous savons aussi qu'il eut pour professeur, dans les deux dernières années qu'il passa au collége d'Anchin, le pieux et savant père François de Fleuront, pour qui il conserva toujours la plus profonde vénération. C'est à ce maître habile, c'est aux études sérieuses qu'il fit sous la direction des Jésuites, que Nicolas Trigault dut en partie cette facilité prodigieuse, qui lui permit d'écrire tant d'ouvrages en latin et en français, et d'apprendre en peu de temps les langues les plus difficiles ; c'est au collége d'Anchin que lui fut inspirée cette soif du salut des âmes, qui le décida à entrer dans la Compagnie de Jésus, et, plus tard, le poussa jusque dans les lointaines missions de l'extrême orient.

La ville de Douai avait déjà vu un grand nombre de ses enfants s'enrôler parmi les disciples de saint Ignace de Loyola. Peu de temps après la fondation de cette célèbre compagnie, deux prêtres appartenant aux meilleures familles de la cité y avaient été admis : Jacques l'Ost, qui se distingua par des missions en Sicile, et Jean de Thunes, connu à la fois comme prédicateur et comme poète. Plusieurs autres avaient marché sur leurs traces, surtout après la fondation du collége d'Anchin. A la fin de la seule année 1586, vingt-quatre élèves de l'université de Douai étaient entrés au noviciat de la province gallo-belge. Parmi les jésuites douaisiens de la fin du seizième et du commencement du dix-septième siècle, nous citerons comme s'étant fait un nom par leurs écrits, Jean Crombeck né en 1563, Antoine Laubegeois né en 1571, Jean Dujardin né en 1575, Jean Caillet né en 1577,

Jean de Valon né en 1597, et Turrien Lefebvre né en 1608 (1). L'exemple d'un si grand nombre de jeunes gens, appartenant aussi aux bonnes familles bourgeoises de la ville, ne dut pas être sans influence sur la vocation du jeune Nicolas Trigault. Du reste, il semble n'avoir pas longtemps hésité : admis au grade de licencié ès-arts à la fin de septembre 1593, à l'âge de dix-sept ans et demi, il demanda à entrer dans la Société quelques semaines après, et le neuf novembre suivant il arrivait à la résidence de Tournai, où se trouvait le noviciat de la province Gallo-Belge dont Douai faisait partie (2).

L'idée qui a inspiré la fondation de là Compagnie de Jésus, et les constitutions qui la dirigent, sont connues : au milieu du seizième siècle, à l'époque où Luther détachait une partie de l'Europe de Rome et de la vérité, un gentilhomme espagnol, Ignace de Loyola, après avoir suspendu son épée devant l'image de la Vierge au Monte-Serrato, après avoir vécu en ermite à Manrèze, en pèlerin à Jérusalem et en élève studieux à l'université de Paris, après s'être montré partout pieux, charitable et zélé, avait, l'an 1534, dans la chapelle souterraine de Montmartre, jeté les fondements de la Compagnie de Jésus, association religieuse destinée surtout à combattre l'esprit de révolte et les idées d'anarchie des novateurs. Tout ensemble ascètes, érudits, professeurs, confesseurs,

---

(1) Buzelin, *Gallo-Flandria*. — Sotwell, *Bibliotheca scriptorum societatis Jesu*, passim. — Sacchini, *Historia societatis Jesu*. Pars III L. IV p 184 et 325.

(2) *Album novitiorum domus probationis Torn.* Loc. cit.

prédicateurs et missionnaires, les jésuites doivent être formés et à la vie contemplative et à la vie active; point de macérations, de chants dans le chœur ou de costume particulier ; ils seront toujours prêts à se mêler à tous les rangs de la société, à braver toutes les fatigues et tous les dangers ; aux trois vœux ordinaires de religion, ils ajouteront celui d'obéissance absolue au souverain pontife pour les missions; même vie pour tous, simple frère coadjuteur, profès des quatre vœux, recteur ou général; défense d'accepter aucune dignité ecclésiastique à moins que l'on n'y soit forcé par le Saint-Siége ; en tout ce qui n'est pas péché, soumission complète aux supérieurs, dans la main desquels tous doivent être ce qu'est un bâton dans la main du vieillard, ou, selon une expression empruntée à saint François d'Assise, ce qu'est un cadavre pour celui qui le transporte (1). Aux yeux d'Ignace de Loyola, les jésuites étaient des soldats toujours prêts à combattre et à marcher; dans sa *compagnie*, comme dans une armée, il fallait obéir passivement au général. C'est là le véritable secret de la propagation rapide, des œuvres étonnantes, et de la puissante influence de l'ordre religieux qu'il a

---

(1) *Constitutiones S J.* Pars VI. c. I. — *Saint Bonaventure, Vita S. Francisci.* Cap. 60. — Voici le texte des constitutions relatif à l'obéissance... *Et id quidem (obedientiam præstare) in omnibus quæ a superiore disponuntur, ubi definiri non possit (quem admodùm dictum est) aliquod peccati genus intercedere, perinde ac si cadaver esset, quod quoquò versus ferri et quacumque ratione tractari se sinit; vel similiter atque senis baculus.* Constitutiones. S. J. Antverpiæ 1635 p. 233 et 234.

institué. Mais pour former des hommes vertueux, énergiques, en un mot capables de réaliser l'idée du fondateur, il fallait un noviciat long, sérieux et sévère. Nous voyons dans la vie du père Trigault ce que le noviciat était au seizième siècle; et il est encore aujourd'hui ce qu'il était alors.

Après avoir quitté sa ville natale, ses amis et sa famille, au moment où disant au monde un éternel adieu il franchissait le seuil de la résidence de Tournai, le jeune candidat à la vie religieuse dut éprouver quelque chose de cette profonde émotion si bien décrite par le R. P. de Ravignan : « Un homme, dit l'illustre orateur que la France vient de perdre, un homme frappe à la porte de la Compagnie de Jésus. Ce qui l'émeut dès l'entrée, c'est la paix profonde de la religieuse demeure. L'aspect de ces murs silencieux, la démarche recueillie de ceux qui les habitent, le bruit des pas qui retentissent comme au désert, l'ordre, la pauvreté qu'on rencontre partout, l'accueil prévenant et l'expression obligeante du bon frère qui introduit, la douce gravité du père qui reçoit, je ne sais quel air suave et pur que l'on respire, une présence de Dieu plus intime, ce semble, et plus famillière, tout dans ce séjour, quand pour la première fois on l'aborde, tout y fait ressentir une impression qu'on ne peut définir, mais qu'il faut nommer l'impression de Dieu (1). »

Pendant les dix à douze premiers jours, Nicolas

---

(1) De Ravignan, *De l'existence et de l'institut des Jésuites*. p. 43 et 44.

Trigault fut abandonné, comme tous les autres aspirants, à sa liberté et à ses pensées, pouvant disposer de son temps et sortir quand il le voulait. Il avait déjà étudié les constitutions de saint Ignace; il les relut avec plus de soin, il s'en pénétra plus intimement, et le père Jean Bargius, maître des novices, lui fit subir un examen sur toutes ces règles, sur les constitutions qui les commentent, sur les lettres par lesquelles Paul III, Jules III, Paul IV, Grégoire XIII et le Concile de Trente les ont approuvées, et enfin sur tous les devoirs qu'elles imposent. Il insista longtemps sur ces devoirs, sur les fatigues et les souffrances du religieux de la Compagnie, sur la difficulté que l'homme éprouve à se plier au joug d'une obéissance passive; le jeune candidat resta ferme dans sa résolution. Alors, après l'avoir interrogé sur sa famille, sur ses études, sur son état spirituel, sur ses intentions, le maître des novices lui fit les dernières questions qui sont posées à tout aspirant au noviciat.

D'une voix plus solennelle il lui demanda :

— Etes-vous prêt à renoncer au siècle, à toute possession comme à tout espoir de biens temporels, et, si l'obéissance ou le besoin l'exige, à mendier votre pain de porte en porte pour l'amour de Jésus-Christ?

— Oui, répondit Trigault.

— Etes-vous résolu d'obéir aux supérieurs, qui tiennent pour vous la place de Dieu, en toutes choses où vous ne jugerez pas la conscience blessée par le péché?

— Oui, répondit-il encore.

— Permettez-vous que, pour votre plus grand avancement spirituel, quiconque aura connaissance, hors de la confession, de fautes commises par vous, les révèle à votre supérieur ?

— Je le permets.

— Consentez-vous à vous revêtir de la livrée d'ignominie que Notre Seigneur a portée, à souffrir, comme lui, par amour et par respect pour lui, les opprobres, les faux témoignages et les injures, sans toutefois y avoir donné sujet ?

— J'y consens.

— Vous passerez pour fou !

— Cela me convient, répondit Trigault.

Et il fut admis dans la résidence de Tournai : c'était le 22 novembre 1594. Le même jour, il consigna sur l'album des novices sa résolution de quitter le monde. « J'ai dessein, écrivit-il, de vivre et de mourir dans la Compagnie de Jésus ; je désire et je veux observer tout ce qui est ordonné dans l'*Examen général*, dans les constitutions, et dans toutes les autres règles... En foi de quoi, j'ai signé ceci de ma main, et j'ai apposé ma signature. NICOLAS TRIGAULT. » Nous avons lu ces lignes dans un manuscrit de la bibliotèque de Bourgogne : bien différente de l'écriture fine, serrée et rapide qui caractérise les autres lettres du missionnaire douaisien, cette page offre des lettres inégales, incertaines, tremblantes : une profonde émotion, une foi vive, quelques souvenirs de la ville natale et de la famille agitaient sans doute ce jeune homme de 17 ans, au moment où, dans son cœur, il s'engageait pour la vie à quitter le monde, sa patrie, et ses parents, au moment où, suivant la voie que Dieu lui traçait, il entrait au noviciat (1).

Le noviciat est une profonde retraite de deux ans, pendant laquelle l'étude est absolument interdite; l'on doit s'y former, dit saint Ignace, à l'humilité et à toutes les solides vertus, ces vrais fondements de toute science sérieuse (2). Le manuscrit de Bruxelles nous apprend que le père Trigault commença ce temps par la première épreuve, c'est-à-dire par une retraite d'un mois faite d'après les *Exercices spirituels* de saint Ignace. Pendant une première semaine, ses méditations se rapportèrent à ces pensées : l'homme est créé de Dieu, pour Dieu, mais le péché l'en éloigne : qu'en a-t-il été de nous en particulier? La seconde semaine montre Jésus-Christ sous l'image d'un roi vaillant et glorieux; deux camps, deux armées, deux étendards, deux chefs, Jésus et Satan : qui veut-on choisir? Durant la troisième et la quatrième semaine, c'est l'amour de Dieu, c'est la vie du Rédempteur qu'il faut considérer pour arriver ainsi à aimer le ciel, à imiter Jésus-Christ. Ces trente jours de solitude complète, pendant lesquels l'on ne parle qu'à son directeur, qui se terminent par une confession générale et par la communion,

---

(1) *Album novitiorum domus probationis Tornacensis...* Mss. de Bruxelles, n° 1016, loc. cit. — *Constitutions des jésuites. Examen général.* Cap. IV, n° 1, 7, 12, 16, 29, 44. — *Constitutiones*, pars. III, cap. I, n° 23, cap. V, n° 2, 10. Cap. IV, n° 44. — Nous avons donné les interrogations faites à Trigault d'après les constitutions et d'après M. de Ravignan.

(2) *Constitutiones S. Ignatii.* Pars. III, cap. I.

ont pour objet de transformer l'âme de celui qui a vécu dans le monde. C'est après cette première épreuve que l'on commence à prendre part à la vie commune des novices. « La prière, les méditations prolongées, l'étude pratique de la perfection et surtout de la plus sincère abnégation de soi-même, la réforme courageuse des penchants de la nature, la lutte journalière et fidèle contre l'amour d'un vain honneur et de fausses jouissances, l'usage quotidien des exercices spirituels et de la conversation avec Dieu, la connaissance de tout un monde caché au fond de l'âme et d'une vie toute intérieure : voilà dit encore le père de Ravignan, ce qui remplit les heures du noviciat (1). » Durant les dix premiers mois que Nicolas Trigault passa dans la résidence de Tournai, ces pieux exercices ne furent interrompus que par un examen que le père Jean Bargius lui fit encore subir le 18 juillet 1595 : les questions que nous avons rapportées plus haut lui furent posées de nouveau, de nouveau on lui rappela tout ce qu'il y a de pénible dans la vie du jésuite.

Au commencement d'octobre, la seconde épreuve lui fut imposée; on l'envoya, pour la subir, dans le collége de sa ville natale, peut-être afin de le former davantage à l'humilité : du 25 de ce mois au 22 novembre, il consacra plusieurs heures chaque jour au service des hôpitaux de Douai, visitant les malades et leur rendant les soins les plus pénibles.

(1) De Ravignan. *De l'existence et de l'institut des jésuites.* p. 44.

La troisième épreuve consiste en un pèlerinage vers un sanctuaire célèbre : sans argent, pauvrement vêtu, Trigault voyagea durant un mois, demandant l'hospitalité et la nourriture aux âmes compatissantes qu'il rencontra sur son chemin. Durant la quatrième épreuve, qu'on lui fit subir dans le noviciat même, il servit d'aide au cuisinier pendant plusieurs semaines, et remplit la charge de domestique et les fonctions de sacristain pendant quatre mois environ. Il exerça les fonctions de la cinquième épreuve, en faisant le catéchisme aux enfants de Tournai, depuis le 15 janvier jusqu'au 1ᵉʳ octobre 1596. Dès le 23 décembre 1595, le maître des novices l'avait autorisé à faire les trois vœux de pauvreté, de chasteté et d'obéissance ; ainsi de lui-même, et plusieurs mois avant la fin de son temps d'épreuves, il avait voulu se lier à jamais à Dieu, et s'engager dans la compagnie au sein de laquelle il voulait travailler à sa propre sanctification en travaillant à la sanctification des autres (1).

Après le noviciat vinrent les *études*, cette seconde période de la vie du jésuite. L'*album* déjà plusieurs cité nous apprend que, le 12 novembre 1596, Nicolas Trigault fut envoyé au collége des jésuites de Lille pour revoir, sous la direction des pères qui y enseignaient, les cours qu'il avait suivis à Douai et spécialement la rhétorique et la littérature ; mais rien ne nous fait connaître si c'est dans la même ville qu'il consacra trois autres années à la philosophie et

(1) *Album novitiorum.* Loc. cit.

aux sciences physiques et mathématiques; nous ignorons aussi où et à quelle époque de sa vie, il donna à la théologie les trois ou quatres années que tout religieux de la Compagnie de Jésus doit lui consacrer avant d'avoir atteint trente ans, âge requis pour recevoir le sacerdoce. Quant à la *régence* ou enseignement de la jeunesse, le P. Trigault l'exerça dans le collége de Gand. Chargé, durant les premières années du dix-septième siècle, d'enseigner la rhétorique aux élèves de seconde année, il montra un talent, une supériorité qui le mirent en grande estime auprès des personnes notables de la grande cité flamande (1). Avec ses connaissances et sa facilité prodigieuse, avec le zèle actif dont il a donné tant de preuves, avec cette prudente habileté et cette sage énergie qui faisaient le fond de son caractère, le père Nicolas Trigault devait former facilement à la science et à la vertu le cœur des jeunes gens qu'il dirigeait ; mais il se sentait appelé de Dieu à une autre vie, sous un autre ciel.

Depuis plusieurs années déjà, il se préparait à partir pour les Indes orientales : il avait étudié l'italien, le portugais, le hollandais, toutes les langues qui pouvaient être utiles aux missionnaires ; la géographie, l'astronomie, les mathématiques, la médecine avaient été tout spécialement l'objet de ses travaux, parce qu'il savait que ces connaissances venaient en aide aux prêtres qui prêchaient dans l'Inde, dans la Chine et dans le Japon : à plusieurs reprises, il avait manifesté au général la vocation qui le poussait

---

(1) Trigault. *Vita Gasparis Barsai*. Epître dédicatoire.

à marcher sur les traces de saint François Xavier; mais ses supérieurs tardaient, hésitaient : sa santé, déjà très-faible, avait encore été altérée par ses travaux littéraires. « Pulmonique et demy-mort, » comme il le dit lui-même, brisé par la souffrance, il lui fallait une force de volonté vraiment prodigieuse pour pouvoir s'occuper de ses fonctions et de ses travaux de professeur. Mais à ceux qui lui disaient qu'il n'était pas assez robuste pour traverser les mers et vivre sous le climat dévorant des Indes orientales, il répondait que les brumes de la Flandre lui étaient funestes, qu'il avait besoin des chaleurs et du ciel du midi, ajoutant que Dieu donne la santé à celui qui se dévoue pour son service, et que l'énergie morale supplée à l'absence des forces physiques. « Il est vray sans point de doute, écrit-il lui-même, que nous pouvons beaucoup plus que nous ne pensons, je dys mesme des forces du corps, qui estant tant soit peu aydéz du secours divin, nous rend capables de faire toutes choses en la vertu de Celuy qui nous conforte. » Et le ciel, disent Buzelin et Patrignagni, sembla l'avoir entendu : à peine, au commencement de l'année 1606, eut-il enfin obtenu du général de la Compagnie la faveur, si longtemps désirée, de partir pour les missions, que la santé parut lui être rendue presque soudainement, prodige qui frappa d'étonnement tous ceux qui l'avaient connu depuis son enfance (1).

(1) *Coppie d'une lettre du R. P. Nicolas Trigault, douysien...* Paris, chez Claude-Chapelet 1609, p. 7 et 8. — Buzelin, *Gallo Flandria*, p. 180. *Annales Gallo-Flandricæ*, p. 623. — Patri-

Avant de quitter la Flandre, Nicolas Trigault revint passer quelques jours dans sa ville natale ; son père et sa mère, dont l'existence est encore mentionnée en 1601, purent peut-être recevoir ses derniers adieux ; du moins ses frères, ses sœurs, ses nombreux parents, ses condisciples du collége d'Anchin voulurent serrer dans leurs mains les mains de l'enfant de Douai, qui s'en allait prêcher la foi dans des contrées lointaines et barbares. Ils l'accompagnèrent de leur admiration, de leurs vœux, et, sans doute, de leurs larmes quand, portant sur le dos un sac rempli d'objets divers, il partit pour le Portugal, plein de forces et d'ardeur, seul, à pied, préludant par ce premier voyage à ces longues courses, qu'il devait faire plus tard à travers toute l'Asie (1). C'est le 21 avril 1606 qu'il quitta Douai. Nous ignorons la date de son arrivée dans le Portugal; mais il y resta plusieurs mois : car avant son départ pour l'Inde, qui eut lieu en février 1607, il eut le temps d'écrire un ouvrage de 338 pages.

En remuant les archives du collége des jésuites de Coïmbre, où il attendait le jour du départ, le père Trigault trouva plusieurs lettres de Gaspard Barzée, missionnaire jésuite hollandais, qui, après une vie assez aventureuse, était entré dans la Compagnie en Portugal, et avait été envoyé dans l'Inde orientale en 1548. Saint François Xavier l'avait chargé de

gnani, *Menologio di pie memorie d'Alcuni religiosi della compania di Gesu.* Venezia, 1730, t. IV p. 105, novemb. — Sotwell, *Bibliotheca Scriptorum S. J.* p. 626.

(1) Buzelin, id. — Patrignagni, id.

prêcher la foi à Ormuz, où d'immenses travaux, des conversions éclatantes et des prodiges avaient signalé son apostolat : revenu dans l'Inde, il y était mort en 1553. Le missionnaire de la Hollande était un compatriote pour le père Trigault; il écrivit sa vie, se disant d'ailleurs qu'avant son départ il ne pouvait mieux faire pour édifier l'Europe et s'édifier lui-même. En lisant cet ouvrage, on sent qu'il a été composé par une âme ardente, qui conçoit d'elle-même tout ce qu'il y a de courage, de noblesse et de foi dans la vie du missionnaire; le style offre une sorte d'exubérance et parfois de recherche, qui révèle l'enthousiasme de la jeunesse : on en jugera par les lignes suivantes. Le père Barzée, qui donnait une mission dans les campagnes du Portugal, vient d'apprendre qu'il est destiné par ses supérieurs aux Indes orientales : « Il part, dit Trigault; arrivé à Pedroga, il fait sonner la cloche pour réunir la foule à l'église, et lui parle avec cette ardeur que peut donner la plus puissante émotion. Parfois la grâce divine imprime de tels élans, surtout si elle appelle aux choses ardues, qu'elle entraîne l'homme hors de lui-même. J'aimerais bien mieux ressentir, moi aussi, l'émotion du père Gaspard Barzée, que de l'exprimer avec des traits imparfaits; déjà, il croyait être dans l'Inde et parler aux brachmanes; il lui semblait qu'il pénétrait au milieu de la Chine et du Japon, ou encore au sein de l'Abyssinie; depuis longtemps, dans son zèle pour le salut des âmes, il avait franchi les distances qui le séparaient de ces lointaines contrées... A la fin de sa prédication, il s'offrit à ses auditeurs pour les réconcilier avec Dieu, leur disant qu'ainsi ils le paieraient de tous ses travaux, et lui donneraient au moment du départ le plus cher de tous les présents (1). » Dans ces quelques lignes, et nous pourrions citer plus d'un passage analogue, ne trouve-t-on pas tout le zèle du missionnaire? Ne reconnaît-on pas le prêtre qui était sur le point de s'embarquer aussi pour ces contrées lointaines, dans lesquelles le héros de son livre se croyait déjà transporté? Peu de temps après, vers la fin de janvier 1607, le P. Trigault et les dix jésuites que la Compagnie envoyait aux Indes orientales, apprirent qu'ils étaient attendus à Lisbonne, afin de partir pour Goa. Le départ des missionnaires, leur navigation, leurs dangers, leur arrivée et leur séjour dans l'Inde ont été racontés par le jésuite douaisien lui-même, dans une letttre qu'il écrivit au R. P. François de Fleuront, son ancien professeur de philosophie au collége d'Anchin (2). Dans cet écrit, dont nous n'avons retrouvé qu'un seul exemplaire, l'auteur se montre à la fois prêtre zélé, géographe instruit, observateur fin et judicieux, conteur naïf, habile et intéressant : il est, dans cette lettre, tel passage que l'auteur du *Génie de Christianisme* eut

---

(1) *Vita Gasparis Barzœi, è S. J. B. Xaverci en India socio*, auctore P. Nic. Trigault, *ejusdem societatis sacerdote*. Antwerpiæ, ex officina Joach Trognœsii, 1610. In-8° de 338 pages, p. 15.

(2) *Coppie de la lettre du R. P. Nicolas Trigault, douysien de la Compagnie de Jésvs, escrite au R. P. François de Fleuron, provincial de la mesme compagnie en la province du Païs-Bas, dattée de Goa en l'Inde orientale, la veille de Noël 1607*. A Paris, chez Claude Chappelet, 1609.

cité, s'il l'eut connu, dans les belles pages qu'il a consacrées aux missions catholiques. Aussi nous reproduirons la première partie de ce récit, en ayant soin de n'altérer en rien les formes archaïques et la charmante simplicité du langage.

CHAPITRE DEUXIÈME.

Lettre du P. Trigault. — Départ de Lisbonne — Navigation. — Tempêtes. — Arrivée au Mozambique. — Attaques des Hollandais. — Débarquement à Goa. — Séjour dans l'Inde.

Mon Révérend Père, la paix de Nostre Seigneur Jésus-Christ, etc.

La douce et agreable memoire que j'ay de vous tous, conjointe à l'extrême desir que je sçay que vous avez de recevoir ces miennes lettres, venànt comme d'un autre monde, faict que d'un grandissime courage j'entreprens à les escrire : je vous diray tout au long nostre voyage, puisque je sçay que telle est vostre volonté et souhait. Sur la fin du mois de janvier de l'an six cents et sept, nous fusmes mandez de Coïmbre pour aller à Lisbonne : où je vous laisse à penser le ressentiment que nous eusmes au despart, et aux charitables embrassemens de près de deux cents cinquante des nostres, qui sont en ce collége. Il y a une chapelle à la sortie de la ville sur une petite colline, en laquelle bien une cinquantaine de nos pères et frères nous vindrent conduire, aux yeux et en face de tout Coïmbre, qui s'estait jetté dans les ruës pour nous voir partir; au quel lieu après avoir récité les litanies de la Vierge, nous les embrassâmes encor un coup, pleurantz à chaudes larmes, qui de regret de nous quitter, qui d'une saincte envie qu'ils nous portoient. De là nous prinsmes nostre route vers Lisbonne onze que nous estións de compagnie le P. Pierre Gomès supérieur, le P. Jaques Rodriguez, Jean Dias, Laurens de Mandoza, Jaques Matos, Hierosme Froz tous Portugais, quatre Italiens, le P. Sebastien Minossi, Sicilien, le P. Louys Mariana, Blaise Savalle de la province de Venise, le premier Brezzan, l'autre Veronois, Jules Cesar Vexus Milanois; je faisois l'onziesme, pauvre miserable, totalement indigne d'un tel bonheur, comme tresbien sçavez.

Le dernier jour de janvier nous montasmes à bort; mais attendant le vent favorable pour desmarer, nous demeurasmes au port à l'anchre jusques au cinquiesme de Fébvrier jour de saincte Agathe, auquel, à la bónne heure, nous fismes voile en trois grandes navires, ou pour mieux dire trois grands chasteaux, tels que sont ceux qui vont ordinairement de Portugal en l'Inde. Celle ou nous estions, qui estait la capitanesse s'appelait la navire de *nossa seignora da peigna de França* c'est-à-dire nostre Dame de la còste de France, prenant son nom d'un lieu ainsy appellé aux fauz bourgs de Lisbonne, fort célèbre à l'occasion de plusieurs miracles qui s'y sont faicts : la seconde s'appeloit la navire du bon Jésus, la troisiesme de sainct François. L'admiral et général de toute la flotte estait Dom Hierosme Contino fort illustre seigneur et bien nostre amy. En chasque vaisseau il y avoit jusques à cinq cents bouches, ausquelles on baillait tous les jours, aux despens du Roy, l'eau, le vin, le pain, la chair et le vinaigre, sans conter leur solde qu'on leur paye contant devant que partir. Ils demeurent et se logent en plusieurs endroicts du navire; les simples soldats et les matelots habitent pelle-mesle au premier estage; au second et troisiesme on y met le vin, l'eau, le biscuit, et les marchandisses, et au quatriesme et dernier le plus bas on y serre et enferme beaucoup de pain et d'eau douce pour l'extresme necessité. Quand je parle des estages le premier est le plus haut près du tillac et le quatriesme le plus bas et plus près du fond du navire. Les personnes plus riches ont des petites chambrettes ou plustost des vrays cachotz.

Quant à pour nous, nous éstions divisez en trois diverses chambres, quattre en la pouppe, cinq sur le gouvernail, et deux près du maistre matz, ausquels lieux nous estions fort commodément logez, si estans assis nous ne choquions de nos testes contre les aiz du navire, en une si grande agitation et ébranlement de la mer : car de demeurer debout ou bien d'estre assis en une chaise c'est un prodige en ce lieu là, auquel les pygmées triomphent des plus grands géants. Les viandes qu'on y mange les plus communes sont le porc salé, le riz et le poisson sec tel qu'est nostre merlusse ou le *stocfix*. On garde la volaille pour les malades; le pain, le vin, et l'eau qu'on baille sont de telle sorte, que pour les prendre il ne les faut ny voyr, ny flairer. Finalement après tout cela, on ne manque point de ce que recherchent tant ceux qui desirent aller aux Indes, c'est-à-dire d'occasion de beaucoup pâtir et endurer : mais nostre bon Dieu nous assiste de son aide et de ses plus douces consolations. Croiriez vous bien que celuy que vous avez cogneu autrefois pulmonique et demymort, parmy tant de mésaizes et incommoditez, parmy l'air estouffé de la mer, parmy la violence des tempestes, ne soit non seulement tombé malade, ains encore qui plus est n'aye jamais ressenti aucun mal de teste, ny bondissement de cœur (maladies trop communes à ceux qui naviguent) ; il est vray sans point de doute que nous pouvons beaucoup plus que nous ne nous pensons, je dy mesme des forces du corps, qui estant tant soit peu aydez du secours divin, nous rend capables de faire toutes choses en la vertu de celuy qui nous conforte.

Nous partismes donc et cinglasmes en haute mer, favorisez d'un bon vent et prospère, si bien qu'en peu de temps nous descouvrismes l'isle des Palmes (en laquelle nos pères qui passoient au Bresil, gaignerent la palme du martire, tant furent-ils fortunez en ces isles fortunées) d'où un vent contraire nous surprint, contre la violence duquel nous combattismes neufs jours tous entiers, jusques à tant que nous approchasmes de l'Isle de Fer, renommee pour la liqueur qu'y distille d'un certain arbre, laquelle les insulaires boivent faute d'autre boisson, voire d'eau mesme qui soit potable.

De là nous voguasmes fort heureusement jusques au sept. degré de l'equateur, d'où nous commençasmes à sentir les chaleurs intollérables et la trop grande bonace qui regne tout le long de la ligne æqui noctiale ; mais aydez de la grace de Dieu, nous gagnions tousjours païs pour peu que ce fust : et ce qui est digno d'admiration, au lieu auquel presque tous tombent malades et beaucoup meurent, comme il arriva a ceux des deux autres navires, nous fismes tout ce chemin pour la plus part sains et gaillardz : j'avois pendant tout ce temps, avec un autre mien compagnon, la charge des malades que j'exerçay du mieux que je peux, depuis Portugal jusques à l'autre tropique, le général nous fournissant très libéralement tout ce qui estoit nécessaire aux malades. En ces quartiers-là les pluyes y sont fort fréquentes, et si dangereuses et pestilentes, que si vous n'avez soin de laver souvent vos habitz, et les faire sescher au soleil, ils se corrompent et engendrent de la vermine en grande quantité : qui est l'un des plus grands tourments qu'endurent les voyageurs ; les tonnerres et foudres espouvantables y sont fort souvent et ce par une spéciale providence de Dieu, parce qu'elles poussent avant, les navires par les tourbillons, qui s'elevent durant iceux ; faute de quoi on mourroit en ces lieux de chaleur, et de pauvreté.

Nous franchismes ceste ligne (si bien me souvient) le jour de sainct Grégoire, le soleil n'en estant arrière que de fort peu de degrez vers le midy, lequel peu de jours après nous eusmes pour nostre zénith, ainsy que les ombres qui tomboient et se faisoient en droicte ligne, le nous montroient clairement. Nous nous servismes de là en avant d'une autre façon de naviguer : car nous trouvasmes là des vents qu'ils appellent *généraux,* dautant qu'ils règnent tousjours en ce païs là, et ceux qui y voyagent sont contraintz de tirer droict au Bresil, se destournant de leur plus court chemin de mille lieues, de sorte que nous-mesmes qui fismes fort heureusement ce voyage, nous allâmes a quatre-vingts lieues près du Bresil. Il arrive souvent que ceux qui tiennent ceste route sont contraintz de rebrousser chemin, et s'en retourner en Portugal, par ce que si vous vous approchez trop près de ceste coste, vous allez donner dans des rochers qu'on appelle *abrollos,* pour lesquels éviter il faut tourner voile. Ces vents durent jusques aux tropiques du capri corne, duquel on s'en va droict pour doubler le cap de bonne esperance, qui est un chemin infiniment long.

Environ ce plage-là nous vismes une isle et un rocher énormement grand au milieu de la mer, du nom duquel les nautonniers ne s'accordent pas ; car les aucuns l'ont appellé les isles de *Martin Vaz,* les autres les isles de *Nostre Dame d'aoust;* nostre patron les nommoit l'*Isle de l'Ascension,* d'autres asseuroient que c'estait l'*Isle de la Trinité;* je vous escris ces choses ainsi par le menu, pour autant que je sçay bien que plusieurs d'entre vous confèreront ce mien voyage auec les cartes géographiques. Nous naviguasmes donc'ques de là entre l'orient et le midy, et atteignismes l'élévation du pôle du promontoire qui est de 35 degrez et demy : mais gauchissans un peu vers le midy pour estre plus asseurez, y estans portez par les ventz, nous arrivasmes jusques au 38, et gaignasmes au commancement du mois de may la teste du promontoire sans le voir, pour plus grande seureté.

De manière que nous flotions sur la mer des Indes en un autre nouveau monde, ce que nous recogneusmes a deux signes et indices qui ne manquent jamais : le premier est de certains passereaux grands comme des cygnes, lesquels parce qu'ils sont blancs par tout le corps et ont le bout des aisles noir, ils les nomment *mangas de veludo*, c'est à dire *manches de velours*. Ces oyseaux sont comme des sentinelles que Dieu a posé en ces lieux là pour sans jamais faillir saluër les passants. Aussi les mariniers après avoir jetté la sonde en l'eau (quand ils les voyent) dressent la voile vers l'Orient. J'avois autrefois leu plusieurs choses des grandes froidures de ce cap, mais a ce que je vois les Portugais, fort impatiens a endurer le froid, ont bien adjousté à la lettre, comme l'on dict : car le plus grand n'excede pas celuy que vous endurez aux matinées de mars et de septembre. J'estois en ce lieu là en mon élément, récompensant les nuicts et le sommeil que les grandes et cruelles chaleurs de l'Equinoxe m'avoient desrobé. Le second signe de ce promontoire est que l'aiguille du cadran, qui paravant forlignait peu ou prou du Nord, après le cap s'arrestait directement sur le Pole.

Après qu'on a doublé le cap on rencontre un païs, lequel pour le froid continuel qu'il y faict, on appelle la *terre de Noël*. Elle est descriée à raison des furieuses tempestes qui s'y font sentir a bon escient à tous les passans. Nous en eusmes nostre bonne part, car en une belle nuict l'orage s'éleva si soudain et si fort qu'à peines nous eusmes le loisir de caler nos voiles, et celles des autres navires furent surprises et rompuës par lambeaux par la violence des vents : là où nous conservasmes les nostres. Cette nuict fut si épouvantable et si estrange pour les grandes pluyes, les coups esclatants du tonnerre et les esclairs qui bluettoient et brilloent en l'air, que vous eussiés dict à voir une representation de l'enfer, tant triste et effroiable estoit ce spectacle. Mais Dieu voulut que ces ventz enragez nous donnoient en pouppe, si bien qu'avec une seule petite voile nous fismes en peu d'heures un grand chemin. En ceste tempeste la navire de sainct François demeura derrière, sans que personne s'en aperceust jamais à cause des espaisses ténèbres de la nuict, pour avoir perdu sa grande voile, de sorte que nous ne la vismes de tout le jour suivant, et après avoir esté trois jours sans comparaistre, nous cinglasmes droict au Mosambic, estimant qu'elle aurait donné devant. Je raconteray plus bas ce qui lui advint du depuis.

Après que vous avez passé le cap il y a deux chemins pour ceux qui tirent au Mozambic, l'un à gauche pas fort loin du rivage d'Afrique, et celuy là est plus difficile à tenir, et le plus dangereux à cause des torrents et cruës d'eau qui emportent les navires sans y penser en de très profonds précipices. L'autre chemin est plus long, mais plus asseuré vers l'isle de Sainct-Laurent, laquelle quand les pilotes voyent de loin, alors estiment-ils aller heureusement. La cause de ce péril est certaines roches qu'ils nomment *bairos de India* contre lesquelles tant de vaisseaux et de si experimentez pilotes ont heurté, que personne ne passe par là sans avoir une extrême crainte. Ce fut sur ces rochers que deux de nos pères moururent en un fameux naufrage, lesquels bien qu'ils fussent semonds et priez instamment de se sauver, aimèrent mieux demeurer là pour l'aide et consolations des trois cents pauvres personnes qui avoient esté poussez par la mer avec eux sur ces roches, que non pas de se conserver en vie, ains s'offrant en l'holocauste de charité et d'amour de leurs prochains ; ils moururent misérablement de faim avec presque tous les autres, comme depuis ceux qui restèrent en vie, et ceux qui les alloient recourre l'ont tesmoigné.

Or je retourne à nostre course, de laquelle la douce mémoire de ces bons pères m'avoit fait destourner, et dis en passant que quand les nautonniers descouvrent l'isle de Sainct-Laurent, ils sont asseurez qu'ils sont éloignez de ces rochers soixante bonnes lieues. Sur ceste descouverte nous cheminasmes adressez du secours divin, et laissames l'isle du costé que le pilote souhaitait le plus, fléchissant nostre route vers le Mosambic. Ceux qui sont versez en ceste navigation et qui cognoissent les lieux desquels nous parlons, se riront peut être de nous qui pour l'appréhension ou des vents ou des rochers quittions si souvent nostre droit chemin. Voila pourquoy le voyage de Portugal aux Indes, que nos cosmographes disent estre de quatre mille lieuës en droite ligne, les nautonniers le jugent estre de cinq mille cinq cents lieuës, en quoy a mon advis ils se trompent de cinq cents lieues. Et ce d'autant qu'ils estiment (ignorans qu'ils sont des mathematiques) que les degrez ou plustost les parallèles sont partout esgaux, comme ils le trouvent en leurs cartes marines qui sont descrites et marquées en carré. Or le monde estant rond comme il est, il fait ses parallèles près de l'Equinoxial fort grands, et à mesure qu'ils s'approchent du Pole tousjours plus petits.

Au chemin qui est entre l'isle susdite et le Mozambic, nous courusmes deux grandes fortunes plus dangereuses que toutes les precedentes. Car deux nuicts durant, la varieté des vents fut si grande qu'en une seule nuict le vent se changea à trente-sept fois. Les mariniers n'en pouvant plus, tant ils estoient lassez et recreus, pour avoir si souvent changé les voiles au vent. Le voisinage de quelques isles dangereuses augmentoit la crainte que nous avions de périr. Car elles sont pleines de rochers, et si avec cela quand on y jette l'anchre, elles ne la retiennent pas, mais bien coupent et tranchent tout net les cables qui les soustiennent : c'est à bon droit qu'on les nomme *isles d'angoisse*. En ce danger les plus experimentez commencerent à craindre le plus, le patron mesme ne se pouvait tenir de pleurer, pour moy je ne sçay pas bonnement quel homme j'estois pour lors, car je demeuray sans frayeur et sans apprehension, et ne m'esmeus non plus que si j'eusse esté un marbre ou quelque roche insensible, estant d'autant plus asseuré et constant que plus j'estois indigne de mourir pour le service de mon Dieu. Tout ce qui nous consolait en la peur que nous avions d'aller briser à tous moments contre ces escueils, estoit que jettant souvent la sonde, nous ne trouvions jamais terre, non pas mesme après avoir lasché la corde de la longueur de plus de deux cents brasses.

Enfin nous eschapasmes et fismes le reste de nostre chemin heureusement jusqu'au Mozambic, pendant lequel nous eusmes le plaisir de voir un grand nombre de poissons de diverses sortes, de dauphins, de baleines et autres d'une merveilleuse grandeur. Mais en iceux nous ne vismes rien de plus admirable que certains petits poissons à guise de petits harans, qu'on appelle volans : ils ont des aisles cartilagineuses, de mesmes que les chauves-souris, au moyen desquelles ils sortent de la mer, comme d'une embuscade et courent après à la picorée des autres poissons qui s'enfuyent. Mais ils trouvent en l'air à qui parler : car les passereaux que nous disions tantost les attendent à la sortie. A la vérité la chasse en est fort agreable, ils sortent d'un mesme lieu à plusieurs milliers et la multitude des poissons de toute espèce est si grande en l'océan, que bien souvent des milliasses toutes entières de poissons accompagnent les navires voguant de trois centz lieuës. La pesche en est fort ordinaire, et les passans n'ont de plus délectable rafraichissement qu'en ceste prinze.

Les passereaux sont de plusieurs façons les uns ressemblent aux pigeons, les autres aux corbeaux, et aux corneilles et tous, d'autant qu'ils vivent dans l'eau, ont les pieds tout comme les oysons propres pour ramer. Quelques uns de ceux là qu'on nomme antennes, sont de telle grandeur, que d'une aisle à l'autre, j'y ay veu mesurer jusqu'a 18 palmes. On les prend d'une nouvelle façon avec des hameçons, comme si c'estoient des poissons ; l'appas qu'on y attache, est un morceau de lard, sur lequel ils se jettent gloutement. J'obmets beaucoup de choses, de peur d'estre trop long, et reviens à mon voyage.

Devant que d'aborder au Mozambic, la navire se mit en bataille : car le roy prevoyant ce qui en serait, nous avoit advertis que les Hollandais taschoient de surprendre le Mozambic avec une flotte et armée navalle. La veille de S. Jean Baptiste nous arrivasmes, non sans danger, pour estre le canal de l'embouchure du port fort étroit, flanqué des deux costez de deux dangereux escueils, de maniere qu'il faut prendre pour y entrer des maistres pilotes du lieu. Le Mozambic est une isle fort petite n'ayant que la portée d'un mousquet, et quatre fois aussi longue : où nous vismes des hommes de tout autre maintien que nous n'avions encore veu, qui s'en vindrent avec des petits basteaux droit au navire. La nous vismes des Ethiopiens tout nuds (sauf l'honnesteté) qui ramoient ; c'estoient de ceux qu'on appelle Caffres : car ce païs d'Afrique qu'on nomme cafraria, n'est esloigné du Mozambic que d'un petit bras de mer, auquel le P. Gonsalve Sylveria Portugais, gentilhomme de bonne part et oncle maternel du général de nostre flotte, avoit enduré un glorieux martyre à Monomotapa, pour la foy de nostre Seigneur. Ces caffres sont gens rudes et barbares, nés pour servir d'esclaves. J'avois coustume de dire que chacun d'eux n'avoit que la moitié de l'âme raisonnable, et que deux en avoient une toute entière. Leurs basteaux sont tout d'une pièce et faits du tronc d'un arbre creux sans jointure et sans fer; non pas mesme les plus grands vaisseaux : ils les attachent, ou pour mieux dire, ils les cousent auec de gros filets qu'ils tirent des palmiers.

Quand les Portugais habitans du Mozambic furent sautez dans nostre navire, ce fut à demander d'un costé et d'autre, des nouvelles, eux de Portugal et nous des Indes; je raconteray tout par le menu, sçachant bien que vous ne vous lasserez point de le lire. La triste et deplorable face de l'isle monstroit aisément son malheur; car il me semblait voir nos villages du païs bas, desolez par la fureur de la guerre, dautant qu'un moys devant que nous vienssions, huit navires hollandaises, sans avoir peu rien faire après avoir tenu la citadelle assiègée l'espace de deux mois, mettant le feu aux quatre coins de la ville, s'estoient retirés de là, laissant tout en cendres. Je m'en vays vous faire le recit tout au long, de tout ce siège, afin que ces gens venus qu'ils seront en vos quartiers ne se glorifient autant par menterie que par vanterie.

La flotte hollandaise, qui estoit de huit grosses navires de guerre, vint jetter l'anchre au Mozambic sous la conduite du capitaine Vasaerde. Sa resolution estoit de prendre la citadelle, qui est comme la clef et le boulevard des Indes orientales, et un très commode rafraichisment pour ceux qui naviguent : d'où il peut avec asseurance passer ce tant riche et renommé fleuve *Quamina*, et gaigner les mines d'or et d'argent, qui sont en la terre ferme d'Afrique. Ce qui augmentoit d'avantage son esperance, estoit le peu de garde qu'on faisoit à la citadelle en une si longue et profonde paix. Mais il en arriva au plus loin de leur prétention. Ils entrent donc au commencement du moys de mars avec facilité dans ce port tout tortu et fort difficile d'entrée, avec l'estonnement de tous les Portugais lesquels d'aussitost qu'ils les véirent ce fut de porter dans la citadelle tout le meilleur de leur avoir, laissant néanmoins grande quantité de riz, de millet (duquel on vit en ces quartiers là) force draperie, tout le bagage de leurs maisons. Le jour après leur arrivée, ils sautent à terre pour boucher la citadelle, les Portugais ne leur firent aucune résistance à l'abordée, non faute de courage, mais de gens : car ostez les serviteurs, il n'y en avoit que 60 qui s'y estoient rengez, desquels 40 seulement pouvoiet porter les armes, les autres estans trop vieux ou trop jeunes pour ce faire. La citadelle n'est point des plus foibles du monde : car elle a 4 boulevards aux 4 coins flanquez en telle sorte qu'un chacun d'eux deffend diverses parties du port, d'ailleurs estant bastie sur la pointe de l'isle, elle est environnée de la mer de trois costez. Or le gouverneur de la citadelle, Dom-Estiène de Zaïde, plaça en ces boulevards, autant de braves capitaines pour les deffendre : les Hollandois commencent le siège par le monastère des Jacobins, approchent et haussent leurs tranchées à la mesme façon qu'on fait en Europe, serpentant de plusieurs tours et retours pour estre a couvert des harquebusades de la citadelle.

Il y avoit auprès une chapelle de Saint-Gabriel,

dans laquelle ils dressent l'un de leurs ravelins, et l'autre du costé de la mer, qu'ils bastirent de sac pleins de sables, faisant les sacs du drap que les marchands Portugais avoient laissez en leurs magazins, et arrachant des maisons de la ville, les pierres et jambaiges des portes et des fenestres, les accommodoient du mieux qu'ils pouvoient à leur fabrique. Finalement ils s'avancèrent si près, qu'ils pouvoient aisément parler les uns aux autres. Leur plus grande asseurance estoit de prendre la citadelle par la soif, mais en icelle il y a une bonne cisterne, en laquelle à raison des grandes secheresses, il n'y avoit que fort peu d'eau, chose qui affligeoit grandement les assiegez, qui furent divinement secourus du ciel qui leur envoya contre toute la saison du temps une si grande pluye que la cisterne trois jours durant regorgeait d'eau de toutes parts tant elle estoit pleine. J'ay dit contre la saison et l'ordinaire du temps ; car en ces cartiers là, les vents et les pluyes gardent tellement leurs saisons, que c'est comme un miracle quand le ciel passe barres.

Ceste nouvelle provision d'eau atterra autant les ennemys, qu'elle bailla de courage aux assiegez, qui fut cause que seize Portugais, et non plus, avec quelques Indiens, qui estoient arrivez de Goa, avec une navire de charge qui va ordinairement de l'un à l'autre, se ruerent en une belle nuict sur les ennemis, et bien qu'ils eussent esté descouverts par les sentinelles, ne laisserent pourtant, d'un grand courage, de les charger si bien et si beau, qu'ils en tuerent jusques à quatorze et mirent les autres en fuite. Mais comme de la desroute des corps de garde tous les autres coururent aux armes, les Portugais se retirèrent tous fort gentiment dans la citadelle, sauf un pauvre insulaire, qui fut tué par eux mesmes qui le tenoient emmy les ténèbres de la nuict pour ennemy ayant oublié le mot de guet. Ils faisoient bien davantage, car ils entrainoient deux des leurs dans le fort, quand ils furent contraints pour la multitude de ceux qui les venoient recourre de peur de les perdre en vie, de les despecher vistement, leur tranchant à tous deux la teste, et emportant les pièces dans leur citadelle pour donner l'appréhension aux ennemis, qu'ils sçauroient de leurs gens (que les autres cuidoient estre en vie) tout leur dessein et resolution. D'autre costé les hollandois ne dormaient non plus, assaillant la citadelle de plusieurs endroits. Une nuict fort obscure et fort pluvieuse, afin d'estre hors des dangers des harquebusades, ils vindrent joindre la citadelle avec leurs manteaux de guerre, afin qu'après avoir sappé et deschaussé la muraille, puis qu'ils ne pouvoient faire de mines, ils la fissent sauter avec de la poudre a canon : mais ce fut en vain, car les assiegez renversèrent tout leur artifice, et les empeschèrent de faire leurs troux, jettant du feu, qui par sa clarté descouvrit leur entreprise, et par sa chaleur en pinça quelques uns si avant, qu'ils furent contraints de s'en retourner comme ils y estoient venus sans rien faire.

Cependant les deux mois se passent sans aucun gain, pour autant qu'ils ne peurent jamais avec une infinité d'engins, desquels ils se servoient, offenser en rien la muraille; la chose leur sembloit bien longue, et se doutoient fort que s'ils demeuroient là plus longtemps, ils ne fussent attrapez de nos navires qu'ils sçavoient bien selon la supputation du temps estre parties de Portugal, et devoient arriver bientost. Et pour ce ils prindrent conseil de lever l'anchre et de partir sans profit, résolus de venir une autre fois à l'improviste investir la citadelle. Ils remontent donc leur artillerie à bort mais non pas toute, car la plus belle et la plus grosse pièce demeura pour les gages entre les mains des Portugais, en la manière qui s'ensuit. Ils l'avoient déjà chargée avec des faucons sur un basteau qui demeura toute la nuict sur le rivage, pour le lendemain le porter aux navires. Mais la mesme nuict les vents furent si grands, qu'ils rompirent la commande qui retenait le basteau au port, lequel s'en allant de son flot rendre à terre; ce qui fut apperçeu d'un Portugais, qui de bonne fortune se trouva là, lequel soudainement avec nombre de ses valets, fit descharger la pièce, la fait ensevelir dans le sable bien avant et bransle le basteau d'un autre costé. Le matin estant venu, les Hollandois, descendent de leur navire pour prendre la pièce, s'ils l'eussent trouvée, mais elle n'y estoit plus, et furent saluez du bon jour que les habitants du pays leur donnèrent à grands coups de flesches, desquels ils en tuèrent cinq; les plus sages furent d'advis de se retirer. Or j'ay veu le canon dans la citadelle, et ay recogneu à l'inscription qu'elle porte, qu'il a esté fondu à Mildebourg en Zelande, il avoit sur le dos une fortune gravée avec ceste epigraphe, *Wernaest*, *gré de fortune*, c'est à dire *attens la bonne fortune*; encore ce peu de flament que je sçavois me servit il pour lors.

Devant que hausser les voiles, il envoya une lettre au gouverneur de la citadelle par un homme du païs qui portoit environ ces paroles, que les ennemis faisoient le pis qu'ils pouvoient a leurs ennemys, parce devant que partir, ils alloient mettre tout en feu, mais que gaignez d'une courtoisie de guerre, ils demandoient aux Portugais s'ils vouloient racheter leurs maisons et leurs églises au prix d'argent. Les Portugais ayant tenu conseil la dessus, se resolvent constamment de ne faire aucun pacte que ce fust avec l'ennemy et a donc leurs respondent en ces mots, qu'ils n'avoient point commandement du roy leur maistre, sinon de combattre avec eux jusques à la mort, et qu'au reste c'estoit tout ce qu'ils leur vouloient dire. Cette response receüe, les ennemis d'une grande furie courent tous, et commencent depuis un bout de l'isle, et à la maison de Dieu, par une chappelle de S. Antoine à mettre toutes les églises et les maisons à la mercy des flammes : une toute petite chappelle eschappa à la rage de ces heretiques incendiaires, elle estoit dédiée à nostre dame, et estant sise au pied de la citadelle où ils ne pouvoient venir sans un cuident danger; et ainsi sur la fin du mois de may ils font estat de s'en aller.

Ils avoient peu devant bruslé la navire deschargée, qui estoit venue de Goa, après avoir escumé tout ce qui estoit dedans, et emmenèrent avec eux un brigantin du gouvernement fort gentil et leger tout propre pour aller descouvrir d'une vitesse admirable et en eau basse tous les lieux et rivages d'alentour : il leur faschoit fort de s'en aller. Je ne sçay si ce n'estoit point un presage qu'ils devoient laisser la un de leurs vaisseaux, car deux de leurs navires sortoient du port l'une couvrant l'autre de la volée des coups de canons qu'on tiroit de la citadelle : mais comme le port est fort estroit l'une des deux s'ensabla et demeura arrestée, qui fust tout aussitôt accueillie des Portugais à grands coups d'artillerie si bien qu'elle fut estropiée et rendue du tout inutile au navigage. Toutes fois quand la marée vint et qu'ils la peurent mettre à flots, ils l'emmenèrent en lieu où ils la peussent despouiller et desgarnir tout à loisir; le reste demeura là pour l'escot, perdant autant en ceste seule navire, qu'ils povoient avoir gaigné de leurs volleries et brigandages. Finalement ils allèrent en l'isle de S. Georges, voisine de la citadelle, adouber leurs navires qui avoient esté maltraitées par les assiegez sur leur partement, et puis s'en allèrent laissant au Mozambic comme on a sceu du depuis par les habitants du lieu, qui traitèrent avec eux, non guères moins de deux cents de leurs gens, perte non petite, attendu qu'ils estoient si loing de leur pays, et des assiegez il en mourut près de vingt. Nous arrivasmes donc après le départ des Hollandois plus d'un mois, vers le 23 de juin, que si nous eussions tenu le droit chemin, sans doute nous les allions rencontrer. Car ayant passé le cap de bonne Esperance, nous demeurasmes (ce que j'avois oublié à dire) vingt jours tous entiers, les voiles ployées, attendant le bon vent. Estans arrivez nous trouvasmes l'isle en un piteux et miserable estat, sans vivres, sans commoditez, outre que les maisons bruslées tenoient dans les navires ceux qui estoient si fort amoureux de la terre ferme.

Mais devant que mettre pied à terre, il faut que je raconte à la gloire de Dieu ce que nous fismes estans encor sur mer. J'avois charge des malades, ne leur servant pas seulement d'infirmier, ains encore de medecin : car celui que nous avions, a peine sçavoit-il bien seigner, et faire les cheveux, quant au reste du tout rien. Le père qui estoit nostre superieur, preschoit toutes les festes, lequel après m'avoir invité à souvent ce faire à mon tour, enfin j'aquiesçay à sa volonté, et à l'importunité de beaucoup d'autres qui m'en pressoient. Comme donc je m'estois préparé pour le dimanche de Pasques fleuries, le ciel qui se couvrit ce jour là, destourna mes auditeurs par la pluye ; du depuis estand semond de m'acquitter de ma promesse, j'eschapois en leur disant, qu'il ne falloit rien entreprendre contre le ciel, ainsi que j'avois fait peu devant. Enfin si fus-je contraint de ce faire : mais ce fut au chemin que nous fismes, depuis le Mozambic jusques à Goa, et le jour de sainct Mathias, auquel je preschai en portugais : je ne parle point maintenant si je fis bien ou mal, du moins quant à la langue je n'apprestay à rire à personne, pour vous dire qu'il n'y a pas tant de difficulté a apprendre les langues que nos pères quelquefois s'ymaginent. Quant à moy, je parle pour le present, beaucoup mieux portugais que walon, ainsi que je l'ay expérimenté, encore ce jourd'hui.

Un de nous faisoit le catéchisme de deux jours l'un, et moy, venant de Mozambic à Goa je tenois ceste ordinaire. Tous les jours je le faisois aux Caffres, et de deux jours l'un aux Portugais ; aux Caffres c'estoit par interprète, bien que je sçeusse quelque chose de leur langage, qui est de verité bien beau, semblable au flament et plus doux que l'allemant, car il y a plus de voyelles, et moins d'aspirations. Par exemple *Molûgo*, Dieu, *mana Molûgo*, fils de Dieu, *mamea Molûgo*, mère de Dieu, *mosûgo*, maistre, *mocare*, du pain, *ignafoeca*, du millet, et autres semblables. Ces Caffres estoient en nombre quatre vingts, tous esclaves et payens, et ceux qui estoient chrétiens n'estoient plus doctes. Je fis tant enfin par mes journées, que tous apprindrent à faire le signe de la croix, a réciter leur *pater*, l'*ave*, leur croyance : un de nos frères disait sur le tard tous les jours les letanies.

Nous nous efforcions d'appaiser les querelles des soldats, et les aider au besoin, mais le plus grand travail fut d'entendre les confessions au caresme, car en ce temps tous ceux du navire se confesserent et pour autant que les Portugais sont de ceste humeur qu'ils se confessent plus volontiers a un estranger, qu'à leurs compatriotes, j'en entendis la plus grande part, et des plus apparents qui avoient charge au navire. Le général mesme s'en vint plusieurs fois à moy pour se confesser. Au Mozambic ce travail se multiplia selon le nombre des navires, et puis nous estans sur la mer quand Pasques vindrent, si tôst que nous eusmes prins terre, il fallut qu'un chacun fist son devoir, selon le commandement de l'Eglise. De façon que depuis que nous arrivasmes, deux mois durant il ne s'est passé jour, auquel nous n'ayons entendu les confessions, depuis le bon matin jusques au midi, sans autre respit que pour dire la messe. L'apres dinée nous visitions les malades, tant de l'hostel Dieu, que ceux qui estoient dedans leurs petites cabanes, nous ressouvenans qu'en ce lieu mesme, et en ce mesme office le grand et bienheureux feu Xavier, le P. Gaspart Barzé, et tant d'autres des nostres avoient joué les advant jeux de leur ardente et embrasée charitée.

J'ay bien voulu raconter toutes ces choses ensemble, afin de n'estre contraint d'interrompre le fil et le cours de nostre narration cy-apres, je reprens donc mes premieres erres. En ce commun embrassement nous n'eusmes pas faute d'amis, qui pour nous recevoir et heberger firent tout ce qu'ils peurent. Un bon vieillard ancien et grand amy de nostre compagnie, nommée *Ascensus Mende*, avoit esté tellement bruslé des Hollandois, qu'il estoit contraint de se loger dans une petite cahuette en la forteresse. Ce bon vieillard aidé d'un autre de nos amis, nous dressa tout aussitost un taudis de branches de palmiers, afin de nous loger à couvert; on craint plus en ces quartiers le chaud que le froid, voila pourquoy les vents qui souffloient de toutes parts en ceste nostre demeure, en chassoient toute la chaleur estouffée. Cet autre s'appelle *Antoine Contigno*, lequel j'ay bien voulu nommer, afin que vous le puissiez nommer en vos prières et dévotions et le recommander à la divine Majesté ; le premier mourut pendant le temps que nous fusmes là, l'autre vit encore.

Que si vous desirez sçavoir les choses plus rares de ces quartiers icy, ce sont les palmiers qui emportent à bon droit la palme sur tous les autres arbres de ce pays : car en iceux vous prenez tout ce qui est nécessaire pour la vie de l'homme ; le vin, l'eau, le vinaigre, l'huile, le laict, les navires toutes équipées, les chapeaux, les sièges et plusieurs autres choses. Les Hollandois sur leur partement en couppèrent un grand nombre et pour ce en voit-on des grandes tailles par les champs. Je n'ay que faire de m'estendre plus loin en la description de cet arbre, veu que le P. Maffée et plusieurs autres l'ont fait fort copieusement. Il y a en ces quartiers des Indes, une sorte de figuiers admirables. Ils naissent et meurent tous les ans, et n'ont qu'une seule branche, en laquelle il y a plusieurs figues, qui se mangent toute l'année, les unes succedantes et meurissantes apres les autres, et si elles ne sont pas de mesme figure que celles d'Europe, les surpassant 4 fois en grandeur, plus longues que larges. C'est une viande fort commune et fort saine, nous en mangeons tous les jours, les feuilles de l'arbre sont plus grandes que je ne suis, larges de cinq ou six pieds ; quelques uns estiment et assez a propos que la pomme d'Adam estoit de cette espèce, car il trouva tout aussitost en cet arbre de quoy se couvrir, d'une couple de ces feuilles jointes ensemble ; vous en feriez une robe comme la patience d'un religieux. Aussi se sert-on de ces feuilles en beaucoup d'usage. Les habitants du lieu en font des assietes, des plats, et s'en servent à table à la grandeur, ne se servant jamais plus d'une fois d'un de ces plats. Le figuier quand il s'en va mourir sur la fin de l'année, laisse une racine de laquelle sort un nouvel arbre.

Un autre fruict bien rare qu'on nomme *ananazes*, de la forme d'un concombre, de figure ovale, grand d'un pied, jaune en couleur, couvert de plusieurs petites feuilles comme d'autant d'escailles vertes, d'une odeur tres souéfve : on le mange tout après qu'on l'a pélé, ayant le goust fort semblable a un coin, encore est il plus agréable ; on dit qu'il y a une infinité d'autres fruicts que je n'ay point encore veus, cédant toutes fois en bonté a ce que je viens de dire ; on ne trouve point icy de vos poires, pommes, prunes, cerises, pesches, mais force oranges et force citrons.

Revenons donc à nostre voyage ; ce pendant que nous attendons le temps favorable, deux de nos pères tomberent malades, le père *Sebastien Monolfi* sicilien, lequel bien qu'il fust légèrement malade, ne peut recouvrer sa première santé que nous ne feussions au port de Goa, l'autre fut Blaise Fauval Veronois, qui fust emporte d'une fièvre maligne et dangereuse ; Dieu nous voulut ainsi dismer. C'était un jeune homme de grande expectation et d'un grand courage. Deux jours paravant que tomber malade, il avoit passé toute la nuict entiere avec moy au chevet d'un pauvre soldat, qui estoit tombé subitement malade, et si je ne pouvois tirer de luy aucun signe de douleur de ses pechez, estant entré en resverie : Dieu voulut que le lendemain il se confessa de bon sens, et mourut fort bien : le jour d'après nous ensevelismes nostre frère en l'église de Nostre Dame en la citadelle, faisant l'office selon la costume de la Compagnie non plus n'y moins que si nous eussions estéz en quelque collége. Le lieu où nous le mismes ce fut devant l'autel au milieu, où le prestre commence la messe, en la mesme place, en laquelle plusieurs années devant nos pères ensevelirent un autre des nostres qui avoit esté consacré l'évesque de Japon ; la chappelle on la nomme en Portugal *nossa Seignora de bolmarte* : j'escris cecy, afin que ceux des nostres, qui viendront ici après le sçachent.

Estans donc en attente environ le 10 au 12 d'aoust, voila que sans y penser et tout d'un coup la flotte des Hollandois, la mesme que dèvant apparoist sur mer. Mais je m'oublie de vous dire ce que devint la navire de S. François, qui avoit esté emportée par la tempeste, elle vogua comme elle peut jusques au Mozambic. Mais devant que comparoistre, les vents la repoussèrent sur des rochers, a douze lieues au plus du Mozambic, qui ne sont pas fort éloignées de la terre ferme contre lesquels elle heurta jusques à neuf diverses fois, de façon que tous ceux qui estoient dedans n'attendoient rien de meilleur que la mort laquelle pour éviter, ceux qui sçavoient nager se mettoient déjà en devoir : ce fut un miracle que de ces coups furieux elle ne se rompist et fracassa en cent mille pièces, car elle eschapa par une grâce spéciale de Dieu et, ce qui ne se peut naturellement faire, elle alloit n'ayant que six brasses d'eau, tels vaisseaux en demandent pour le moins dix ou onze. Quelques uns disent que Nostre Dame s'apparut sur la hunne du navire. Mais j'en doute fort, pour n'avoir aucun fidèle garant de cela, et ces bonnes gens de marine quand ils sont troublez de l'apprehension du danger et de la mort, ils s'imaginent qu'ils voyent ce qu'ils ne voyent pas. Ceste navire poussée d'un meilleur vent que devant, entra au port quinze jours après nous, laquelle bien qu'elle feist eau de plusieurs endroits, la sentine se deschargeant fort aisement, selon l'opinion de plusieurs pouvoit avec toute asseurance durer en cet estat jusques à Goa. Mais je retourne aux Hollandois.

Aussitôt qu'ils parurent, on se mit à serrer tout dans la citadelle : pour nous autres, une partie se retira dans la forteresse avec les malades, et l'autre monta sur mer avec les soldats, au nombre desquels je me trouvay, et d'autant que les Hollandois faisoient mine de vouloir entrer, le général de l'armée et la pluspart des gentilshommes, se mirent en bon estat : on équippa la navire au combat : mais ils jettèrent l'anchre aux deux isles voisines de S. George et de S. Jacques, à la veue de la citadelle, et de nos vaisseaux. On désirait fort qu'ils vinssent, parce qu'on s'estoit fortifié que de la citadelle, que du destroit de l'embouchure et du port : mais ils ne sont pas ny si forts ny si courageux qu'on les fait. Le général des Portugais avoit fait monter quelques pièces de canon de la citadelle sur leurs roüages, et les avoit mises en son navire, en faisant faire d'autres plus propres pour deffendre la citadelle, qui n'avoit pas beaucoup de besoin de secours extérieur, ny de munitions de guerre, en estant déjà assez suffisamment fournie. Si y avait-il bien du danger à la sortie du du port, neantmoins le général homme généreux et guerrier, se mettoit en estat d'en sortir, et d'aller avec trois navires en attaquer sept ou huict.

Ce qu'entendans les Portugais habitans de ce lieu, firent tant envers nous par leurs prières, larmes et protestations, que nous ne l'abandonnassions point, puisque nous avions beau que partir pour aller à Goa. Il fut donc conclud que nostre voyage seroit différé jusques au 20 d'aoust, et que cependant l'on serait aux escoutes pour voir ce que voudrait dire l'ennemy. Mais en vain *nihil ille nec ausus, nec potuit*, ils n'osèrent et ne peurent jamais rien, tout ce qu'ils firent, ce fut de se promener et voltiger avec de petites fustes. Or un jour comme ils s'advancèrent un peu trop de nos vaisseaux, il ne s'en fallut rien qu'on en print un des leurs, ce qui les rendit plus sages à l'advenir. Le 25me jour estoit desja escheu que l'ennemy ne bougeoit point, qui ne prétendoit autre chose que d'empescher nostre navigation : mais comme nous nous preparions pour partir, voilà que le jour suivant ils desancrèrent, estimant que le temps propre au voyage fust escoulé, d'autant que les Portugais ne partent quasi jamais du Mozambic apres le vingtiesme du mois d'aoust, à l'occasion qu'es Indes les vents accoustumez ne faillent jamais et règnent (Dieu le voulant ainsi) chacun à son tour.

Le depart de l'ennemy nous donna esperance de

partir, neant moins nostre pilote, et les insulaires nous mettoient tant d'empressements, de difficultez et de dangers au devant, qu'il sembloit que le ciel et la terre eussent conjuré contre nous. Non obstant tout cela, le général qui estoit le maistre absolu en cet affaire vouloit qu'on partist, pour autant qu'il sçavoit qu'on avoit besoing en l'Inde des navires que nous menions. Au moyen de quoy contre la volonté de tous les habitants de l'isle, nous nous disposons à marcher deux jours après la levée des Hollandois. Or voicy une autre infortune, car la navire de *Sainct François*, qui estoit venue la dernière, devoit partir la première : si elle ne se fust ensablée, devant que les deux autres missent la voile au vent, et comme l'eau estoit fort petite et fort basse, penchant sur le costé le plus profond, l'on fust contraint, de peur qu'elle ne se reversast et perist avec tout ce qui estoit dedans, pour la descharger, de coupper les mats, de la pesanteur desquels elle estoit toute affaissée, ce qui fut si promptement exécuté que merveilles, car le maistre mats est si gros que deux hommes ne le sçauroient embrasser. Ce qui retarda encore nostre navigation, d'autant qu'il fallut descharger l'artillerie de ceste navire et la transporter aux autres deux. Le reste de l'équipage fut mis entre les mains des trésoriers du roy : pour les personnes les unes demeurèrent en l'isle, les autres s'embarquèrent aux deux navires restantes.

En fin finale, le 3 de septembre par la grâce de Dieu, ayant mis plus nostre asseurance en son aide, qu'en tout le secours humain, nous demarasmes du

Mozambic, bien que nous courions de grands dangers de la part des ennemys, n'ayant que deux navires, et plus encore si vous voulez des vents contraires et du peu de provision qui nous restoit. Toutes fois nous eschapasmes toutes ces fortunes, secourus de l'assistance divine et de nos bonnes prières. Car estans partis, comme dit est, le 3º jour de septembre avec un vent propice mais violent, le mesme jour nous endurasmes une telle tourmente, que la pluspart des voyageurs furent saisis d'un grand mal de cœur, pour la desaccoutumance de la mer. Le jour d'après et les suivans, neuf de nos pères, partie a cause du vent contraire, partie à raison de la trop grande bonace, nous tombasmes malades, choses qui rendoit fort suspens tout le monde, car d'autant plus que nous demeurions, d'autant se reculoit la commodité de pouvoir naviguer aux Indes, et les mariniers craignoient fort qu'au lieu d'aller avant, il nous faudrait tourner en arrière. La force de l'eau et le flux de la mer est si grand en ces lieux incogneus, que le vent emporte nostre vaisseau, malgré que nous en eussions, jusques aux escueils de Soffala, qui est une autre citadelle des Portugais. Au moyen de quoy tout le monde se recommandoit à Dieu, car de retourner au Mozambic le général n'en vouloit point ouyr parler; et Monbaça estoit esloigné de nous de plus de deux cents lieues; outre que cet endroit estoit fort dangereux, jusque là qu'on n'y pouvait passer que de jour, et sans que quelqu'un marchast devant, qui avec une sonde testoit la profondeur de l'eau.

A ceste occasion on fait (à l'honneur de Nostre Dame, à laquelle nostre nef etoit dediée) une queste pecuniaire, puis une autre en l'honneur de S. Laurens, à l'isle duquel qui estoit à main droite nous tendions, et la 3ᵉ en l'honneur de *S. Saturnin*, que les matelots invoquent avec grande confiance pour obtenir de Dieu le vent favorable. Ce ne fut pas en vain, pour autant qu'il ne pleut pas tant seulement à Dieu par l'intercession de ses saints, de nous bailler les vents en pouppe, ce que nous demandions seulement, mais il luy pleut de surpasser et d'aller au-delà de tous nos désirs, faisant que contre le vent l'eau nous portant de son flux (que nous pensions nous estre contraire), nous fismes nonante ou près de cent lieües, si bien que le 11 de septembre de bon matin nous vismes l'isle de *Comoroy*, et encore que tout le monde le sceust bien qu'il n'y pouvoit avoir en ce lieu d'autre isle à la main droite que celle-là (pour estre celle de S. Laurens, plus à costé) toutes fois le pilote ne pouvoit croire que ce fust elle, bien qu'à cause de sa hauteur merveilleuse et prodigieuse, on la puisse sans point de difficulté recognoistre. Ceste isle estant coupée en fond de cuve, est plus haute que ne sont les monts pyrénées, à tout le moins que tous ceux que j'ay passez. Or la ligne méridionale du soleil que nous prismes avec l'astrolabe, nous tira hors de doute car nous la trouvames à la mesme hauteur en laquelle ceste isle est assise, qui est, si j'ay bonne memoire, douze degrez et demy par delà la ligne de l'hemisphère Antartique, ce qui nous rendit le courage, mesmement n'estant point

CHAPITRE DEUXIÈME.

attendu de nous. Or beaucoup plus quand le mesme jour, un vent commença à souffler dans nos voiles si heureusement qu'il nous accompagna très-fidèlement plus de huits cents lieuës, c'est à dire, jusques à Goa, et le huitième d'octobre, nous descouvrismes les Indes, que nous avions recherchez par un si long et difficile chemin.

Or ce que vous voyez le premier, sont des rochers que les Portugais appellent, a raison de leur sècheresse, roches bruslées, d'un costé ils se vont rendre à la terre ferme et sont distans de Goa vers le nort, d'environ douze lieuës; les pilotes s'adressent ordinairement là, d'autant que s'ils alloient plus bas que Goa vers le midy, ils ne pourroient à cause du vent contrajre gagner Goa tirant et montant au septentrion : et ce mesme vent est favorable à ceux qui du septentrion tournent voile descendans au midy. Le mesme jour sur le vespre, nous moüillons l'anchre afin de n'entrer dans le port pendant la nuict, et en ce mesme temps arriva une chose funeste qui rabattit une partie de nostre joye : car un des matelots qui jettoit l'anchre tombant dans la mer, ne fust jamais plus apperçeu.

Le jour donc en suivant, levant les anchres à la diane, nous haussons les voiles droit à Goa, où nous fusmes tout aussi tost environnez d'un monde de petits basteaux remplis de Portugais et d'Indiens, les uns venans pour nous bienveigner, les autres pour leurs affaires, quelques uns pour gagner, nous apportans des viandes, des fruicts, du vin, et autres rafraichissements de terre ferme. Que pleust à Dieu que vous sceussiez (mes frères très chers et bien aimez) quel plaisir et quelle joye est d'arriver au port apres une si longue et facheuse navigation! Je pensois et disois lors en moi mesmo: Bon Dieu! Eh! quel contentement sera-ce donc quand après le voyage et la navigation de ceste vie chétive et misérable, tu viendras, o mon âme, surgir au port d'un salut éternel! Or je viens à vous deduire le doux accueil, les amiables embrassements et les congratulations que nous firent nos pères, et frères. Sur le tard de ce jour là ils envoyèrent un homme pour nous saluer au navire et prier d'attendre encore un peu de temps a descendre, jusques à tant que tout l'appareil de nostre entrée fust mis en bon ordre et disposition. Ils sçavoient bien que nous devions arriver parce que la quatrièsme navire qui estoit partie après nous de Lisbonne, estoit arrivée devant nous à Goa, pour autant que elle ne passa point au Mozambic, et en icelle estoient les lettres qu'ils reçeurent devant nostre arrivée.

Le P. provincial estoit pour lors en la peninsule de Salsète, où il faisoit la visite. Or comme il estoit près de la mer, il sceut tout aussi tost que nostre navire estoit au port. Le bon P. (il s'appelle P. *Gaspard Fernandez*) sur le champ envoye son compagnon au navire, pour sçavoir si nous y estions point. Le père vint à nostre bord environ la minuit et ainsi que nous estions encore avec luy devisans, comme bien vous sçavez, familièrement et doucement par ensemble, voilà qu'à trois heures de matin, le basteau qui nous devoit porter à terre, arriva, et sans que nous pensassions à rien ils nous saluèrent, comme ils ont accoustumé de faire, tous les Européans qui viennent pour estendre le royaume de Dieu, et prescher l'Evangile, d'un concert de musique, et d'un motet très doux et harmonieux, allant tout autour du navire chantant mélodieusement. Après cela une jeune enfant commença a entonner d'une voix très belle et très agreable, *Benedictus qui venit in nomine Domini*, le cœur lui respondit tout aussitost en musique, et chantèrent comme cela un assez long temps. Ce fait nos pères et frères, qui estoient venus dans le basteau bien une trentaine, montent à bord, et Dieu sçait comme ils nous accueillirent estroitement et amoureusement, les larmes leur couloient des yeux grosses comme des pois, de joye et de plaisir qu'ils avoient de nous voir. Je vous laisse à penser ce que nous devions faire nous autres. Et de tout cela je tirois ceste consideration à part moy, qu'est ce que peuvent faire les chœurs des anges, et les troupes de bienheureux venant au devant de ceux qui font leur entrée en la Goa céleste, et mettent le pied en ces Indes vrayement orientales du Paradis.

Les salutations faites nous descendismes dans le basteau portant fort peu de chose avec nous. Le P. provincial avec le P. recteur du collège (le *P. François Vieira*) et quelques autres de nos pères nous attendoient au rivage, auquel il y a une palmeraye (ou un bois de palmiers) avec une belle maison fort commode, qui est aux novices. Nous ne mismes pas encore pied à terre en ce lieu là, d'autant que le P. Provincial vint à nous, lequel après nous avoir

embrassez paternellement, et nous avoir briefvement
entretenus de paroles, nous présenta des fruicts qu'il
avoit apportez de la palmeraye, pour nous rasfraichir.
Cependant nous voguions tousjours tirant droit à
Goa, distant de ce port de trois bonnes lieues, et les
musiciens faisoient cependant leur devoir de bien
chanter divers motets et chansons spirituelles, mesme
en la langue du pays. Estant donc arrivez au port de
Goa, on nous bailla à chacun un parasol, chose commune et necessaire en ces pays là, en raison des pi-
quantes et excessives chaleurs du soleil et en cet
équipage nous allasmes au collège de la Compagnie,
appelé autrement le collège de S. Paul.

Au porche qui est devant le dit collège estoit le
reste de nos pères et frères, avec une multitude infinie
des messieurs de la ville, auquel endroit nous fusmes receus avec une excellente musique, qui nous
conduisit dans l'église du collège magnifiquement
ornée et accommodée ; la estans, en premier lieu
nous nous prosternons et adorons le S. Sacrement,
rendant grâces immortelles à la divine majesté, de
tant et tant de particulières faveurs et benefices re-
ceuz de sa main libérale. De là on nous meine en la
sacristie, pour saluër les corps du bienheureux
P. Xavier, et des martyrs de Salsète, devant lesquels
nous fismes nos dévotions et remerciames chacun
selon son desir, et ce fut icy où je fis memoratif de
tous ceux qui s'estoient en Europe recommandez a
mes prières. D'où estans sortis, ce fust à nous faire
changer d'habits, depuis la teste jusques aux pieds.
En la cousturerie il y avoit des grands vaisseaux,

préparez et disposez pour nous laver le corps avec de l'eau chaude, et de bonnes herbes, car nous avions contracté de l'ordure par l'espace de neuf et tant de mois que nous avions demeuré dans la navire. En après, on nous habille à la façon que nos pères le font aux Indes, ne retenant quasi rien de ceste forme de vestement que nous avions apporté d'Europe. Les vestements estoient fort legers à cause du chaud, et beaucoup plus déliéz que celui duquel vous usez en esté. Comme nous fusmes vestus, vindrent les barbiers du collège, qui nous firent le poil, la barbe et la couronne à la mode du pays et de là on nous mena disner.

Nous demeurasmes tout ce jour là et le suivant au collège. Le troisiesme estant venu, le P. Provincial nous conduisit à la maison professe, qui s'appelle du nom de Jésus, en laquelle nous entrasmes tous par l'église, pompeusement et magnifiquement bien parée; je n'ay jamais veu de maison ni d'église de nostre compagnie si belle qu'est celle là. Là nos autres pères demeurèrent deux jours, puis ils allèrent demeurer deux autres jours au Noviciat, d'où ils furent envoyez en la maison qu'on nomme de Sainte Anne, située en une très belle et très plantureuse vallée. Ceste maison en nos quartiers seroit un bien beau collège et des meilleurs. Il y a une fontaine vive et ruisselante, de laquelle se fait un bel estang, et c'est merveille qu'en ce pays, contre l'ordinaire du nostre, en esté (bien que c'est tousjours esté, les arbres estans en tout temps revestus de leurs feuilles) l'eau est tiède et presque chaude. La cause de cela à mon advis, que le froid estant banny de ces pays cy, il ne se fait point d'antiperistase. La chaleur est icy si vehemente, voire mesme en ce temps auquel le soleil est plus reculé de nous qu'il puisse estre, estant au quarante quatriesme degré sous le Tropique du Capricorne (car Goa est en l'eslevation de seize degrez et demy du pole) qu'il n'en fait jamais de si grandes en nos pays bas : on dit que le chaud est bien plus immodéré au temps qu'ils ont le zenith pour soleil, a sçavoir au mois de may et de juillet, qui est le temps auquel le soleil monte et descend du Tropique du cancer, bien est vray qu'ils content leur hyver au mois de juin et de juillet, a raison des grandes pluyes qu'ils experimentent en ce temps là.

Je retourne à la compagnie de nos pères ; quatre jours après nostre arrivée, le général de nostre flotte me fait appeller en son vaisseau, et ce d'autant que les navires hollandoises, qui avoient assiégez le Mozambic, vindrent se jetter dans le port de Goa, et comme on s'apprestoit pour combattre, il voulut luy et les autres seigneurs et gentilshommes de sa suite, se confesser devant qu'entrer en bataille. Je m'en allay donc ce jour là au navire, et deux jours après voicy les ennemis qui s'en viennent les voiles au vent tout droit à nous. De quoy s'appercevant les soldats, se confessèrent tous hastivement, à la soldade, c'est à dire briefvement. Mais quoy ? l'ennemy voyant trois navires dans les ports toutes prestes de venir aux mains (car celles du *bon Jésus* estoit arrivée) outre plus une forteresse petite à la vérité, mais bastie de nouveau en un lieu très commode, cala voile et s'arrêta court à la portée du canon, où il demeura quelques temps, et puis cingla vers le septentrion, quelque peu de jours après costoyant la rade, afin que si quelque navire venoit du Portugal, il luy courust sus, devant que nos vaisseaux la peussent secourir. Ces gens usent de navires fort promptes, fort bonnes à la voile, avec lesquelles ils fuyent quand ils veulent fort légèrement, et retournent aussi viste quand ils leur plaist. Cause pour quoy nos gens ne les attaquèrent point, ce qui fut bon pour eux : car en se retirans, ils prindrent ceste quatriesme navire : laquelle comme j'ay dit estoit partie après nous de Portugal : que pouvoit faire un seul vaisseau contre huit ? elle eust neant moins eschappé estant en ces roches bruslées de tantost, n'eust été qu'elle demeura a sec faute de vent qui s'estoit abaissé. En ceste navire il n'y avoit point vingt hommes qui ne fussent tous griefvement malades, et cependant l'ennemi n'osa jamais approcher : combatant de loin à grands coups de coulevrines, enfin quand il n'y eust aucun moyen d'eschapper elle se rendit, il y en eut fort peu de tuez, beaucoup plus de bruslés, et tous furent prins, lesquels ils traitèrent humainement ; car il les envoyèrent à Goa, dans des barquerolles après leur avoir baillé à chacun deux daleres, que les Indiens appellent pataques, où ils furent receus logez à l'hospital, que les nostres gouvernent. Le capitaine du navire qui avoit le nom de *Lorette*, appelé *Hierosme Ielet* fut retenu prisonnier, avec deux de ses gens ; on a parlé de le délivrer, je ne sçay comme les affaires ont esté faites du depuis, quand au navire, ils le bruslèrent après l'avoir volé, et s'en revindrent vers nous : allans ainsi et venans sans rien exploiter, et après avoir fait semblant encore un coup de combattre, sans aller plus avant, tirèrent au midy vers Malaca, comme l'on dit.

Je m'en retournay à Goa et ces deux mois icy, qui sont dangereux pour les malades, j'ay demeuré en la maison des professes, comme au lieu le plus sain ; mes compagnons ont esté envoyez, qui de ça, qui de là, en divers lieux des Indes (mes frères très-chers et bien aimez) que je vous ay descrit du moins mal que j'ay peu. Maintenant afin de n'oublier rien de ce que vous desierez sçavoir, feray courir ma plume par toutes les provinces des Indes. Toute ceste contrée de l'Inde orientale, est divisée en deux provinces, sans conter la Chine et le Japon. Ceste distribution a esté faite depuis fort peu d'années en ça. L'une s'appelle la province de Goa, l'autre de Cochin. Celle de Goa, qui est enfermée dans le septentrion, a sous soy ces collèges, Chausy, Vazain, Damain, Fana, Dio : et deux missions, celle de Mogor et celle d'OEthiopie, en la ville de Goa, il y a trois maisons de nostre compagnie, la maison des Profez, le collège de Saint Paul, et le noviciat; sans faire mention de l'hospital, qui est sous la conduite de nos pères. Au collège vivent cent des nostres, cinquante en la maison des profez, trente au noviciat : et deux ont charge de l'hostel-Dieu.

Outre cela en la péninsule de Salsete, qui est d'un costé près de l'isle de Goa, et de l'autre est conjointe aux terres du royaume de l'Idalcan, demeurent quinze de nos pères divisez en autant de paroisses, lesquelles ils desservent tout ainsi comme s'ils en estoient curez. Là mesme il y a un collège nommé Marga, auquel tous ces pères s'assemblent tous les mois, pour entendre l'exhortation et communiquer entre eux. Vous diriez que ce sont de ces anciens pères du désert, qui sortoient tous les dimanches de leurs cellules et hermitages, et s'en venoient aux monastères. En ces lieux là ils instruisent beaucoup de milliers de chrétiens, et s'il y a en quelques endroits des idolâtres, ils s'efforcent de les convertir à nostre s. foy : j'ay visité presque toutes ces paroisses, ayant esté invité a la festes de trois d'icelles, et en tous ces lieux, qu'est-ce que j'ay veu, ou bien plustost, que n'ay-je pas veu, et avec quel contentement ay-je voyagé trois sepmaines entières par ces pays-là ? je feis la pluspart du chemin monté sur un asne ou porté sur des rets, à la mode du pays : car d'aller à pied, il n'est pas possible a raison des grandes chaleurs : or on est porté sur les filets en ceste sorte, quatre portefais Indiens, qu'ils appellent en leur langue Boz, ou bien deux, les uns après les autres, chargeant sur leurs espaules deux bastons d'une espèce de roseau fort dur et fort gros, desquels pend en bas une certaine façon de lict de cordes entrelassées comme un retz, dans lequel celuy qui est porté se couche tout de son long, qui est une manière d'aller fort messeante pour estre de faineant, mais si douce, qu'on peut lire attentivement en allant, et de moy j'y récitois mon bréviaire.

Les festes desquelles j'ay fait mention se célèbrent

avec tout l'appareil et solennité possible, chacun en son temps, et chacun de nos pères en sa parroisse, en laquelle ceux qui sont des autres parroisses viennent autant qu'ils peuvent, et avec grand nombre d'Indiens et de ceux de Goa mesme, mais surtout grande quantité de payenz, chose qui est totalement necessaire, soit pour confirmer les nouveaux chrestiens en leur religion, soit pour y attirer les payens. Les Eglises sont parées fort richement, ne devant rien à celles d'Europe en matière d'ornement. Pour la pluspart elles ont servy autrefois de temples aux payens, bien qu'il y en ait de basties tout de neuf, et nos pères sont entretenus du revenu de ces temples; l'on chante la veille les premières vespres, et le lendemain la grand messe, avec une belle majesté et solennité. Car en ces villages là, la musique, tant de voix que des instrumens, est aussi bonne pour le moins que celle de nos villes d'Europe. S'il faut dresser quelques croix, ou baptiser quelqu'un, on le fait après la messe, et l'après disnée on exhibe la dispute du catechisme, en quoy ces nouveaux chrestiens excellent tellement qu'ils peuvent soufler la honte au visage de nos Européens, et ce n'est pas de merveille, car ils y sont exercez de telle sorte, que quand ils seraient des butors, encore en sçauroient-ils beaucoup.

Tous les matins au point du jour les petits enfants et filles vont à l'église en ceste ordonnance. Il sortent de chaque palmeraye, esquels il y a trois ou quatre que maisons, que familles, chantans à haute voix, et s'en vont à l'église, où après avoir chanté force hymnes et force oraisons, ils s'en vont adorer la croix au cimetierre, et de là s'en retournent en leurs maisons, en la mesme manière en laquelle ils en sont sortis. C'est une chose si ordinaire et si vulgaire, qu'en ce temps là on les peut entendre de tous les endroits de l'isle, car ils sont espandus çà et là par toute l'isle, sans avoir autrements des villages comme en Europe. Sur le vespre ils s'assemblent, non pas en l'église, mais bien en quelque lieu voisin, et chantent là fort devotement leur catéchisme, d'où vient que ces peuples barbares sont si bien instruits, et si doctes en leur foy que merveille. On remarque principalement cela ès confessions, j'en ay entendu un bon nombre en portugais de ceux qui sçavoient la langue, j'ay ouy la confession générale de toute la vie de quelques brachmanes, les uns la faisant par cœur, les autres la lisant en un papier, mais si a propos et avec un tel ordre et distinction qu'un théologien n'eust sçeu mieux faire. Ils ne vous laissent rien, que leur demander: je dis du tout rien, rien du tout, encore ne me contente-je point assez par ces paroles, tant s'en faut que j'y adjouste quelque chose.

En ces solennitez, ils sautent à la barbaresque, ils representent des combats, des batailles navales, et autres tels exercices de passe temps. La pluspart se confessent et se communient, et l'affluence du peuple est si grande que les églises ne les peuvent tenir qu'à diverses fois. Un jeune homme payen se trouva en une de ces festes, en laquelle j'estois, lequel fut tellement esmeu de la pieté du monde qui y venoit et de la pompe et celebrité du jour et du lieu, qu'il demanda sur le champ d'estre admis au nombre des cathecumènes. Le père qui gouvernait ceste parroisse, voulut que je le receusse de ceste sorte. Je prins une figue en main, et après en avoir gousté, je la baille à ce jeune homme pour la manger, comme s'il estoit desja vivant parmy les chrestiens. Après quoy il se mit à genoux devant moy, me presentant la teste pour la luy tondre au milieu pour marque de sa religion. Ce qu'estant fait après l'avoir embrassé, il est tenu pour cathécumène. Le père luy bailla mon nom parce que la chose se fit ainsi la veille de S. Nicolas. Nos pères tiennent ceste mesme façon ès autre lieux, comme en tout le pays de Bazain, en la province de Cochin, en la coste des Malabats, de Commorin et de Pescaro. En ces parroisses de Salsète, je trouvay un bon vieux père anglois nommé le père Thomas Estienne et un autre assez jeune qui estoit Lorrain; ils estoient venus aux Indes avec les Italiens. On dit qu'il y a trois des nostres qui sont flamens en la province de Cochin, deux desquels sont Liégeois, le père Roger Conrade de Truchon, le père Nicolas Paludanus de Liège, et le père Lambert Hollandois; ils n'ont pas esté jamais reçeus en la compagnie en Flandres, car les deux sont venus d'Italie, et le troisième de Portugal (1). »

Cette lettre offre ensuite des détails intéressants sur les missions que les jésuites avaient établies dans l'Abyssinie, l'Arabie, le nord de l'Indoustan, la Chine

(1) Nous reproduisons à l'appendice la dernière partie de ce récit.

et le Japon. Et après avoir raconté le glorieux martyr d'un missionnaire de la Compagnie, le P. Trigault s'écrie en finissant : « *Ah moriatur anima mea morte justorum, et fiant novissima mea horum similia.* Pleust à nostre bon Dieu que je meure de la mort des justes, et que les dernières périodes de ma vie soient semblables à celle-là.

» De Goa, la veille de Noël, 1607.

» D. V. R. serviteur selon Dieu
» Nicolas Trigault. »

CHAPITRE TROISIÈME.

Souvenirs du pays natal. — Le P. Trigault pénètre en Chine — Premier voyage dans l'intérieur. — Nan-King. — Fondation de la résidence de Han-Tcheou. — Conversion du mandarin Yang.

Comme l'indique la lettre à laquelle nous avons emprunté le récit qui précède, le P. Trigault, durant les deux années qu'il passa dans l'Inde, s'exerça au saint ministère, prêcha et confessa dans les villes et dans les campagnes : le souvenir de la Flandre était encore bien vivant pour lui dans ces lointaines contrées. En effet dans cette lettre il nous parle de plusieurs missionnaires des Pays-Bas, et l'arrivée de deux autres jésuites qui étaient aussi ses compatriotes lui fut annoncée. L'un, le P. Nicolas Cauchy, débarqua effectivement en 1607 à Goa, où il devait mourir après avoir prêché durant plusieurs années en Mongolie; l'autre, Jean de la Vigne, jeune religieux de Lille, qui avait peut-être été dans cette ville l'élève du P. Trigault, ne put résister aux fatigues d'une navigation de sept à huit mois, aux maladies qui décimaient l'équipage, et les passagers de tous les vaisseaux en route pour les Indes. Quelques jours avant le débarquement les flots avaient reçu la dépouille mortelle de cet apôtre âgé seulement de vingt-cinq ans, mort avant d'avoir vu la terre qu'il venait évangéliser (1).

Le missionnaire douaisien acheva dans l'Inde la Vie du P. Gaspard Barzée, qu'il avait préparée en Portugal, avant de quitter l'Europe. Et en l'envoyant dans les Pays-Bas, il écrivit comme préface une pièce de vers latins, adressée au héros de son livre, dont toutes les strophes commencent par ce vers :

> I. Gaspar, patrios revise Belgas
> Allez, Gaspard, allez revoir la Flandre votre patrie.

« Allez, disait-il, allez, Gaspard, revoir la Flandre votre patrie; mais enfant de la Flandre vous-même n'oubliez pas l'enfant de la Flandre qui, trop hardi commerçant, vient, avec votre aide, rechercher comme vous les trésors que la compagnie de Jésus demande à l'Inde.

» Allez, Gaspard, allez revoir la Flandre votre patrie, la Flandre qui brûle du désir de vous recevoir; et, si cela ne vous coûte pas trop, saluez pour moi le pays natal et dites à tous : Je reviens à la prière d'un enfant de la Flandre.

» Allez, Gaspard, allez revoir la Flandre votre patrie. »

Sur ces lointains rivages le missionnaire n'avait donc pas oublié sa patrie ; comme le poète, il enviait à son livre le bonheur de revoir cette terre natale qu'il croyait avoir quittée pour toujours (2).

Mais ce n'était pas l'Inde que le P. Trigault était

---

(1) *Synopsis Annalium S. J. Lusitan.* Augustæ Vendelic. 1716 p. 198.

(2) Cette pièce de vers, que nous reproduisons dans l'*appendice*, ne se trouve que dans la traduction française de la *Vie du P. Gaspard Barzée*, imprimée à Douay, chez Werdavoir, 1615.

appelé à évangéliser; plus que jamais la voix intérieure qui lui avait parlé en Europe, lui disait que c'était en Chine qu'il devait prêcher la foi et souffrir pour son Dieu. Ses supérieurs le désignèrent pour cette mission; et vers le milieu de l'année 1610, il arriva au port de Macao. Il aperçut enfin cette terre qui était depuis si longtemps l'objet de ses désirs les plus impatients, cette terre dont il devait révéler l'histoire et les mœurs à sa patrie et à l'Europe, cette terre dans laquelle il devait jeter plus tard la semence sacrée de la foi, en la fécondant par ses travaux et ses sueurs, par ses souffrances et sa mort.

On le sait, il n'était pas facile de pénétrer dans l'empire chinois : les précautions les plus minutieuses étaient prises contre ceux qui cherchaient à s'y introduire secrètement; des jonques de guerre et des embarcations plus petites croisaient jour et nuit à l'embouchure des grands fleuves, afin de les arrêter; des postes militaires, chargés du même soin, veillaient à l'entrée des villes, le long des voies de communication, aux passages qui mettaient en rapport les diverses provinces, et surtout aux rivages, aux ports qui paraissaient le plus accessibles. Les étrangers avaient à craindre non-seulement les employés civils et militaires menacés d'être destitués s'ils laissaient violer la frontière, mais même les particuliers qui voyaient des barbares et des ennemis en tous ceux qui n'étaient pas nés dans le céleste empire : on tendait un véritable cordon sanitaire pour repousser l'influence du dehors, fléau que redoutaient également les gens du peuple et les lettrés; aussi, le père Trigault, dans son langage encore plein des souvenirs classiques, disait que la Chine était gardée de toutes parts par des harpies plus attentives et plus terribles que celles dont parle l'auteur de l'Enéide (1). Il parvint pourtant à tromper cette vigilance si soupçonneuse, et voici comment. Les négociants portugais de Macao avaient le privilége de pouvoir se rendre deux fois l'année à Canton pour commercer avec les Chinois ; admis pendant le jour dans la ville, ils devaient, le soir, se retirer dans leurs vaisseaux, près d'un îlot, sur lequel un prêtre européen était autorisé à célébrer les saints mystères. Trigault venait d'arriver de l'Inde, quand, en décembre 1610, s'ouvrit l'un de ces francs-marchés. Avec deux autres pères de la Compagnie il se joignit aux négociants qui se rendaient à Canton. Instruits de son arrivée, les jésuites de *Tchao-Tcheou*, la résidence la plus voisine, avaient envoyé dans le port une embarcation que montaient des néophytes indigènes : par une nuit obscure, les trois missionnaires descendent dans cette barque, revêtent les vêtements chinois, les larges caleçons, la robe de soie tombant jusqu'aux pieds, la large ceinture dont les crochets portent un éventail, une bourse, et des bâtonnets d'ivoire, et se coiffent à la mode du pays en ajoutant à leur chevelure naturelle une queue postiche qui descend jusqu'aux jarrets. Avant l'aube ils quittent sans bruit le grand fleuve qui forme la

(1) *Litteræ S. J. è regno sinarum ad R. P. C. Aquavivam annis* 1610 *et* 1611 *à R. P. Nicolao Triguultio conscriptæ*, Antuerpiæ, apud Petrum et Joannem Belleros, 1615, p. 222 à 225.

rade de Canton et remontent en se dirigeant vers le nord la rapide rivière du Tigre ou *Siang*, sur laquelle ils devaient naviguer l'espace de 70 à 80 lieues avant d'atteindre la première résidence de la Compagnie.

Quand la crainte d'être découverts ne les poursuivit plus, les voyageurs cessèrent enfin de marcher à force de rames : ils purent alors plus à loisir contempler les paysages qu'offrait la riche province de Canton *(Quang-tong)*. Parfois le fleuve coulait entre des roches calcaires que la main de l'homme semblait avoir taillées pour ouvrir aux eaux une plus large voie; parfois ils voyaient des plaines couvertes d'herbe où erraient de grands troupeaux de buffles, des champs qui, dans la saison, se couvrent de riches cultures de maïs, de riz, d'indigo, et des collines revêtues de grenadiers, d'orangers, de bananiers, de papayers, bouquets d'arbres sous lesquels l'été fait naître des camélias, des lauriers roses et des arbustes à thé avec leur fleur semblable au jasmin d'Espagne. Ce qui dut surtout frapper leurs regards, durant ces jours d'hiver, ce furent les monastères des bonzes qui s'élevaient sur des monticules et principalement le magnifique couvent qui portait le nom de *Nan-hoa*, Fleur du midi. Ils arrivèrent enfin à Tchao-tcheou, le 21 décembre, jour où l'église célèbre la fête de saint Thomas, l'apôtre et le patron de l'Inde et de tout l'Orient. Il n'y avait dans tout l'empire chinois, pour évangéliser une population de plus de 300 millions d'idolâtres, que 11 prêtres européens : les pères de cette résidence et surtout Longobardi, qui avait été nommé supérieur après la mort de Ricci, reçurent les trois nouveaux confrères qui venaient partager leurs travaux, avec un bonheur, avec des démonstrations de joie qui émurent vivement le père Trigault (1).

Après avoir pris quelques jours de repos et avoir célébré dans une église chrétienne les fêtes de Noël, les missionnaires continuèrent leur voyage. Pour se mettre en route ils choisirent la fête de l'Epiphanie, jour de bon augure, nous dit Trigault, dans lequel les mages de l'orient avaient été conduits par l'étoile auprès du soleil de la vérité. Ils partirent encore dans une jonque, remontant toujours le Tigre dont les eaux étaient de plus en plus bleuâtres et rapides, et les rives de plus en plus sauvages et escarpées : une navigation de trente lieues les conduisit à *Nan-Hioung*, la dernière ville de la province de Canton. Là, plus que partout ailleurs, il y avait à craindre pour les prêtres européens : des jonques sur le fleuve, des postes sur les rives veillaient pour arrêter les étrangers ; il fallait passer sur un pont occupé par des employés, chargés d'inspecter les voyageurs et les marchandises : les jésuites parvinrent à tromper leur vigilance.

Au nord de Nan-Hioung, s'élève la chaîne des monts *Meï-ling* qui séparent la province de Canton du Kiang-si. Dans les flancs escarpés et pierreux de la montagne étaient creusés plusieurs chemins, sans

---

(1) N Trigault. *Litteræ Sinarum annuæ* (1610 et 1611), p. 225 et 13. — L'abbé Huc. *Le Christianisme dans la Chine*, t. II p. 3. *L'empire chinois*, t. II, 460 à 465.

cesse fréquentés par un nombre immense de voyageurs, de porte-faix et de bêtes de somme. Des palanquins qu'ils avaient loués pour ce voyage de 12 lieues, les missionnaires voyaient tantôt des précipices dont la profondeur effrayait leurs regards, et tantôt, à travers les déchirures du roc, des plis de terrain d'une fertilité étonnante; au sommet de la montagne où le roc a été creusé à une profondeur de 40 pieds pour rendre la route plus douce, ils admirèrent un temple et un arc-de-triomphe en pierre, élevés en l'honneur du mandarin qui a fait exécuter cette grande voie de communication, ouvrage que Trigault, toujours fidèle à ses souvenirs classiques, compare aux travaux qu'Annibal fit à travers les Alpes. La descente, qui est rapide et dangereuse, eut lieu sans accident, et l'on arriva à une rivière qui coule vers le nord (1).

L'hiver est la saison où, en Chine, les eaux ont le moins d'élévation; et d'ailleurs, voisine encore de sa source, profondément encaissée entre des montagnes dont les rochers, les cailloux et le sable avaient en partie obstrué son lit, cette rivière présentait une navigation difficile, souvent interrompue par la vase et le manque d'eau; les missionnaires se rappelaient que le père Ricci, en la descendant pour la première fois, avait failli y périr, et les nombreuses planches, les débris de jonques qu'ils voyaient flotter sur l'eau

---

(1) Trigault. *Litteræ annuæ*, (1610 et 1611) p. 13 et 14. — *Histoire de l'expédition chrétienne au royaume de la Chine*, p. 244.

leur faisaient craindre le même sort. Leurs craintes diminuèrent quand ils furent entrés dans une autre rivière qui porte le nom de *Tao*, et ils commencèrent à naviguer plus rapidement; mais l'imprudence des matelots lança sur un rocher leur jonque qui fut à demi brisée : au milieu des eaux agitées, de la vase et des écueils, les missionnaires coururent de grands dangers auxquels ils n'échappèrent, nous dit la lettre de Trigault, que par la bonté de la providence. C'est le seul incident remarquable de cette navigation de 106 lieues, qui les conduisit, des montagnes dont nous avons parlé, à *Nan-tchang*, capitale de la province de Kiang-si (1).

Nous aurons plus tard l'occasion de parler de cette province et de cette chrétienté de Nan-tchang, où deux jésuites portugais résidaient alors dans une pauvre demeure ; les voyageurs y prirent quelques jours de repos, et entreprirent bientôt après une nouvelle navigation de cent lieues qui devait les conduire à Nan-King. Ils traversèrent d'abord le *Pou-yang*, lac de trente lieues de circuit, qui, par son immense étendue, ses longues vagues que soulève le vent et les gros navires qui le sillonnent en tout sens, ressemble plutôt à un véritable océan qu'à un lac. En plusieurs endroits près des côtes, les eaux sont toutes couvertes de *lien-hoa*, fleurs assez semblables pour la forme et la couleur à nos tulipes, qu'elles surpassent beaucoup en grosseur et qui croissent comme les nénuphars en Europe ; l'aspect de cette mer intérieure est sur-

---

(1) Trigault. *Litteræ annuæ* (1611), p. 14.

tout enchanteur, lorsque celui qui y navigue peut voir d'un côté les collines qui l'entourent avec leurs villes, leurs villages, leurs gracieuses habitations à demi cachées dans la verdure des orangers, des bambous et des saules pleureurs, et de l'autre des jonques innombrables, les unes en forme de poisson, les autres en forme de dragon, peintes des couleurs les plus éclatantes, et se croisant dans des directions différentes. En quittant ce lac, les missionnaires entrèrent, par une passe très-douce et très-large dans le *Yang-tse-Kiang* ou fleuve enfant de la mer, que l'on nomme aujourd'hui le *Fleuve bleu*; sa largeur qui est souvent de trois à quatre lieues, ses tempêtes, ses mouvements de flux et de reflux y rendent la navigation très-dangereuse. Beaucoup de barques, de grosses jonques et de navires assez grands le parcourent continuellement; le nombre de ces embarcations et celui des villes et des villages placés sur les rives augmentèrent à mesure que les missionnaires approchèrent de *Nan-King*, terme de leur voyage, où ils débarquèrent enfin au commencement du mois de février 1611 (1).

Les Tartares n'avaient pas encore ravagé cette grande cité. Le P. Trigault, qui la vit brillant de cet éclat qu'elle ne devait pas tarder à perdre, en fait une longue description. Après avoir parlé de la douceur du climat, de la fertilité du territoire, de l'ama-

---

(1) Trigault. *Litteræ annuæ* (1611), p. 14. *Histoire de l'expédition chrestienne au royaume de la Chine* p. 250. — Huc. *Le christianisme dans la Chine* t. II, p. 121.

bilité des habitants, de l'élégance de leur langage, du grand nombre de mandarins qui habitent cette seconde capitale de l'empire, il admire ses riches palais, les magnifiques ponts de pierre jetés sur les canaux qui sillonnent tous les quartiers, les milliers de jonques qui naviguent sur les eaux du *Fleuve bleu*, et les collines couvertes de verdure qui s'élèvent fraîches et riantes, au milieu des habitations des lettrés et des misérables échoppes où résident les marchands chinois. La tour de deux cents pieds, qui montre ses huit faces complètement recouvertes de porcelaine et ses neuf étages aux toits gracieusement relevés, dut attirer ses regards. Ce qui semble l'avoir particulièrement frappé, c'est l'immensité de la ville. « Elle est, dit-il, environnée du circuit de trois murailles ; le premier est un palais royal en vérité très magnifique, et j'ose dire qu'il n'y a roy qui en ait en aucune part du monde un plus beau ; il s'estend en rondeur à quatre ou cinq milles d'Italie de circuit. L'autre muraille environne de rechef ce mesme palais et la plus grande et principale partie de la ville ; elle est entr'ouverte de douze portes, lesquelles sont garnies de barres de fer, et munies de canons placez dans la ville à l'opposite d'icelle. Cette muraille comprend encore en son circuit dix huict milles d'Italie. Le troisiesme mur extérieur, en l'enclos duquel il y a de grands entre-deux de jardins, montagnes, bois et lacz, contient une très-grande partie d'iceluy très-peuplée. A peine peut-on en savoir le circuit. Les habitans néantmoins du pays en descrivent la grandeur, disans qu'autres fois deux hommes montans à cheval, l'un passa d'un côté, l'autre de l'autre, et tous deux se rencontrèrent à soleil couchant. D'où chacun peut juger l'estendue prodigieuse de ceste ville (1). » C'est dans cette troisième enceinte que se trouvaient l'observatoire et le sépulcre des Empereurs.

« Il y a une montagne relevée entre les murailles, au plus haut de la montagne, il y a une grande place très propre à observer les astres, et à l'entour de ce champ il y a des maisons en vérité magnifiques, ou demeurent les colléges de mathematiciens chinois. Il faut que toutes les nuicts l'un d'iceux fasse la sentinelle en ceste place et observe toutes les constellations célestes, ou comètes et feux allumez en la suprême region de l'air... Dans ceste place aussi on void des machines de mathematiques faictes de fonte qui pour leur grandeur et beauté meritent d'estre veues, ausquelles certes nous n'avons jamais rien veu ny leu en toute l'Europe de semblable. Il y a près de deux cens cinquante ans, que ces instruments résistent aux pluies, neiges et autres injures de l'air, de telle sorte qu'ils n'ont rien perdu de leur premier lustre (2).

(1) Trigault. *Histoire de l'expédition chrestienne au royaume de la Chine*, p. 251 et 252.

(2) Id. p. 308. Nous donnons en note une description très-curieuse de ces instruments d'astronomie que nous trouvons dans le père Trigault. « Les plus grandz de ces engins de mathématique estoient quatre. Le premier estoit un grand globe, distinct de ses meridiens par degrez et de ses paralleles ; on jugea que trois hommes, ne pourroient embrasser la tour de ce globe ; il

» Mais il nous faut aussi, continue le père Trigault, regarder le temple royal. Car il est vraiment royal soit qu'on regarde la grandeur, soit la majesté de l'ouvrage. Il est basti en un bois, ou plutost verger de pins, entouré de murailles de douze miles Italiens de circuit. Tout le temple, excepté les murs de briques, est de bois; il est divisé en cinq nefz; il y a de chaque costé 2 rangs de colonnes qui sont de bois et rondes, et de telle grosseur que deux hommes ne

estoit aussi posé en un grand cube de cuivre sur son soustien : au cube il y avait une petite porte, mais qui en entrant estoit suffisante pour tourner ce globe quand il en estoit besoin ; il n'y avoit du tout rien de gravé en sa surface intérieure, ny estoilles, ny regions, d'où il paroit ou qu'on ne l'a pas achevé ou qu'on l'a ainsi laissé à dessein, afin qu'il servit de globe céleste ou terrestre. L'autre machine estoit une grande sphere, qui n'avoit pas moins de deux paulmes en diamètre, les géométriens l'appellent un pas. Elle avoit l'horizon et les poles, mais au lieu de cercles il y avoit certains brachelelz doubles, entre lesquels l'espace qui estoit vuide representoit les cercles de notre sphère. Ilz estoient tous divisez en trois cens soixante cinq degrez et quelques minutes. En son milieu, on ne voyait aucun globe de la terre; mais un certain tuiau percé comme un pistolet, qu'on pouvoit aisément tourner de tous costez, et poser en tel degré et élévation qu'il plaisait pour regarder les estoilles qu'on voudroit avec ce tuiau (d'un artifice certes non impertinent) comme nous avons accoustumé avec nos pinnules. La troisiesme machine estoit un quadran le double plus haut de la sphère susdicte, posée sur un grand et long marbre vers le septentrion ; et la table de pierre avoit un canal à l'entour, afin que mettant l'eau en ce canal, on vist si la pierre estoit droite ou non, et la verge estoit posée perpendiculairement comme aux horloges. C'est chose croiable que ce quadran a été faict pour remarquer exactement l'ombre des solstices et équinoxes, car pour ceste cause le marbre les pourroient embrasser ; le couvert est richement gravé et tout doré. Au milieu du temple, il y a un lieu eslevé de marbre très précieux, en ce lieu il y a deux throsnes tous deux de marbre. Le roy qui doit sacrifier s'asseoit dans l'un ; l'autre se laisse vuide à celui auquel il sacrifie, afin qu'il ne lui desplaise de s'asseoir. Toutes les portes du temple sont couvertes de lames de cuivre doré, et ornées de fantosmes ou très beaux marmousets de mesme matière. Hors du

mesme et la verge sont comparties en degrez. Mais le quatriesme instrument et plus grand de tous estoit de trois ou quatre grandz astrolabes posez l'un près de l'autre, dont chascun avoit un pied geometrique tel que j'ay descrit en diamètre : la ligne de fianco autrement dicte *Alhidada* y estoit aussi, et de mesme le *dioptra*. L'un d'iceux representait l'équateur tourné vers le midy, l'autre qui avec le supérieur formoit comme une croix vers le septentrion et midy, semble estre un méridien, encor qu'on le pouvait tourner en rond. L'autre estoit droict tourné vers le midy, par lequel peut-estre estoit entendu le cercle vertical ; et mesme cestuy-ci pour montrer chasque vertical se rouloit, et tous avoient leurs degrez tellement compassez, qu'on voioit à chacun un bouton de fer eslevé, pour mesme de nuict, sentir les degrez par l'attouchement des mains sans aucune lumière Toute ceste machine d'astrolabes estoit aussi posée sur un marbre plain, avec ses canaux à l'entour. Or sur chascun de ces instrumentz estoit escrit en caractères chinois, ce que chasque chose signifioit ; vingt et quatre constellations du Zodiaque, qui respondent à noz signes doublez y estoient aussi marquées. Mais en cela y avoit une faute parce que tout estoit porté au trente sixiesme degré de l'élévation du pole ; car c'est chose si seure que la ville de Nanquin est au trente deuxiesme degré et un quart que personne n'en doit douter. Et il semble que ces machines ont été faictes pour estre posées autre part ; mais qu'en après elles ont été là mises par quelque mathématicien ignorant, sans avoir aucun égard au lieu. »

temple il y avait plusieurs autelz qui representaient le soleil, la lune, les estoilles et les montagnes de la Chine, un certain lac aussi y représentait la mer. On dit que par cela ils ont voulu dire que le Dieu qui est adoré en ce temple a créé tout le reste qui est hors du temple, afin que quelqu'un ne les adorast pour Dieu (1). »

Les jésuites possédaient à Nan-King une vaste et belle habitation, située sur une colline au milieu de la ville, et qui leur avait été cédée facilement parce qu'on la croyait infestée par des esprits mauvais. Le père Trigault y trouva presque tous les religieux attachés à la mission de la Chine : ils s'y étaient réunis pour recevoir les ordres de leur nouveau supérieur le père Longobardi, et traiter ensemble des questions relatives à la prédication de l'évangile. L'on s'occupa principalement de la formule à employer pour l'administration du baptême : les chinois qui n'ont point les lettres B, D, R, qui n'emploient jamais à la fin des mots d'autres consonnes que M et N ne pouvaient se servir que difficilement des paroles latines ; il fut décidé qu'on rédigerait quinze formules différentes d'après le langage parlé dans les quinze provinces de l'empire, afin que tous les chrétiens, les hommes du peuple comme les lettrés, pussent baptiser eux-mêmes, en l'absence des prêtres, les personnes âgées et les enfants en danger de mort. Après avoir réglé ce point important et plusieurs autres, les

(1) Trigault. *Histoire de l'expédition chrestienne...* p. 315 et 316.

missionnaires se séparèrent. Le père Longobardi partit pour Péking, laissant Trigault à Nan-King avec les pères Vagnoni et Catanco, jésuites italiens, qui avaient déjà passé plusieurs années dans la mission et qui avaient composé plusieurs savants ouvrages (1).

C'est sous leur direction, et au milieu de la ville qui était par excellence la cité des sciences et des lettres, que le missionnaire de Douai se forma d'une manière plus particulière à la langue, à l'écriture et à la littérature des chinois ; il s'y consacra certainement avec cette force de volonté, cette ardeur et cette pénétration d'esprit que nous lui trouvons dans toute sa vie ; et il est probable que ses progrès furent rapides et frappèrent l'attention de ses supérieurs, puisque moins de deux mois après, il reçut l'ordre de quitter Nan-King, pour travailler, avec un autre père, à fonder une nouvelle chrétienté.

Le célèbre mandarin Lig-Osun, baptisé quelques années auparavant par le père Ricci, se faisait remarquer, parmi les chrétiens indigènes, par son rang et sa science, par sa piété et son ardeur pour la propagation de l'évangile : la mort de son père venait de le déterminer à renoncer, pour trois ans, aux fonctions de mandarin qu'il exerçait à Nan-King, et il s'était retiré, pour vivre dans le deuil et la solitude, à *Han-tcheou*, sa ville natale. Il y avait déjà longtemps qu'il priait le père Ricci et le père Longobardi d'envoyer des missionnaires dans cette grande cité, qui était la capitale de la province de *Tche-Kiang* ; lorsqu'il eût

(2) Id. *Annuæ litteræ* (1610), p. 15 et 16.

vu son père mourir sans avoir reçu le baptême qu'il avait en vain demandé sur son lit de mort, il craignit un sort semblable pour le reste de sa famille, pour ses amis et ses concitoyens, et adressa aux prêtres européens des demandes plus vives et plus réitérées : il fut enfin décidé que le père Cataneo, qui avait déjà passé quinze ans dans la Chine, y serait envoyé avec le père Trigault novice encore, et le chinois Sébastien Mendez, catéchiste excellent qui avait déjà aidé les religieux dans plusieurs villes (1).

Quittant Nan-King du 20 au 25 avril 1611, les missionnaires suivirent pendant quelque temps le cours du *Fleuve bleu ;* puis ils se dirigèrent vers le sud-est par un large canal creusé le long du grand lac *Tat ;* les habitations qui s'élevaient sur les rives de ce canal étaient si nombreuses, que, pendant quatre ou cinq jours, ils auraient pu se croire au sein d'une cité populeuse. *Sou-tcheou* où ils débarquèrent, est certainement l'une des villes les plus curieuses de la Chine. Trigault l'appelle une autre Venise, mais une Venise immense, une Venise située au milieu de lagunes d'eau douce qui ne sont agitées que par le vent ; la ville intérieure, dont l'enceinte est de quatre lieues environ, n'a point les monuments grands et sévères, les palais en marbre de la cité italienne ; mais elle montre, comme elle, de larges canaux qui sont ses artères principales et une foule de petites rues traversées par un grand nombre d'autres canaux plus petits, sur lesquels sont jetés des ponts en pierre

---

(1) Trigault. *Litteræ annuæ* (1611), p. 171 à 172.

de forme bizarre mais élégante ; avec ses faubourgs, Sou-tcheou a sept lieues de circonférence ; et au-delà se trouve encore la ville flottante, qui est formée de barques ordinairement attachées les unes aux autres et qui offre plusieurs rues d'une lieue au moins de longueur ; sillonnés sans cesse par des jonques de toute forme et de toute grandeur, peintes les unes de couleur sombre et les autres de couleurs éclatantes, celles-ci portant des marchandises, celles-là armées de canons et de soldats, et d'autres remplies de promeneurs joyeux et élégants, les canaux de cette cité présentent l'aspect le plus animé et le plus enchanteur, surtout lorsqu'on les contemple le soir, à la lueur des lanternes aux vitraux éclatants, qui se balancent aux mâts de chacune des milliers d'embarcations qui s'y croisent sans cesse. Sou-tcheou est par excellence la ville des affaires et en même temps la ville des plaisirs ; et, chose qui rend plus complète sa ressemblance avec la reine de l'Adriatique, c'est une cité souvent rebelle aux empereurs, qui a résisté longtemps aux siéges les plus meurtriers, et qui n'obéit qu'en frémissant à la nombreuse garnison qu'y entretient toujours le gouvernement de Péking (1).

De là, le lac *Tai* conduisit les jésuites dans le Tche-Kiang ; près des côtes, la contrée ressemblait à tel point à la campagne qui s'étend entre Gand, Bruges

---

(1) Trigault. *Litteræ annuæ* (1611), p 173. *Histoire de l'expédition chrestienne au royaume de la Chine*, p. 296 et 297. — Le P. M. Martini. *Atlas de Blaeu. Chine*, p. 94. — Le P. Du Halde. *Description de l'empire Chinois*, p. 130. — Le P. Greslon *Histoire de la Chine*, p. 294.

et Ostende, que le missionnaire douaisien pouvait presque se croire encore sur les rivages de cette Flandre dont il était séparé par l'immensité des mers ; l'intérieur du pays offrait tantôt des collines et tantôt des plaines où croissaient un grand nombre d'arbres à thé, de bambous et de mûriers, cultures qui faisaient de cette province la plus riche et la plus belle de toutes les provinces de l'empire. La ville de *Han-tcheou* où se rendaient les missionnaires, mérite d'être sa capitale. Le père Trigault raconte que l'on ne peut voir rien de plus admirable que le faubourg par lequel il arriva ; pendant la demi-journée qu'il mit à le traverser il rencontra au moins trois cents arcs de triomphe, monuments à trois vastes arcades presque ogivales, élevés sur des collines ou des assises de pierre et de roc, ornés des sculptures les plus variées, fleurs, oiseaux, lions, et portant, en lettres bleu et or, le nom de l'empereur, du mandarin, du héros, de l'héroïne en l'honneur duquel ils ont été construits ; les rues et les places de la ville elle-même montrent aussi un grand nombre de ces arcs-de-triomphe qui offriraient l'aspect le plus imposant, si les marchands chinois n'avaient pas construit beaucoup de petites maisonnettes en bois dans les espaces qui les séparent. Les ponts jetés sur les canaux peuvent rivaliser avec ceux de Sou-tcheou ; les temples sont plus nombreux et plus beaux que dans toute autre ville ; quatre grandes tours à neuf étages rappellent la fameuse tour de Nan-King et sur l'une d'elles, qui domine toute la ville, l'on voit, dit le père Martini traduisant le récit de Trigault, « un horologe rempli d'eau qui marque les heures; car quand l'eau coule et tombe d'un vaisseau dans l'autre, elle élève en même temps une tablette et escriteau qui marque le temps et les heures; pour cet effet, il y a un homme exprès qui y prend garde, et bat le tambour à toutes les heures, et advance son escriteau hors de la tour pour montrer l'heure du jour escrito en caractères de lettres de la longueur d'une coudée. » A l'une des extrémités de la ville, s'étend un lac de deux lieues de circuit sillonné de barques innombrables, traversé par des chaussées de pierre plantées de hauts cyprès, offrant deux îles chargées d'arbres et de maisons, et montrant sur ses rives de verdoyants côteaux et deux tours à neuf étages, un grand nombre de palais et une résidence impériale. Lorsque, dit Trigault en terminant cette description, du sommet de la colline où se trouve la tour à clepsydre, l'on contemple l'ensemble de cette ville immense, au centre des flots de maisons en bois et en pierre, tout autour des faubourgs et des villas ombragés de saules et de cyprès, et plus loin la cité flottante avec ses milliers de barques, le lac et le fleuve, les canaux et les aqueducs, et enfin un vaste horizon formé par des hauteurs couvertes de la verdure la plus douce, le regard embrasse un tableau que jamais ne pourra concevoir l'imagination la plus belle et la plus féconde. Les Chinois ont nommé Han-tcheou le paradis de la terre (1).

---

(1) Trigault. *Litterœa nnuœ* (1611), p. 160 à 170. — Le père M. Martini. *Atlas de Blaeu. Chine*, p. 102 à 105. — Le P. Du Halde. *Description de la Chine*. t. I, p. 175 à 178.

Mais en admirant ces paysages et ces cités qu'ils décrivent avec tant de complaisance, les missionnaires n'oubliaient pas qu'ils étaient en Chine, avant tout, pour faire connaître l'évangile. En voyant les populations nombreuses établies sur les bords du canal qui conduisait à Sou-tcheou, ils se rappelaient la parole du maître : « La moisson est grande, mais il y a peu d'ouvriers. » Parmi les nautonniers qui conduisaient leur barque, se trouvait un vieillard dont l'âge et la faiblesse semblaient annoncer une mort prochaine ; ils lui parlèrent de la Trinité, de la Rédemption et des sacrements ; ils l'instruisirent des principaux mystères de la foi : et il leur demanda à recevoir le baptême. Se disant qu'il lui restait peu de temps à vivre, les missionnaires se déterminèrent à lui accorder cette faveur. Le village où ce vieillard habitait se trouvait sur les rives du canal ; la barque s'y arrêta pour un jour ; et le sacrement de régénération fut conféré au nouveau néophyte. Quelques paroles prononcées en public aux habitants du village qu'avait attirés cette cérémonie, exercèrent un effet si puissant, que plusieurs d'entre eux voulurent aussi être initiés à la religion des prêtres de l'occident, et recevoir l'eau sacrée qui effaçait toutes les fautes ; mais les missionnaires ne crurent pas devoir satisfaire à leurs désirs empressés ; et ils partirent le lendemain, regrettant de ne pouvoir jeter plus longtemps la semence de la parole divine dans ce champ si bien préparé, mais heureux d'y avoir laissé un fruit qui ne devait pas tarder à être mûr pour le ciel.

Lorsque après neuf à dix jours de navigation ils

furent arrivés à Han-tcheou, la providence leur ménagea la rencontre la plus heureuse. Descendus de la petite barque qui les avait menés au centre de la ville, les missionnaires s'adressèrent, pour connaître la demeure du mandarin Lig-Osun, à un jeune chinois qui se promenait sur les bords du canal : celui-ci les regarda avec attention et leur demanda s'ils n'étaient pas des bonzes du grand occident ; et sur leur réponse affirmative, il leur dit que, parent du mandarin Lig-Osun, il avait appris, par cœur, tous les préceptes du livre de la bonne nouvelle, que ses idoles avaient été livrées aux flammes, qu'il était prêt à se déclarer chrétien ; et il conduisit lui-même au palais du mandarin Léon les deux missionnaires, qui remerciaient Dieu des auspices favorables sous lesquels commençait la mission de Han-tcheou.

Le mandarin Léon Lig-Osun, qui venait, comme nous l'avons dit, de perdre son père, lui rendait les honneurs funèbres qui sont minutieusement décrits dans le *Livre des rites*. Les pères Cataneo et Trigault, suivant le cérémonial usité, demandèrent, en entrant dans le palais, à accomplir leurs devoirs envers le défunt. Ils furent introduits dans une salle qui était complètement tendue de blanc, même sur le pavé ; au milieu, sur une sorte d'autel, se voyaient le cercueil et le portrait de celui que l'on pleurait ; tout auprès se tenait debout, immobile, silencieux, le mandarin Léon, en grand deuil, robe blanche, coiffure blanche, souliers blancs, portant pour ceinture une corde de chanvre ; les missionnaires s'inclinèrent quatre fois devant le cercueil, allumèrent chacun deux cierges qu'ils placèrent auprès, et jetèrent de l'encens dans une grande cassolette qui fumait au milieu de la salle. En même temps, Léon Lig-Osun pleurait son père d'une voix sourde et triste, et tous ceux qui avaient été attachés au défunt faisaient entendre des plaintes plus éclatantes. Durant les trois premiers jours qu'ils passèrent à Han-tcheou, les missionnaires accomplirent à plusieurs reprises ces mêmes cérémonies ; et c'est seulement après avoir ainsi obéi aux prescriptions des rites, qu'ils purent parler au mandarin qui les avait mandés de Nan-King (1).

Ce mandarin leur avait fait préparer dans ses jardins, une maison commode, vaste et élégante, où ils n'avaient rien à craindre, même de l'ennemi le plus acharné. Les jésuites se décidèrent, après avoir vu cette habitation, à se fixer définitivement à Han-tcheou ; et le père Cataneo partit pour Shanghai son ancienne résidence, afin d'en rapporter tout ce qui était nécessaire pour la célébration des saints mystères. Resté seul avec le catéchiste indigène, connaissant à peine la langue, le père Trigault ne pouvait prêcher la foi à Léon Lig-Osun, à sa famille et à ses amis ; il essaya du moins de leur donner une haute idée de la civilisation européenne, en expliquant, tantôt par écrit, tantôt avec l'aide du catéchiste, le mécanisme d'une petite horloge que l'on avait apportée de Nan-King ; le mandarin Léon étudia avec le plus grand soin les figures et les démonstrations

(1) Trigault. *Litteræ sinenses* (1611) p. 173 à 175. — *Histoire de l'expédition chrestienne au royaume de la Chine*, p. 65 et 66.

du prêtre européen, et il publia même un ouvrage sur le mouvement des poids et des roues de cet instrument inconnu aux Chinois. Cependant, revenu de Shanghaï après quelques jours d'absence, le père Cataneo avait fait élever un autel dans l'une des salles de la nouvelle résidence, et la sainte messe fut célébrée à Han-tcheou pour la première fois le 8 mai 1611, jour où l'église célèbre la fête de saint Michel. L'on choisit cet archange pour patron de la chrétienté, et l'on fit présent à Léon Lig-Osun d'un groupe qui représentait ce chef de la milice sacrée terrassant le démon. Le mandarin à son tour, voulut montrer son zèle pour la religion : toutes les idoles qui se trouvaient encore dans sa demeure et que divers membres de sa famille avaient conservées parce qu'elles venaient de leurs ancêtres, furent réunies en un vaste bûcher, auquel il mit lui-même le feu, sous les yeux de tous les siens. Dans le sanctuaire où elles se trouvaient auparavant, il plaça un grand tableau qui représentait le Rédempteur, au sein d'une niche décorée par des sculptures et de brillantes peintures. La plupart des membres de cette famille demandèrent à être instruits de la foi et reçurent plus tard le baptême.

La première conversion fut opérée par le catéchiste Sébastien Mendez : un jour qu'il parcourait la ville, ce frère aperçut à la porte d'un temple, un mendiant dont la figure était presque complètement dévorée par un cancer affreux. Il lui parle; il apprend que cet infortuné a été autrefois riche et influent. Saisi de commisération, il le console, l'entretient d'une religion qui adoucit toutes les souffrances, et le quitte non sans lui donner les soins qu'il réclamait et sans lui laisser quelque argent. Après plusieurs visites, le mendiant fut instruit des vérités de la foi; il reçut le baptême; et son âme ne tarda pas à s'envoler aux cieux. Quant nous n'aurions fait, s'écrie le père Trigault, que sauver et consoler ce malheureux, ne serions-nous pas suffisamment récompensés des peines que nous avons éprouvées en quittant l'Europe et en parcourant ces lointaines contrées (1)!

Mais des conversions plus éclatantes devaient être opérées : voici l'évènement qui y donna lieu. Comme les missionnaires se tenaient, dans les premiers temps de leur séjour à Han-tcheou, mystérieusement renfermés au sein de leur habitation, le bruit se répandit par toute la ville que des divinités, incarnations du dieu Fô, parcouraient la terre et résidaient dans le palais du docteur Lig-Osun. Il y eut même un mandarin qui écrivit pour demander à être admis en leur présence. Il fut reçu; et après avoir été détrompé, il écouta avec bonheur la loi nouvelle que lui annoncèrent les prêtres étrangers qu'il avait pris pour des divinités.

Parmi ceux que ce bruit, et, plus tard, la renommée des hommes de l'occident avaient attirés, l'on distinguait le lettré Yang. Parvenu aux plus hauts honneurs, plusieurs fois président des examens pour le doctorat et mandarin inspecteur des provinces, Yang était rentré dans sa cité natale, comme Lig-Osun, à

---

(1) Trigault. *Litteræ sinenses* (1611), p. 17, 60, 183.

cause de la mort de ses parents. Longtemps il s'était demandé quel pouvait être le vrai Dieu ; et ne pouvant le connaître par ses propres lumières et par celles des philosophes chinois, il avait pris la résolution de pratiquer les vertus qui, selon lui, pouvaient plaire à cette divinité inconnue. Dès son premier entretien avec les missionnaires, il lui sembla entrevoir l'aurore de la vérité céleste ; aussi quand, dans la visite que ceux-ci lui rendirent, il eut appris qu'ils cherchaient à louer ou à acheter une habitation où l'on pourrait venir les voir plus facilement que dans les jardins du palais de Lig-Osun, il leur offrit immédiatement une des maisons de campagne qu'il possédait en dehors de la première enceinte de Han-Tcheou. D'après les conseils du mandarin Léon, les jésuites acceptèrent, et, au mois de juin, ils firent transporter tout leur mobilier dans cette nouvelle résidence.

Esprit subtil et raisonneur, avide de connaître comme tous les lettrés chinois, le docteur Yang engagea avec les prêtres européens, les discussions les plus sérieuses et les plus longues ; les recevant à sa table ou allant s'asseoir à la leur, il prolongeait les entretiens jusqu'au milieu de la nuit, ne cessant d'écouter, ne cessant d'interroger ; tantôt vif et pressant dans son argumentation, tantôt fin et ironique, toujours habile, il approfondissait, jusque dans leurs détails, les questions les plus importantes de la philosophie et de la religion. Les réponses des pères faisaient peu à peu pénétrer la lumière de la foi dans cette âme si belle, si grande et si simple ; mais il lui paraissait impossible d'admettre plusieurs des vérités qui lui étaient proposées. Parmi celles qui suscitèrent les plus longues discussions, le père Trigault cite la mort du Christ sur la croix entre deux voleurs, la résurrection des corps et l'interdiction de la polygamie. Le lettré chinois ne pouvait concevoir que Dieu, en descendant sur la terre, se fût soumis à périr sur un gibet et eût ainsi donné de lui-même une idée si petite à ceux qu'il venait évangéliser ; il finit néanmoins par avouer qu'il n'avait fallu rien moins que l'abaissement infini d'un Dieu pour effacer la faute infinie commise par les hommes, et que ce grand exemple d'humilité et de souffrance était nécessaire pour les déterminer à renoncer à ces passions mauvaises, qui avaient envahi la société toute entière. Quant à la résurrection des corps, il refusait de l'admettre parceque selon lui les jouissances célestes devant être immatérielles, le corps ne devait y participer en rien ; mais il finit encore par comprendre que les corps, qui avaient eu leur influence dans le mérite et dans le démérite de l'homme en le poussant au vice ou à la vertu, devaient aussi être punis et récompensés dans la vie éternelle, et que celui qui les avait créés, non-seulement pouvait, mais même devait les ressusciter un jour et pour l'éternité. Quand ces grands problèmes et plusieurs autres dont parle le père Trigault, eurent été agités et résolus dans des discussions qui durèrent un grand nombre de jours, le docteur Yang déclara qu'il était disposé à se déclarer publiquement disciple de la religion nouvelle, mais il demandait que pour lui, mandarin du premier ordre, la polygamie ne fût pas interdite ; il désirait qu'on l'autorisât à conserver, d'après les mœurs de la Chine, outre son épouse légitime, une femme qui vivait dans sa demeure depuis plusieurs années et dont il avait un fils. A son grand étonnement, les pères lui répondirent qu'ils ne pouvaient rien changer à la morale de l'évangile, et que, malgré le désir qu'ils avaient de voir figurer parmi les chrétiens un lettré aussi savant et aussi renommé, ils n'accorderaient jamais cette autorisation. Le docteur Yang s'adressa au chrétien Léon Lig-Osun, celui-ci ne fut pas moins inflexible dans sa réponse. Et ce fut précisément cette rigueur dans l'observation des lois qui acheva de convertir le lettré chinois. Voyant qu'on ne voulait rien relâcher de la sévérité des préceptes de l'évangile même pour un personnage de son rang, il se dit que cette doctrine nouvelle devait être supérieure aux doctrines humaines ; et subitement touché par la grâce, il s'écria : « Oui, oui, tout cela est divin ; je reconnais là le vrai Dieu ! » et il demanda à faire partie des catéchumènes, promettant de briser tous les liens qui l'attachaient à la religion de ses ancêtres et des lettrés. Lorsqu'il fut admis à recevoir le baptême, il se présenta revêtu des insignes de la haute magistrature qu'il avait exercée ; le mandarin Léon, qui fut son parrain, lui donna le nom de Michel, espérant que, comme l'archange qui était le patron de la nouvelle résidence, le nouveau chrétien détruirait dans la Chine le règne de Satan (1).

(1) Trigault. *Litteræ sinenses* (1611), p. 184 à 190, — Sacchini *Historia S. Jesu, pars* V, vol. III, p. 556.

Le docteur Yang, en effet, pendant toute sa vie travailla à propager la doctrine de l'évangile. Il construisit, dans le palais qu'il habitait, un sanctuaire et une chapelle, où il plaça une magnifique image du Christ, entourée de draperies en soie que l'Empereur lui avait données en récompense de ses services. C'est là que les pères célébraient souvent le saint sacrifice de la messe, et que lui-même il réunissait, pour l'instruire et pour la faire prier, sa famille qui ne tarda pas à recevoir le baptême. Plus de trente idolâtres se convertirent de même, et parmi eux se trouvaient plusieurs mandarins : l'un d'eux, instruit précédemment des mystères de la foi par un lettré chrétien, avec qui il commandait une flotte en croisière sur les côtes du Japon, avait fait un voyage de huit jours pour se rendre auprès des missionnaires. Ces heureux commencements semblaient promettre que la chrétienté de Han-tcheou ne tarderait pas à devenir florissante; mais il aurait fallu que la résidence des jésuites se trouvât vers le centre de la ville. Jusque-là, dans les palais de Léon et de Michel, ils n'avaient pu guère être visités que par les parents et les amis de ces deux mandarins; d'un autre côté, il était à craindre que les Chinois, toujours soupçonneux surtout à l'égard des étrangers, ne vissent des conjurations dans ces réunions tenues au fond d'une maison de campagne écartée. On chercha donc une habitation convenable dans Han-tcheou même; mais il fut impossible d'en trouver. L'on avait déjà écrit plusieurs fois au supérieur de la mission pour l'informer de cet état de choses, et l'on ne recevait point de réponse ; sur ces entrefaites, les deux prêtres et le frère tombèrent malades assez sérieusement, et après leur guérison, il resta au père Cataneo des souffrances tellement violentes qu'il était obligé de rester étendu sur une chaise longue. Comme ses douleurs augmentaient de jour en jour, que l'on ne recevait point de nouvelles du père Lóngobardi, qu'un seul missionnaire, arrivé depuis moins d'une année en Chine, ne suffisait pas aux besoins de la chrétienté, et que l'on ne trouvait point de maison au centre de la ville, le père Cataneo déclara aux mandarins Léon et Michel, qu'il allait quitter la résidence de Hantcheou avec ses confrères, mais pour très-peu de temps, les mandarins qui ne consentirent qu'à regret à ce départ, firent promettre aux jésuites que bientôt ils reviendraient plus nombreux dans leur cité. C'est ainsi que les missionnaires, quatre mois environ après leur arrivée, se virent forcés d'abandonner cette chrétienté nouvelle, au moment où ils espéraient la voir fleurir et se développer ; du moins ils avaient la consolation d'y laisser des germes de foi qui furent entretenus par les mandarins puissants qu'ils avaient convertis, et qui devaient, plus tard, fournir les fruits les plus abondants aux missionnaires appelés à leur succéder (1).

(1) Trigault. *Litteræ sinenses* (1614), p. 192 à 195.

CHAPITRE QUATRIÈME.

Péking. — Le P. de Spira tente de pénétrer en Chine. — Le P. Trigault est envoyé en Europe. — Son voyage de Macao à Goa et de Goa à la Méditerrannée par l'intérieur de l'Asie. — Son arrivée à Rome.

Tandis que le père Cataneo toujours souffrant restait à Nan-King, Trigault partit pour la capitale de l'empire, afin d'exposer au supérieur Longobardi l'état de la mission de Han-tcheou et de lui parler de plusieurs questions concernant les autres résidences. Nous ne connaissons point la route qu'il suivit; mais la rapidité avec laquelle il voyagea nous fait nécessairement supposer qu'au lieu de partir en barque par le Fleuve Jaune, le grand canal Yûn et le Péi-Ho, il se servit de l'une de ces voitures à bras qu'il appelle « un moyen de poursuivre son chemin facile et commode. Ilz ont, dit-il, un chariot qui n'a qu'une seule roue, qui est faict de telle sorte qu'un homme s'assoye au milieu, comme s'il estoit à cheval; le chartier pousse et faict rouler ce chariot par derrière, avec deux timons ou leviers de bois, aussi asseurement que vistement et ainsi l'on arrive en peu de temps (1). »

(1) Trigault. *Litteræ sinenses* (1611), p. 194. — *Histoire de l'expédition chrestienne au royaume de la Chine*, p. 296.

Le père Trigault ne resta à Péking que le temps nécessaire pour terminer les affaires dont il était chargé, et pour visiter cette capitale dont il nous a laissé une longue et intéressante description. Péking ou la *Cour du nord*, était divisée en deux grandes cités, la première formant un carré long, habitée par le peuple, la seconde formant un carré parfait, habitée par l'empereur, les mandarins et le haut commerce ; elle était entourée par des murailles de seize à dix-sept lieues de circonférence, parfois assez larges pour que douze chevaux pussent y passer de front ; la population montait à trois millions d'âmes au moins. La ville du peuple était traversée par un certain nombre de rues tirées au cordeau, longues souvent d'une lieue et larges d'environ cent vingt pieds ; et sur ces artères principales s'ouvraient beaucoup de ruelles très-étroites qui étaient fermées, durant la nuit, par des grilles en fer. Bordées de maisons en général basses et tristes d'aspect, manquant pour la plupart de pavés et par conséquent boueuses en hiver et pleines de poussière en été, ces rues étaient inférieures en beauté à celles de Nan-King ; mais elles étaient animées par une foule immense de personnes à pied, à cheval, en voiture ou en palanquin : sans cesse des commissionnaires et des conducteurs s'offraient aux passants pour les guider à travers ce dédale de monde et de maisons. La ville de l'empereur était bien différente : le père Trigault y pénétra par la porte méridionale qui forme l'entrée du palais ; et là, entre des rues beaucoup plus riches, plus belles et plus larges que celles de la cité du peuple, il vit la résidence du souverain, entourée par une muraille d'une lieue au moins de circuit, que surmontaient des pavillons élégants, postes d'observation pour les soldats. Après avoir traversé trois cours très-vastes, environnées de constructions élevées sur des terrasses où habitaient des mandarins, des eunuques et des officiers de la cour, le missionnaire, qui était admis à l'insigne honneur de saluer le trône impérial, arriva dans la salle où devait s'accomplir cette cérémonie. Au sein de cette pièce, longue de cent et trente pieds se trouvaient plusieurs éléphants, un grand nombre de gardes du palais, de hauts fonctionnaires civils et militaires, les présidents des six cours souveraines et les princes impériaux rangés sur plusieurs lignes, et dans le fond le siège du *Fils du ciel*. A peine les visiteurs, revêtus suivant les rites d'un long habit de soie rouge et portant à la main une tablette d'ivoire, eurent-ils fait solennellement leur entrée, que la musique chinoise fit entendre ses fanfares bruyantes et peu harmonieuses ; au commandement du maître des cérémonies l'on se mit à genoux et l'on frappa trois fois la terre du front lentement et en mesure ; trois fois l'on recommença les mêmes génuflexions et les mêmes inclinations en approchant du trône auguste ; tout était grand et solennel ; il n'y manquait qu'une seule chose.... l'Empereur. Le trône était vide !

Les eunuques seuls étaient admis dans les appartements et les jardins du *Fils du ciel*. Sur des terrasses hautes d'environ cinq mètres, revêtues de marbre et ornées de balustrades portant des vases de bronze, s'élève le palais impérial; le premier toit qui est à quatre faces, gracieusement relevé aux extrémités, surmonté d'une petite plate-forme ouvragée et couvert de tuiles vernissées, peintes du jaune le plus éclatant; le second toit vert et or que soutiennent de hautes colonnes en marbre blanc formant péristyle; l'édifice en lui-même, qui, quoique assez ordinaire comme construction, s'entrevoit à travers ces colonnes, tout cela forme un ensemble assez agréable à l'œil. D'autres constructions du même genre sont destinées aux femmes de l'Empereur, et à leurs suivantes qui sont au nombre d'environ cinq mille, et aux eunuques chargés du service intérieur. Les cours et les jardins sont décorés avec le plus grand soin. « On y void, dit le P. Martini traduisant presque exactement le récit du P. Trigault, des voutes de marbre et de pierre, des galeries, des promenades, des colonnes et des statues parfaitement bien faictes... Dans les jardins ils y plantent des arbres et des fleurs avec un ordre tout particulier et extrêmement beau; il y a de vieux débris de maisons pour donner du plaisir et de l'admiration à ceux qui les regardent; on y a fait aussi passer un fleuve par artifice qui pourroit porter de grands vaisseaux, qui se divise en plusieurs canaux et touche fort doucement plusieurs montagnes qui sont d'un costé et d'autre : j'ay veu l'une de ces montagnes de divers marbres brutes, dans laquelle on avoit creusé fort ingénieusement des cavernes, des chambres, des sales, des degrez, des estangs, des arbres et plusieurs autres choses... S'il faloit parler des lacs, viviers, bois, et autres embellissements et dépendances de ce palais, il seroit besoin d'un livre pour en faire l'énumération (1). »

Les palais des mandarins se faisaient aussi remarquer par leur construction, par la disposition des appartements et surtout par leur mobilier qui était très-riche : beaucoup de lettrés avaient le goût des ivoires et des porcelaines, des objets en laque et en bois de senteur. Le père Trigault a donné dans son ouvrage le plan d'une vaste habitation, construite pour un eunuque, et cédée en 1610 à la compagnie pour élever un tombeau au père Ricci et y former une résidence : ce qui nous a particulièrement étonné dans la disposition de l'atrium, des appartements et des jardins, ce sont les rapports qu'elle offre avec les habitations grecques et romaines ; si nous l'avions vu ailleurs que dans un ouvrage consacré à la Chine, nous aurions cru que ce plan avait été levé sur une des maisons découvertes à Pompéi (2).

Notre missionnaire, comme nous le disions plus haut, ne séjourna que peu de temps dans la capitale de l'empire ; en effet il y était arrivé vers la fin d'août, et au mois de novembre nous le retrouvons à Chao-Tcheou, la résidence la plus voisine de Canton ; pour

---

(1) Trigault. *Litteræ sinenses* (1614), p. 194. *Histoire de l'expédition chrestienne au royaume de la Chine*, p. 288 et 289, 359 et 360. Lettre inédite de la bibliothèque de Bourgogne, manuscrit n° 4109. — Le P. M. Martini. *Atlas de Blaeu. Chine*, p. 30 et 31. — Du Halde. *Description de l'empire chinois*, p. 116 et 117 — Huc. *Le christianisme en Chine*, t. II, p. 177.

(2) Trigault. *De christiana expeditione apud Sinas...* Lugdini, apud Henricum Cardon. 1616. *Sub finem.*

s'y rendre il avait dû voyager à cheval durant quarante jours au moins, et, en passant, il s'était arrêté à Nan-King afin d'y porter les ordres du P. Longobardi. Ce supérieur l'avait aussi chargé d'écrire en latin, l'histoire de la mission durant l'année 1610 et de la porter lui-même, avec d'autres écrits, dans les provinces méridionales, d'où il la ferait passer à un navire portugais qui l'expédierait à Rome au général de la Compagnie. De plus, il devait faire introduire et guider dans l'empire Chinois deux jésuites qui étaient sur le point de débarquer à Canton et dont l'un Pierre de Spira, était son compatriote.

Né à Douai en 1584 de Jean de Spira docteur en droit, professeur et plus tard recteur magnifique de l'Université, Pierre de Spira avait demandé à l'âge de 19 ans à être admis dans la Compagnie de Jésus, et avait fait son noviciat à Bruxelles en 1603 et en 1604. Quelques années plus tard nous le trouvons à Rome à la maison du Gésu; excité peut-être par l'exemple de Trigault, il désira partir pour les missions étrangères, et on lui permit en 1609 de s'embarquer pour les Indes orientales; après avoir achevé son cours de théologie à Goa et y avoir reçu la prêtrise, il avait été désigné pour la Chine; et il y était arrivé vers la fin de 1611 (1). Profitant, comme le père Trigault l'avait fait l'année précédente, des navires portugais qui se rendaient à Canton vers le commen-

(1) Guilmot. *Inventaire des archives de Douai*, p. 1019 et passim. — Inscription qui se trouve sur le portrait de Spira conservé au musée de Douai. — *Historia S. J., auctore Cordara*, année 1628, p. 239 et 240.

cement de décembre, le père P. de Spira et Jules Aleni pénétrèrent dans le port de cette ville où les attendait une jonque envoyée par le P. Trigault; pendant la nuit ils descendirent dans cette embarcation, revêtirent le costume chinois, et avant l'aube ils entrèrent dans le fleuve de Canton, accompagnés de quatre catéchistes indigènes formés à Macao, qui retournaient dans l'intérieur de l'empire. Cependant un pilote cantonnien du navire marchand sur lequel ils étaient arrivés s'était douté de leur projet et avait épié avec soin toutes leurs actions; après les avoir vus entrer dans la jonque et partir à force de rames vers le nord, il s'était rendu auprès du chef d'un navire de la marine impériale pour l'avertir de ce qui se passait et lui offrir de partager avec lui l'argent que l'on pourrait arracher comme rançon aux prêtres de l'occident. Ceux-ci croyant avoir échappé à tous les regards, remontaient sans crainte le cours rapide du *Tigre*; déjà ils étaient à deux ou trois journées de Canton, quand ils virent une jonque de guerre arriver sur eux à toute vitesse. Le capitaine de cette jonque, qui n'était autre que le complice du pilote, leur demanda s'ils n'avaient point de marchandises prohibées et, malgré une réponse négative, fit pénétrer ses hommes dans l'embarcation. Les prêtres européens furent facilement reconnus par ceux qui les cherchaient; et on les menaça de les conduire au gouverneur de Canton. Mais désirant avant tout extorquer un certain nombre de sapèques, le pilote et le capitaine déclarèrent que si les étrangers voulaient leur donner telle somme d'argent, ils ne seraient pas livrés au mandarin et ils permirent à l'un des catéchistes indigènes, de se rendre, pour obtenir une rançon, auprès du missionnaire qui était alors dans la rade de Canton. Celui-ci s'adressa aussitôt à quelques négociants portugais qui donnèrent aux forbans 140 écus d'or ; les pères furent reconduits à Canton sans comparaître devant le gouverneur et durent rentrer à Macao. Ils pénétrèrent dans l'empire chinois au commencement de l'année suivante (1).

Les jésuites se sont toujours fait remarquer par le soin qu'ils ont eu d'étudier l'aptitude des membres de leur Compagnie, et de leur confier des fonctions en rapport avec leur nature, leur caractère et leurs connaissances. Le supérieur de Péking, Longobardi, n'avait pas tardé à apprécier et l'immense facilité du père Trigault pour l'étude, et la prudente habileté avec laquelle il dirigeait toute chose. Aussi il voulut en faire l'un de ces missionnaires savants dans la langue, l'écriture, l'histoire et la littérature des Chinois, qui pouvaient, comme les pères Ricci, Cataneo et Pantoia, traduire ou composer des ouvrages pour la classe des lettrés, et exercer sur les mandarins cet ascendant que la science seule pouvait donner en Chine aux prêtres de l'occident. Le jésuite de Douai avait déjà beaucoup étudié le chinois ; néanmoins à la fin de l'année 1611, il reçut l'ordre de se rendre, pour se perfectionner dans la connaissance de cette langue, à Nanking la ville des savants par excellence ; quel-

---

(1) Trigault. *Litteræ sinenses*, p. 222 à 227. *Lettre du P. Pierre de Spira écrite à son père.*

ques mois plus tard il continuait ses travaux littéraires dans la capitale même de l'empire, au sein de cette habitation que nous avons décrite plus haut, et que Trigault appelle un *Tusculum*, où les amis de l'étude peuvent, loin du bruit et sous les ombrages, se livrer en paix à la contemplation des choses de l'esprit. C'est dans cette retraite, nommée aussi par le missionnaire l'asile des Muses, que les jésuites traduisaient et imprimaient en chinois les ouvrages de science et de religion qu'ils avaient apportés de l'Europe. Le père Trigault s'occupa spécialement de ce soin qui ne pouvait être confié qu'à l'un des missionnaires les plus instruits et les plus habiles.

Longobardi le chargea, comme il l'avait fait l'année précédente, d'écrire la *Lettre annuelle* adressée au général Aquaviva, pour lui exposer l'état de la mission et les travaux de tous les membres de la Compagnie durant le cours de 1611, et en outre de traduire de l'italien ou du portugais en latin, les mémoires laissé par le père Ricci sur l'introduction de la foi dans l'empire chinois; notre missionnaire était donc devenu en quelque sorte l'historiographe des résidences de la Chine. Mais bientôt on lui donna une mission longue, difficile et périlleuse : la chrétienté nouvelle devait solliciter auprès du souverain pontife quelques priviléges particuliers et certains changements dans la liturgie adoptée par l'église et il fallait exposer au général de la Compagnie diverses questions difficiles à résoudre; d'un autre côté n'était-il pas utile de faire connaître à l'Europe les progrès de la foi dans ces contrées lointaines afin de pouvoir obtenir des chrétiens d'occident, des secours, des coadjuteurs et des prières? Il fallait pour cela un missionnaire connaissant la Chine, qui eût résidé dans toutes les maisons, qui parlât plusieurs langues, à la fois prédicateur et écrivain, et surtout distingué par sa prudence et son activité. Longobardi trouva toutes ces qualités réunies dans le père Trigault, et il lui envoya l'ordre de se disposer à partir pour Rome (1).

C'est avec douleur que le missionnaire douaisien apprit cette décision. Il y avait à peine deux ans qu'il était entré dans la Chine, il commençait seulement depuis quelque temps à parler et à écrire facilement la langue, à prêcher aux idolâtres pour qui il avait traversé les mers; et il lui fallait déjà quitter ces peuples qu'il aimait, cette terre qui était pour lui une seconde patrie! Mais, comme il le dit lui-même, son supérieur avait parlé; et cette voix était pour lui la voix du ciel. D'ailleurs ne partait-il pas avec l'espoir de revenir, et de revenir, comme il le dit encore, accompagné de nouveaux, de nombreux ouvriers évangéliques qui travailleraient à cette moisson déjà blanche, déjà mûre pour le Christ? Ne partait-il pas avec l'espoir d'obtenir des chrétiens de l'Europe, pour les indigents de l'Asie, quelques-unes des miettes qui tombaient de leur table si abondamment servie par le Seigneur? Il fit donc ce sacrifice

(1) Trigault. *Litteræ sinenses* (1611). — Patrignani. *Menologio di alcuni della Compania di Gesù*, p. 105 et 106. — Bartoli. *Historia Asiatica S. J.*, p. 336. — Sacchini. *Historia S. J. Pars V.* vol. III, p. 558, ann. 1612 et 1613.

avec regret mais en même temps avec résignation et courage (1). Il se trouvait au mois d'août 1612 à Nan-King d'où il a daté la lettre annuelle écrite au général Aquaviva ; peu de temps après, une jonque le transporta par la route fluviale qu'il avait déjà plusieurs fois suivie, jusqu'au pied des monts Méi-ling ; et traversant les montagnes en palanquin comme à son arrivée, il atteignit Nan-hioung. Mais là, les difficultés étaient plus grandes que jamais. Quelques mois auparavant un chrétien indigène, chargé de porter à Macao les lettres des missionnaires pour l'Europe, avait été arrêté au moment où il s'efforçait de franchir les lignes de barques chargées d'empêcher toute communication avec l'étranger ; et bien qu'il ne fût question dans ces lettres que des affaires de la Compagnie, le messager avait été condamné à l'esclavage, et le père Longobardi à l'exil, peine que l'on avait commuée pour ce dernier et pour tous les jésuites, en une défense expresse de s'avancer au-delà de Nan-hioung dans la direction du port de Macao. Les Chinois, qui se faisaient une loi, en politique, de ne jamais laisser sortir de l'empire un étranger qui pourrait faire connaître à d'autres peuples leur situation intérieure et les endroits propres à l'attaque, étaient donc en ce moment plus vigilants et plus soupçonneux que jamais ; partout l'éveil avait été donné ; des mesures plus efficaces avaient été prises ; et le père Trigault avait à faire cent vingt lieues environ de Nan-hioung à Macao. Les historiens de la Compagnie

(1) Trigault. *Litteræ sinenses* (1610 et 1611), p. 8 et 195.

Bartoli et Patrignani nous apprennent qu'il courut les plus grands dangers, mais que, grâce à son adresse et à sa fermeté, il parvint à les éviter et qu'il arriva dans la colonie portugaise au commencement de 1613 (1).

Le mois de janvier est la seule époque de l'année où les vents soient favorables pour les vaisseaux qui font voile de Macao vers Malacca et l'Inde. Le navire sur lequel le père Trigault s'embarqua, ne partit que dans la seconde moitié de février ; des souffles contraires retardèrent souvent la marche, et l'on fit escale à la plupart des ports qui se trouvaient sur la route. Lorsque après un mois environ de navigation le vaisseau eut jeté l'ancre dans le port de Cochin, notre missionnaire, ennuyé peut-être des lenteurs de la navigation ou plutôt poussé par le désir de parcourir et de connaître une route qu'aucun membre de la compagnie n'avait encore suivie, se décida à se rendre à Goa par voie de terre. Durant ce voyage de cent et vingt lieues environ, qu'il fit seul et à pied, il rencontra sur la côte quelques villes et plusieurs comptoirs portugais où parfois se trouvaient des religieux de la compagnie; mais le plus souvent, il errait dans ces jungles, dans ces plaines et ces déserts de l'Inde, où se rencontrent fréquemment des tigres et des serpents, au milieu de populations qui, commerçant avec les Portugais ou leur étant soumises, n'en étaient que plus animées contre les étrangers et cherchaient à les faire périr secrètement. Ces dangers

---

(1) Bartoli. *Historia asiatica S. J.*, p. 336. — Patrignani. *Menologo*, p. 105 et 106.

étaient sans doute peu de chose pour lui; car il ne nous a rien laissé sur les périls qu'il a courus dans ce voyage, durant lequel il vit Cochin, Cranganor, Calicut, Mangalors, Onar et le cap Ramar où finit la côte de Malabar. Une journée de marche le conduisit de ce cap dans la ville de Goa, qu'il atteignit au mois d'Avril 1613 (1).

Il espérait rencontrer dans cette ville si commerçante, un navire en partance pour l'Europe; mais les communications avec le Portugal étaient ou si peu régulières ou si rares qu'il y trouva encore les lettres que dix-huit mois auparavant il avait expédiées de la Chine pour l'Italie, le Portugal et la Flandre. D'ailleurs la saison favorable pour doubler le cap de Bonne-Espérance était passée, et il fallait attendre des mois avant de s'embarquer, avant de commencer une navigation toujours longue et difficile. Ces motifs le décidèrent à partir par la voie la plus directe, en traversant l'Asie, de l'Insdoustan jusqu'à la Méditerranée. Il prit place sur l'un de ces nombreux vaisseaux portugais ou arabes qui mettaient en rapport Goa et le port si fréquenté d'Ormuz, dans le golfe Persique; durant les cinquante jours environ qu'exigea cette navigation de quatre à cinq cents lieues, le P. Trigault s'occupa surtout de ses écrits sur la Chine. Les mouvements de la mer, le bruit de la manœuvre, les cris

---

(1) Trigault. *Litteræ annuæ* (1610 et 1611), p. 7 et 8. — Bartoli. *Historia Asiatica S. J.*, p. 108. — *Lettres de plusieurs missionnaires jésuites conservées à la bibliothèque de Bourgogne à Bruxelles*, n° 4169. Vers le commencement. — *Bibliothèque du collége des jésuites d'Anvers*.

continuels des matelots ne l'empêchèrent pas de traduire du portugais en latin les lettres qu'il avait trouvées à Goa et de mettre la dernière main à la première partie de son ouvrage sur la Chine (1). Il est probable qu'imitant ce qu'il avait tant admiré dans le père Gaspard Barzée naviguant sur cette même mer, il prêchait aux matelots et aux passagers, récitait sur le pont les prières du soir, et chantait les litanies de la sainte Vierge, au milieu de l'équipage répondant en chœur. A Ormuz il trouva plus de souvenirs encore de ce missionnaire son compatriote, dont la vie l'avait jadis enflammé du désir de traverser les mers ; toute la cité était encore pleine de son nom ; et ceux qui avaient continué son œuvre avaient converti un grand nombre d'indigènes parmi lesquels se trouvait le fils du roi. Mais le P. Trigault ne put donner beaucoup de temps à ses frères qui résidaient dans l'île et à la mémoire de Gaspard Barzée ; il avait hâte de partir pour l'Europe.

Ormuz était une sorte d'entrepôt du commerce asiatique, où se réunissaient et les marchands des bords du Gange et ceux qui trafiquaient près du Caucase, où l'on venait des ports de l'Arabie Heureuse et des cités commerçantes de la Syrie. Deux fois par an au mois d'avril et au mois de septembre, des caravanes composées de plusieurs milliers de personnes montées sur des dromadaires ou des chevaux partaient de la côte voisine dans la direction de la Méditerranée,

---

(1) Trigault. *Litteræ annuæ*, p. 7. — *De christiana expeditione apud Sinas*. Epître dédicatoire et préface.

escortées de cent janissaires et d'un capitaine. Soit que le père Trigault ne voulut pas attendre jusqu'au mois de septembre, soit qu'il craignît d'être plus exposé en se réunissant à une troupe d'hommes aussi nombreuse, vers le mois de juillet, portant le costume de marchand, il partit d'Ormuz avec quelques négociants asiatiques.

Cinq à six cents lieues le séparaient de la mer Méditerranée; il lui fallait parcourir des contrées souvent désertes, toujours barbares, habitées par des populations hostiles au christianisme; ici il avait à craindre les arabes nomades qui parcouraient les solitudes et là les armées indisciplinées des Persans et des Turcs; s'il parvenait à franchir sans barque les fleuves, les cours d'eau qu'il rencontrerait, à retrouver sa route au milieu des sables, dans des pays inconnus, comment pourrait-il échapper aux autres dangers dont le menaceraient les bêtes féroces, le manque d'eau, la chaleur, le *semoun*, les tempêtes qui avaient enseveli sous des tourbillons de sable tant de voyageurs imprudents? C'était un voyage bien difficile, bien long, bien périlleux, surtout pour le père Trigault qui le faisait sans compagnons de route, presque sans argent, avec une santé qui fut toujours faible et délicate. Il serait bien curieux de lire une relation étendue de cette expédition si hardie, entreprise par le missionnaire douaisien à travers les déserts de l'Asie Occidentale; malheureusement cette relation, si elle a été faite, ne nous est pas parvenue. La préface de l'un des ouvrages de Trigault, un récit abrégé écrit sous le titre de *Iter P. Nicolai Trigautii ex China in Europa*, quelques détails des historiens de la compagnie et les voyages des contemporains nous permettent cependant de le suivre pas à pas dans sa route. Après avoir pris terre à Bandeçah (Bender-Abassi) vis-à-vis d'Ormuz, il traversa le Laristan, contrée récemment désolée par d'affreux tremblements de terre ; et, ayant franchi parfois à la nage plusieurs grands cours d'eau, il entra dans le Kourdistan. Outre les dangers ordinaires que l'on a à redouter dans les solitudes et les montagnes de ce pays habitées par des populations nomades, l'on était alors exposé à tomber entre les mains des soldats du Sultan et de ceux du Schah de Perse qui, avec des armées fortes de cent mille hommes, se disputaient cette contrée, en commettant ces atrocités qui n'appartiennent qu'aux guerres de l'Asie. Le père Trigault parvint cependant à atteindre Bassorah, ville commerçante située près de l'embouchure du Chat-el-Arab, où il put se reposer quelques jours, et où sans doute il trouva des voyageurs qui se dirigeaient aussi vers le nord-ouest. Longeant le cours de l'Euphrate, il arriva à Hellah ; il y visita les monticules formés d'amas de briques et de pans de murs, et les deux grandes éminences appelées l'une Kan ou le palais et l'autre Birs-Nemrod, qui s'étendent tristes, informes et stériles, sur une longueur de trois à quatre lieues, et dans lesquelles il reconnut l'ancienne Babylone. Il entra à Bagdad par un pont jeté sur le Tigre et formé de vingt-huit bateaux solidement attachés à de grosses chaînes de fer. La ville des Kalifs lui offrit moins de souvenirs bibliques que la cité de

Sémiramis et de Nabuchodonosor, mais il dut admirer ses innombrables dattiers et ses brillantes coupoles en faïence, ses élégantes mosquées, ses palais entourés de jardins, ses rues toujours fréquentées par des marchands venus de toute l'Asie comme par les Bédouins du désert. Nous savons que Trigault quitta Bagdad avec quelques voyageurs hardis, et qu'au lieu de suivre la route ordinaire des caravanes qui passaient par Ana, Sakana et Tayba, il partit pour Mossoul, ville que l'on croyait alors être l'ancienne Ninive; c'est là que s'éloignant des rives du Tigre, il pénétra dans un vaste désert : durant quarante jours il marcha à travers ces solitudes qui lui montraient leurs plaines de sable bornées çà et là par des tertres mouvants, où peut-être il sentit passer le sam, ce vent impétueux dont l'on ne peut éviter les bouffées brûlantes qu'en se jetant à plat ventre contre terre enveloppé dans son manteau, où il dut rencontrer ces Arabes qui ne se contentaient pas toujours d'exiger des voyageurs les droits de passage les plus élevés. Les oasis sont si rares dans cette contrée sablonneuse et les sources y étaient alors si peu abondantes, que le missionnaire et ses compagnons durent plusieurs fois creuser dans le sable pour en extraire une eau saumâtre et bourbeuse, qui les soutint eux et les chameaux qu'ils montaient. L'Euphrate leur montra enfin ses rives verdoyantes et ils ne tardèrent pas à arriver à Alep, que l'on prenait pour l'ancienne Héliopolis [1].

---

[1] Trigault. *De christiand expeditione apud sinas... Préface.*
— *Lettre* écrite d'après ses récits dans le n° 4169 des mss. de la

Dans cette grande ville si riche, si commerçante, le père Trigault put presque se croire déjà arrivé en Europe ; il y trouva en effet un grand nombre de commerçants Italiens, Anglais, Français et Flamands. Ces derniers, comme presque tous les autres chrétiens, étaient protégés par le consul de France, qui relevait de l'ambassadeur que cette puissance avait déjà à Constantinople (1). Le père Trigault fut sans doute accueilli avec bonheur par les deux maisons de négociants ses compatriotes, qui étaient assez importantes pour faire annuellement cent cinquante mille *ducats* d'affaires ; et il devait avoir grand besoin de leurs secours pour continuer son voyage. A deux journées de marche d'Alep, au milieu de marais insalubres se trouve Alexandrette, port alors fréquenté par un assez grand nombre de vaisseaux européens (2).

bibliothèque de Bourgogne. — Buzelin et Southwel. *Loc. cit.* — Bartoli. *Historia Asiatica S. J*, pars. III, p 409. — Martini. *Atlas*. passim. — Pedro Texeira (1604). *Relaciones. Camino dende la India hasta Italia* (1610), p. 74, 115 et seq. — Pietro della Valle (1623). *The Travels into East-India*. London. 1665, p. 224 et suiv. — E. Flandrin. *Voyage en Perse*. Paris, Gide et Baudry 1852, t. II, p. 494 et suiv. — Malte-Brun. *Géographie universelle*, t. II, p. 466 et suivantes.

(1) Texeira, p. 82 et 83.

(2) Le neveu du père Trigault ayant confondu l'Héliopolis de Syrie et l'Héliopolis d'Égypte, a traduit *Heliopolim* par le Caire ; et plusieurs écrivains modernes, en parlant du missionnaire l'ont fait passer par l'Égypte et s'embarquer à Alexandrie. C'est une erreur ; une lettre conservée à Bruxelles dans la bibliothèque de Bourgogne et à Anvers dans le collège des jésuites, dit bien positivement *Heliopolim, Syriæ urbem, quæ hodie Aleppo dicitur.*

CHAPITRE QUATRIÈME.

Le missionnaire s'y embarqua sur un navire qui le conduisit à Chypre; mais là, il ne trouva pour continuer sa route qu'une petite barque qui le porta à Adalia, ville située au fond d'un golfe dangereux de la côte de l'Asie-mineure, où il lui fallut chercher encore une autre petite embarcation, avec laquelle il atteignit l'îlot de Symi, montagne terminée en forme de cone qui s'élève près des côtes de l'île de Rhodes; de là un navire le conduisit quelque temps après dans l'île de Candie, l'ancienne Crète. Les Vénitiens qui dominaient dans le port où il aborda, le reconnurent pour un prêtre de la Compagnie de Jésus, malgré le déguisement qu'il portait encore; comme la ville des doges voyait avec jalousie les Portugais fonder sur les côtes de la mer des Indes et du golfe Perrique, des colonies ou se faisait presque tout le commerce de l'orient, le père Trigault craignait qu'on ne vît en lui une sorte d'envoyé du gouvernement de Lisbonne, chargé d'étudier les routes et les villes, les produits et le commerce de l'Asie occidentale et de la Méditerranée; mais les employés du gouvernement vénitien se montrèrent très-bons pour le missionnaire, et lui permirent de rester tant qu'il le voudrait sur le territoire de la république.

Conduit quelque temps après jusque dans l'île de Zante par un navire d'Amsterdam, il y fut retenu pendant plusieurs jours par une maladie qu'il avait contractée à Candie. Ayant repris la mer malgré sa faiblesse, il débarqua en Italie, au port d'Otrante, et se dirigea vers Naples et de là vers Rome où il arriva vers la fin de l'année 1614, plus de deux ans après avoir quitté la ville de Nan-King (1).

(1) *Bibliothèque de Bourgogne à Bruxelles*, n° 4169. — *Recueil de lettres* écrites par divers missionnaires de la Compagnie de Jésus. — Id. Collège des jésuites d'Anvers.

CHAPITRE CINQUIÈME.

Le P. Trigault à Rome. — Ouvrages qu'il publie. — Il parcourt l'Europe. — Son séjour à Douai. — Son départ de Lisbonne.

Rome accueillit avec enthousiasme le missionnaire zélé, le hardi voyageur qui avait traversé tant de contrées, couru tant de périls et évangélisé des peuples si lointains. Le souverain pontife Paul V le manda à Frascati, où il se trouvait, pour entendre de sa bouche le récit des merveilles que la foi avait opérées dans l'empire chinois; une lettre du cardinal Bellarmin nous apprend que les témoignages de l'admiration la plus bienveillante lui furent prodigués par les hauts dignitaires de l'église; et la Compagnie de Jésus s'attacha à entourer de ses soins celui qui venait lui raconter et révéler à l'Europe ce qu'avaient fait dans l'extrème orient les successeurs de saint François Xavier. Mais le père Trigault ne put jouir tranquillement de ces attentions et de cette sympathie. Les fatigues excessives, éprouvées dans ses longs voyages à travers l'Asie, sur l'océan indien et sur la méditerranée, avaient complétement épuisé ses forces déjà affaiblies depuis longtemps; peu de temps après son arrivée à Rome, il fut saisi par une maladie grave qui fit désespérer de sa vie et dont il ne se releva qu'après une convalescence de plusieurs mois (1).

Dès que l'état de sa santé le lui permit, il s'occupa des affaires pour lesquelles il avait été envoyé en Europe. Au commencement de l'année 1615, il présenta au souverain pontife un mémoire par lequel il demandait l'autorisation d'employer la langue chinoise dans la célébration des offices divins, espérant, par ce moyen, consolider l'établissement de la nouvelle chrétienté. Paul V l'accorda par un décret du 25 janvier, et il en fit même expédier un bref; mais Benoît XIV nous apprend que ce bref n'a jamais été expédié, et que les supérieurs de la Compagnie de Jésus eux-mêmes avaient craint que le schisme ne pût résulter de cette mesure (2). Dans un autre mémoire présenté peu de temps après, le P. Trigault sollicita l'établissement d'un clergé indigène en Chine; les motifs qu'il faisait valoir étaient : 1° les dangers des persécutions et la difficulté pour des prêtres européens d'échapper aux recherches; 2° l'impossibilité de transporter un nombre suffisant de missionnaires à une telle distance et à travers tant de dangers; 3° les raisons politiques et la susceptibilité du peuple chinois contre les étrangers. On ne sait pas comment fut accueillie cette idée; mais elle était juste

---

(1) Trigault *De christiana expeditione*. Epître dédicatoire et préface. — Litteræ annuæ (1620), p. 65 à 68. — Lettres de Bruxelles et d'Anvers, déjà citées.

(2) *Institutions Liturgiques*, par le R. P. dom Prosper Guéranger, t III, p. 128.

et pouvait produire les résultats les plus importants ; si elle avait été mise sur le champ à exécution, la persécution n'aurait pu éteindre le christianisme dans l'empire chinois, toute l'Asie orientale serait peut-être aujourd'hui encore une contrée catholique et civilisée (1). Le souverain pontife accorda du moins au P. Trigault plusieurs autres faveurs qu'il sollicitait ; il fut autorisé à faire traduire l'Ecriture-Sainte en chinois quand il y aurait des prêtres indigènes suffisamment instruits de la religion et de la langue latine. Comme dans la Chine, le pays de l'étiquette par excellence, les gens du peuple seuls paraissent en public la tête découverte, un décret de la congrégation des Rites en date du 20 mars 1615, exempta les missionnaires jésuites d'une règle de discipline, sévèrement observée dans l'Église, qui oblige tout prêtre à se découvrir la tête en célébrant la sainte messe. Paul V fit don à la chrétienté nouvelle d'une nombreuse bibliothèque destinée à lui faire connaître nos grands ouvrages de religion, de philosophie et de littérature ; il chargea en outre le père Trigault de lui porter sa bénédiction apostolique et la concession des grâces d'un jubilé qu'il venait d'accorder à la chrétienté tout entière. Le général de la Compagnie Aquaviva accorda aussi au Procureur de la mission de Péking les demandes qu'il lui fit. Il fut décidé que la province de la Chine serait à l'avenir séparée de la province du Japon, afin que l'on pût administrer

(1) Ce mémoire se trouve encore à Rome dans les archives de la Compagnie.

plus facilement ces deux chrétientés jusqu'alors soumises au même supérieur; un assez grand nombre de jésuites furent désignés pour se rendre à Macao, et parmi eux le père Vreman, mathématicien distingué, que la Compagnie aurait désiré conserver en Europe (1).

Malgré sa maladie, malgré les soucis que lui donnaient les affaires pour lesquelles il était venu en Europe, le père Trigault s'occupait toujours de ses travaux littéraires. Comme il nous le dit lui-même dans l'une de ses préfaces, il dérobait des nuits au repos et aux affaires et les consacrait à composer des ouvrages avec les matériaux qu'il avait trouvés, réunis et recueillis en Chine et dans ses longs voyages. Le premier livre qu'il publia a pour titre : *De christianâ expeditione apud Sinas suscepta ab societate Jesu, ex P. Matthœi Riccii ejusdem societatis commentariis libri V ad. S. D. N. Paulum V, in quibus sinensis regni mores, leges atque instituta, et novœ illius ecclesiœ difficilima primordia accurate et summâ fide describuntur. Auctore P. Nicolao Trigaultio, Belgâ ejusdem societatis.* « De l'expédition chrétienne entreprise en Chine par la Compagnie de Jésus, ouvrage en cinq livres, tiré des notes du père Ricci de la même compagnie et dédié à sa sainteté Paul V, où les mœurs, les lois et les institutions des Chinois et les commencements si pénibles de cette chrétienté

---

(1) Trigault. *Litteræ annuæ...* 1620, p. 51, 62 et 63. — Bartoli *Historia asiatica S. J*, p. 410 et 411. — Sacchini. *Historia S. J.*, p 6, 216.

nouvelle sont racontés avec soin et avec la plus grande vérité, par le père Nicolas Trigault, Belge, de la Compagnie de Jésus (1). »

C'était le premier écrit qui donnait à l'Europe des notions exactes et complètes sur la Chine, sur la situation, les produits, les mœurs, les lois, le gouvernement et la religion de ce lointain pays, qui parlait aux chrétiens de l'ancien monde, des prodiges exécutés par les missionnaires ; et tout cela était dit non par un voyageur crédule qui n'avait fait qu'aborder sur les côtes du pays, non par un religieux qui écrivait à la hâte quelques lignes au milieu de ses courses apostoliques, mais par un savant qui avait vu lui-même tous les pays dont il parlait, qui avait vécu plusieurs années au milieu des peuples dont il racontait les usages, qui avait pris une part active à la propagation de l'évangile dans les chrétientés chinoises; qui, après avoir longtemps travaillé son livre, le publiait dans un latin facile et clair, langue du monde savant au commencement du dix-septième siècle. Edité d'abord à Augsbourg vers le mois de juin 1615, cet ouvrage fut réimprimé à Lyon en 1616 et à Cologne en 1617. En cette même année 1617, le docteur Ricquebourg-Trigault en fit paraître à Lille une traduction française ; deux autres furent publiées à Paris en 1618 et en 1620 ; une traduction allemande avait été imprimée à Augsbourg en 1617, et des traductions italiennes et espagnoles à Naples

(1) Voir l'appendice pour les diverses éditions et traductions de cet ouvrage.

et à Séville en 1621 et en 1622. Le neveu du célèbre missionnaire pouvait donc dire sans exagération en parlant de cet ouvrage : « Toute l'Europe l'admira et l'a receeu avec grandissime contentement. » Et ce n'est pas à la vogue du moment, à l'attrait de la curiosité qu'il faut attribuer le succès de ce livre : les auteurs du seizième et du dix-septième siècle, Athanase Kircher, Martini, Du Halde lui ont souvent emprunté des passages avec des citations, et aujourd'hui encore on est étonné, en le lisant, d'y trouver des récits neufs et intéressants ; non-seulement il offre dans ses quatre derniers livres ce qu'il y a de plus complet sur l'introduction du christianisme en Chine, mais encore il présente, dans la première partie, un tableau descriptif de la Chine que n'ont pu faire oublier les ouvrages importants des Lecomte et des Du Halde. Le missionnaire douaisien a peut-être trop vanté la civilisation du *Céleste Empire*, mais il faut se rappeler que ceux qui sont venus plus tard n'ont vu ce royaume qu'après l'invasion et les victoires des sauvages peuplades de la Tartarie ; seul, le père Trigault l'a décrit quand il était dans toute sa prospérité et tout son éclat ; à cause de l'époque à laquelle il a été composé, son livre serait donc très-important, quand même il n'aurait pas les qualités sérieuses que présentent le plan et la composition, les idées et le style.

Le savant missionnaire douaisien publia encore un autre ouvrage auquel il donna pour titre : *Litteræ societatis Jesu è regno Sinarum annorum MDCX et MDCXI*. « Lettres de la Compagnie de Jésus, écrites de la Chine en 1610 et en 1611. » C'est un exposé assez étendu de la situation de toutes les chrétientés nouvelles, tracé d'après les compte-rendus que chaque résidence avait envoyés au supérieur de Péking. Ce livre, qui nous a été très-utile pour ce que nous avons eu à dire jusqu'ici du père Trigault, renferme beaucoup de détails curieux sur la vie des missionnaires jésuites, et la situation, les mœurs de l'empire chinois, au commencement du dix-septième siècle. Il fut dédié à l'un des protecteurs les plus influents et les plus éclairés de la Compagnie de Jésus, à Maximilien, comte Palatin du Rhin, duc des deux Bavières. Dans une remarquable épître dédicatoire, l'auteur lui offre ces récits comme ce qu'il a rapporté de plus précieux des lointaines contrées de l'Orient. Il a daté cette dédicace de Rome, mars 1615, mais peu de temps après il se rendit probablement en Bavière; du moins nous ne croyons pas pouvoir placer à une autre époque le premier voyage qu'il y a fait, et d'un autre côté il est certain que c'est à Augsbourg qu'ont été imprimés pour la première fois les deux ouvrages dont nous venons de parler. C'est aussi dans la même ville qu'il publia son commentaire sur la mission du Japon : *Rei christianæ apud Japonios commentarius ex litteris annuis S. J. annorum 1609, 1610, 1611 et 1612 collectus*, ouvrage in-octavo de 296 pages, qui fut traduit en plusieurs langues, et sur lequel nous reviendrons plus tard.

Ces travaux importants et plus encore, sans doute, les entretiens qu'il avait eus avec les principaux membres de la Compagnie de Jésus, donnèrent au P. Trigault une grande influence dans Rome et surtout au *Gesù*. Il fut admis en 1615 au nombre des profès; et au mois de décembre de la même année, il fit partie de la Congrégation qui s'était réunie pour l'élection du général de son ordre. Simple procureur d'une mission, il n'avait aucun droit à cet honneur; mais l'on fit une exception en sa faveur, comme le constate le procès-verbal des séances de la Congrégation (1). Le nouvel élu, Mutuis Vitelleschi confirma toutes les prérogatives que le P. Aquaviva avait précédemment accordées à la mission de la Chine; et, bientôt après, ayant traité toutes les affaires qui l'avaient retenu à Rome, le P. Trigault prit la résolution, avant de retourner dans l'Asie, de parcourir diverses contrées de l'Europe, afin d'intéresser les princes et les peuples à la chrétienté nouvelle et de trouver des secours plus abondants et des auxiliaires plus nombreux.

Dès le mois de mars 1615, muni d'une lettre de recommandation, il s'était rendu à la cour du grand-duc, Côme de Médicis. Ce prince qui s'occupait avec plaisir de tout ce qui concernait la Chine, des découvertes et des travaux des missionnaires, retint longtemps le jésuite douaisien auprès de lui, lui fit raconter ce qu'il avait vu et appris, lui donna plusieurs présents et lui fit promettre de lui écrire quand il serait retourné dans sa mission (2). Il s'engagea même à lui donner un présent pour le chef du Céleste Em-

---

(1) Sacchini. *Historia S. J.*, Pars V. L. XXV, p 018.
(2) Archives des Médicis à Florence *Filza* 326, *carta* 817. *Documento* n° 30.

pire; et en effet au moment où il allait quitter Lisbonne, le P. Trigault reçut, dit Jacques Damiens, « un horologe incomparable en forme d'un satyre qui se pourmenoit sur la table et décochoit une flèche quand la touche étoit sur l'heure, don du sérénissime Cosme, grand duc de Toscane (1). » Le général de la Compagnie écrivit lui-même à ce prince pour le remercier de la faveur qu'il avait accordée au procureur de la mission de la Chine; et le P. Trigault prouva sa reconnaissance en dédiant la traduction italienne de son principal ouvrage sur la Chine aux princes de la famille des Médicis, et en écrivant de Goa au grand-duc lui-même une lettre qui nous est conservée (2).

Vers le mois de mai 1616, il était sans doute à Lyon; du moins c'est à cette époque qu'un imprimeur de cette ville, Horace Cardon, publia une édition corrigée et considérablement augmentée, de l'histoire de la mission de la Chine et aussi des *Lettres annuelles de 1610 et 1611*. La reine-mère de France, Marie de Médicis, ne se montra pas moins généreuse envers la chrétienté nouvelle que son frère le grand-duc de Toscane; elle envoya plusieurs de ces riches tapis que la Flandre excellait déjà à fabriquer (3).

Le père Trigault se rapprochait de Douai. Sa ville

---

(1) Jacques Damiens. *Tableau racourci de ce qui s'est fait par la Compagnie de Jésus durant son premier siècle.* — Tournay. Adrien Quinqué, 1642, p. 424.

(2) *Archivio Mediceo.* Filza 327, 328, 378. Lettres originales, dont nous devons la connaissance et la communication à l'obligeance de M. Foucques de Wagnonville.

(3) Jacques Damiens. *Tableau racourci*, etc.

natale devait être impatiente de revoir enfin cet apôtre qui avait prêché la foi dans l'extrême orient, cet écrivain qui avait rempli l'Europe toute entière de son nom et de ses ouvrages. Un imprimeur de cette ville, Balthasar Bellère, avait déjà publié plusieurs livres sur les missions de l'Inde, de la Chine et du Japon ; le docteur F. de Ricquebourg-Trigault, neveu du missionnaire, avait traduit en français la vie du P. Gaspard Barzée qui avait été lue dans tout le pays ; on y connaissait les ouvrages latins que le P. Trigault venait de faire imprimer à Augsbourg et à Lyon, et le peuple en désirait une traduction en français ; plusieurs membres de sa famille, son frère, son cousin avaient déjà demandé et obtenu la permission de partir avec lui ; les lettres qu'il avait écrites aux siens, et surtout à sa sœur Marguerite, religieuse de l'abbaye de la Paix, avaient sans doute été lues et commentées dans cette cité : aussi l'on se prépara à lui faire une réception solennelle, quand on apprit qu'il venait prêchant en faveur de l'œuvre des missions orientales [1].

De Valenciennes où il avait ému tous les cœurs par ses paroles éloquentes, il arriva à Douai. Le 20 février 1617, le magistrat et les six-hommes se réunirent dans la salle des délibérations et reçurent la visite du père Trigault qui vint solennellement les saluer ; nous en trouvons la preuve dans un paragraphe du registre aux Consaux de 1581 à 1691 où, sous la simplicité naïve des paroles, éclatent l'orgueil

---

[1] Préfaces des ouvrages de Trigault, traduits par F. de Ricquebourg-Trigault.

et le bonheur qu'éprouvaient les compatriotes de Trigault, en voyant plusieurs enfants de Douai se consacrer à porter la foi et la civilisation dans les contrées les plus lointaines. Voici le texte de cette délibération, telle que nous l'avons trouvée à la date du 21 février 1617.

« A esté proposé que le jour d'hier le père Trigault est venu saluer messieurs du magistrat, avec action de grâces à Dieu pour le bon succès de sa légation de la Chine, et arrivé en ceste ville d'un voyage si loingtain et si périlleux, à raison aussi qu'à l'honneur de ceste ville il y a encore présentement un enfant de Douay (Pierre de Spira) au dit pays de la Chine, exerçant le même office et debvoir que lui-même y a exercé et d'abondance, que ung sien frère et son cousin de Saint-Laurent sont choisis et délégués pour y aller avec lui, au moyen de quoi ils seront quatre douisiens, nombre qui surpasse toutes les autres villes et républiques, d'autant que de nulle part il n'en y a tant d'une ville en la dite légation de la Chine, ni tant en apparence d'y aller comme il y en a de ceste ville. »

Le registre aux Consaux ajoute que, le lendemain, messieurs du magistrat et six-hommes de la ville de Douai se rendirent au collége d'Anchin où le recteur des Jésuites « les avait priés de prendre patience au disner en leur maison. En respect de quoi, ils résolurent de faire présent de trois pièces de vin, vaillables 150 florins. »

Les églises de Douai durent se remplir d'auditeurs quand le père Trigault, faisant dans sa ville natale ce qu'il avait fait dans toutes les autres grandes cités de l'Europe, parla de ses missions, de la conversion des Chinois et des persécutions qui venaient d'éclater au Japon ; quand il appela ses concitoyens à prendre part aux travaux des apôtres de l'Asie par leurs prières et par les secours qu'ils pouvaient leur accorder. Le texte de ces prédications n'a jamais été imprimé ; mais nous donnerons une idée de la pensée qui les remplissait, en citant une exhortation extraite des *Triomphes chrestiens des martyrs du Japon* : « Nostre Europe a de quoy imiter en ces beaux exemples d'un peuple qui naguère n'avoit pas de Dieu. On ne pourra plus dire désormais que c'est une chose difficile à des vieux catholiques de confirmer et défendre la foy contre les hérétiques par l'effusion de leur propre sang, puisque nous avons des nouveaux chrestiens en un monde nouveau qui nous y exhortent, par leur exemple, marchans devant nous. Qui ne pensera désormais que son travail est bien employé, courant par tant de mers, et s'exposant à tant de dangers, quand il verra le fruit de ceste nouvelle terre qu'il aura cultivée, estre parvenu à sa perfection et maturité? Qu'est-ce qui nous retiendra et empeschera d'aller chercher, voire au-delà de ces mers s'il y en avoit plus outre, de si bons et dociles naturels, et de si grandes espérances de provigner la foy et d'amplifier la gloire de Dieu? Que si l'aage, la santé, la condition ou quelque autre chose nécessaire à une telle entreprise manque à quelques-uns, qu'ils ne pensent pas toutes fois estre excusez de l'obligation qu'ils ont de procurer, de leur costé, la propagation de nostre saincte loy. Les uns le peuvent avancer par leur ferveur, les autres par leur conseil, les uns par leur auctorité et les autres par leurs moyens de richesse ; quant à nous autres, nous la procurerons par nostre industrie, par nos labeurs, par l'exposition de nos personnes à mille dangers et par le mépris de nostre propre vie. Nous attendrons les autres subsides nécessaires de ceux à qui il appartient ou que Dieu excitera à ce faire, par un singulier bénéfice qu'il leur fera. Cependant, nous pouvons tous conspirer dès maintenant à cet ouvrage, si par nos prières nous nous opposons aux puissances d'enfer, et impétrons de la divine majesté sa grâce et sa faveur pour exécuter de si grandes choses (1). »

Dans sa ville natale le père Trigault visita sa nombreuse famille, ses sœurs qui avaient pris le voile dans différents monastères, et les amis qu'il avait quittés depuis si longtemps ; il se montra à eux revêtu du costume que les jésuites avaient adopté dans les missions de la Chine, afin de paraître à la fois aux yeux du peuple, des prêtres et des lettrés. Il existe au musée de Douai un portrait remarquable du père Trigault, que la tradition attribue à l'un des descendants de maître Jean Bellegambe. Le missionnaire porte au-dessus de sa soutane une longue robe noire à larges plis dont les revers en satin ou en soie verte se croisent sur la poitrine ; sa ceinture est aussi bordée en soie verte, ainsi que les deux bouts flottants

---

(1) Trigault. *Les triomphes chrestiens des martyrs du Japon*, p. 467.

qui tombent jusqu'aux pieds ; les chaussures sont ornées de même ; la tête est couverte d'une toque plus élevée que la barette ordinaire ; une barbe noire qui commence déjà à blanchir entoure le menton et les lèvres ; la figure amaigrie, pâle et sévère semble annoncer des fatigues, des privations et des austérités ; dans l'expression de ces traits fins et réguliers, dans ces yeux fixes, limpides et largement ouverts, il y a à la fois de l'habileté, de l'énergie et de la sainteté ; c'est bien là le père Trigault avec ses talents, son courage et sa foi. A ses côtés, sur un autel recouvert d'une étoffe chinoise, est placé un cierge allumé, symbole qui rappelle sans doute les faveurs que le missionnaire avaient obtenues pour la célébration des saints offices dans la chrétienté nouvelle. Sur un cartouche jeté dans l'angle droit du tableau se lit l'inscription suivante : *R. P. Trigault, duacensis, societatis Jesu sacerdos, è chinensi missione, in Belgio reversus, anno 1616, hoc in habitu à multis an°. 1617, Duaci visus. Obiit anno 1627 in Chinâ, anno ætatis 40* (1). Le musée de Douai possède aussi un portrait du père Pierre de Spira peint de la même main ; le costume est tout à fait semblable, dans le fond du tableau s'entrevoient les mers lointaines que le missionnaire avait dû traverser.

L'inscription que nous venons de citer prouve que le père Trigault donna assez de temps à sa ville

---

(1) Le R. P. Trigault, douaisien, prêtre de la Compagnie de Jésus, revenu de la Chine dans la Belgique en 1616 ; en 1617, beaucoup de personnes à Douai l'ont vu revêtu de ce costume. Il mourut en Chine en 1627.

natale; mais les affaires pour lesquelles il était venu en Europe ne lui permirent pas d'y faire un très-long séjour. Quelque temps après Lille le reçut dans ses murs; cette ville connaissait son nom et ses ouvrages. Son neveu David-Floris de Ricquebourg-Trigault, docteur en droit et en médecine, conseiller des princes de Condé et d'Orange, personnage aussi renommé comme écrivain et comme orateur que comme jurisconsulte et comme médecin, avait déjà traduit en français la vie de Gaspard Barzée; et il commençait alors la traduction du *De expeditione christiana apud Sinas*, ouvrage que beaucoup de personnes à Lille et dans la Flandre auraient voulu pouvoir lire en français, ainsi que le prouve une curieuse pièce de vers latins dont nous citons quelques vers :

>Venerat ad Gallos in chartis Sina latinis
>   Cum streperet medio plurima turba foro :
>Multa super Regno rogitant, super indole multa
>   Quœ Sinœ belli jura que pacis ament.
>Ille sono pergit latio; cui vulgus, inemptus
>   Ibis, vel fies, tu quoque, Gallus, ait.
>Hoc age, Floriti, calamo quo divite polles,
>   Romanum Sinam gallica verba doce.
>Te Galli, sanguis que tuus Trigaultius orat,
>   Gallos si quid amas, si quid amas ve tuos.... (1).

(1) Le Chinois était venu en France parlant latin, et une foule nombreuse répétait partout sur les places publiques : « On demande mille choses sur la Chine, mille choses sur ses mœurs, et sur les lois qui la gouvernent dans la paix et la guerre. Mais ce Chinois ne parle que la langue du latium; ou ce livre sera négligé, personne ne l'achètera, ou lui aussi il deviendra français! » Allons, noble Floris, avec cette plume féconde qui fait ta gloire,

La ville de Lille accueillit le père Trigault avec le plus grand enthousiasme ; il fut reçu dans la cité par le rewart, le mayeur, les échevins, le consul et les huit-hommes. Quelque temps après, la cathédrale d'Anvers l'entendit parler des missions de l'empire chinois ; à Bruxelles, il se rendit auprès de l'infante Isabelle d'Espagne et de l'archiduc Albert son époux, souverains des Pays-Bas, et ils lui donnèrent pour la chrétienté nouvelle les produits les plus estimés des manufactures de la Flandre, de riches ornements d'église et des peintures remarquables. Les puissants archevêques de Trèves et de Cologne virent aussi arriver dans leurs palais cet illustre quêteur qui demandait à toutes les cours de l'Europe des aumônes pour l'extrême orient ; ils lui offrirent un présent que le père Trigault estima à plus haut prix que tous les trésors, un reliquaire contenant des ossements de sainte Ursule et de ses compagnes. Des bords du Rhin, il partit pour Munich et Augsbourg, afin de passer encore quelque temps avec les ducs de Bavière, qu'il avait déjà visités et qui étaient en quelque sorte pour lui une seconde famille. Se dépouillant des peintures et des curiosités les plus précieuses de leurs collections, les quatre princes de cette maison donnèrent à la mission nouvelle une foule de présents et une rente annuelle de cinq cent florins et

enseigne le français à ce Chinois qui parle le latin Le sang des Français, le sang des Trigault coulent en toi : tout te l'ordonne, si tu aimes un peu les Français, si tu aimes un peu ta famille...

Préface de l'*Histoire de l'expedition chrestienne... traduite en français*. Lille. Pierre de Roche, 1617.

méritèrent ainsi le nom de *Mécènes de la chrétienté de la Chine*, que Trigault leur donne dans l'un de ses ouvrages (1). Nous empruntons au père Jacques Damiens la description d'un meuble qu'ils lui offrirent :

« Le don du sérénissime duc de Bavière était des plus beaux. C'était un coffret d'ébène, œuvre racourcie de l'art et de la nature, en laquelle il y avoit plusieurs laiettes pleines de choses, et diverses et prodigieuses par leur rareté, et quoique petites elles étoient néantmoins industrieusement travaillées. La pluspart étoient d'argent, que les Chinois prisent plus que l'or, et contenoient les élémens, les poissons, les oiseaux, les bêtes farouches, les onguens, les fleurs, tout. Il y avoit aussi des statues, se mouvant par l'entremise de petites roues, qui trompoient la veue des regardans; en un mot, c'étoit plaisir de les voir et considérer la matière l'œuvre et l'usage. On voioit les choses y continuées, ou reculées dans la concavité ou proches dans la figure convexe. Il y avoit des instruments musicaux, rendans de très-agréables concerts par le moien des ressorts aquatiques y cachés; des dragées pour le goût, des senteurs pour l'odorat, et de toutes sortes d'ustensilles pour l'attouchement, et l'âme y avoit à quoi à s'occuper, lors que les sens extérieurs étoient ravis sur leurs objets, y

---

(1) Jacques Damiens Op. cit. p. 424 — Trigault. *Histoire de l'expédition chrestienne....* Préface par Ricquebourg. — *Rei christianæ apud Japonios commentarius.* Dédicace. — *Historia provinciæ S. J. Germaniæ superioris*, anno 1618.

aîant des images, des emblèmes, des horologes, des bâtons de Jacob, et autres machines mathématiques équelles les Chinois se plaisent grandement. Les écrivains, les chirurgiens, les apoticaires, les cuisiniers chinois y avoient la leurs maîtres artistement élabourés, et des enseignements muets. Vous y voiés aussi la vie de notre Seigneur exprimée en images, et en petit livret des évangiles. Ce coffret n'avoit que trois pieds de hauteur, et autant de largeur (1). »

Vers la fin de l'année 1617, le père Trigault était à Lyon. Dès que son frère Elie, qui partait avec lui pour la Chine, l'y eut rejoint, ils se mirent en route pour se rendre à Lisbonne. En Catalogne ils furent arrêtés quelque temps par une inondation qui couvrait une partie de la contrée; à Madrid le père Trigault, laissant partir en avant ses compagnons de route, s'occupa des affaires de la mission. Il obtint du roi Philippe III toutes les permissions dont il avait besoin pour le départ et le voyage des jésuites espagnols, et en outre l'argent nécessaire pour établir quinze résidences dans la Chine, avec trois cents membres de la compagnie qui les desserviraient. Quand il arriva à Lisbonne, vers la fin de février 1618, il trouva réunis les vingt-deux missionnaires qu'il emmenait de l'Europe. Son cousin, le douaisien Hubert de Saint-Laurent et le père Jean de Selles, né à Cambrai, étaient arrivés sur un navire de Dunkerque qui portait aussi le bagage des missionnaires et qui échappa heureusement aux corsaires hollan-

---

(1) Jacques l'amiens. *Tableau raccourci*, etc., p. 125 et 126.

dais ; moins heureux, le vaisseau qui renfermait les présents envoyés par la reine de France fut pillé à l'embouchure du Tage ; et la veille même du départ, le père Nicolas Trigault fut forcé d'aller chercher les dons du duc de Parme à six lieues de Lisbonne, sur une côte où s'était échoué, par crainte des pirates, le navire qui les contenait. Quelque temps auparavant, il avait eu à éprouver des difficultés assez sérieuses de la part de la cour de Lisbonne, qui voyait avec mécontentement les missionnaires fonder des résidences en Chine, à l'aide de l'argent fourni par le roi d'Espagne.

Malgré les soucis causés par ces affaires et par les apprêts du départ de vingt-deux missionnaires, l'infatigable père Trigault trouvait encore le temps de s'occuper de ses travaux littéraires ; c'est quelques jours avant son départ qu'il mit la dernière main à son ouvrage sur le Japon. Nous avons dit plus haut qu'il avait publié en 1615 un travail sur ce sujet ; durant ses courses à travers l'Europe, dérobant de temps en temps quelques heures à ses affaires, à son ministère et à son sommeil, il avait refondu ce travail et l'avait augmenté de plusieurs livres. L'opuscule était devenu un volume de 380 pages in-4°, qui avait pour titre : *De chistianis apud Japonios triumphis, sive de gravissima ibidem contrà Christi fidem persecutione exorta anno MDCXII usq. ad annum MDCXX. Libri quinq. in annos totidem summa cum fide ex annis S. J. litteris continua historiæ serie distributi ad serenissimos utriusq. Bavariæ Duces Gulielmum parentem, Maximilianum, Ferdinandum Albertum*

F. F. F. Auctore P. Nicolao Trigaultio ejusdem societatis sacerdote Belga Duacensi, cum Raderi auctorio et iconibus sadelerianis. Monachii MDCXXIII.

Après une étude assez étendue sur le Japon, ce livre exposait d'une manière complète l'état du christianisme dans cette contrée durant les premières années du dix-septième siècle. C'est de Lisbonne, et du mois d'avril 1615, que le père Trigault a daté l'épître dédicatoire dont nous allons donner un extrait; elle est adressée à cette famille ducale de Bavière qui s'était montrée si bonne, si généreuse pour le missionnaire et pour la chrétienté nouvelle.

« Sérénissime duc, cet écrit est pour Trigault (votre bonté lui permet de vous le dire), le dernier adieu qu'il vous laisse en partant. Il emporte les présents de votre piété, mais il veut vous dédier cet ouvrage comme une preuve de son dévouement, comme le seul gage qu'il puisse vous laisser au moment où il vous quitte n'espérant plus revoir désormais votre sérénité que dans le séjour où habite Celui qui est la sérénité éternelle. Du moins il est deux choses qu'il s'efforcera de faire pour vous et les vôtres : l'une consistera à vous écrire de fréquentes lettres qui vous instruiront de la situation des missions de la Chine, et l'autre à demander de Dieu, par d'incessantes prières, qu'il vous protège de sa main toute-puissante (1). »

Nous emprunterons encore à la préface un passage

(1) *De christianis apud Japonios triumphis... Dedicatio.*

qui contribuera à faire connaître l'esprit, le caractère et le style du P. Trigault.

« Ayant entrepris un sujet si grand et si beau, j'aurais voulu lui consacrer plus de temps et le travailler davantage afin de le mieux traiter et de l'embellir; mais des courses incessantes à travers l'Europe, des affaires de chaque jour m'ont forcé de le publier sans y avoir mis la dernière main. J'ai mieux aimé, je puis vous l'affirmer en toute vérité, écrire avec peu d'élégance que vous laisser ignorer les triomphes de la foi. Si mon ouvrage *sent l'huile*, ce n'est pas qu'il ait été longuement travaillé, c'est parce qu'il a été composé à la lueur de la lampe qui veillait avec moi durant les heures consacrées au sommeil. Mais que cela ne vous inspire pas moins de confiance en ce volume : tout a été recueilli dans des lettres écrites par des religieux qui ont eux-mêmes vu et entendu. Je n'ai jamais pénétré dans le Japon, mais je me suis prouvé à moi-même la vérité de ce que je publie, avant d'oser vous demander d'y croire. Lisez donc, je vous en prie, et jouissez de ce que vous lisez ; votre cœur sera dans l'admiration et le bonheur, en voyant que le bras de Dieu n'est pas encore raccourci, en lisant des exemples laissés par la primitive église. Et cependant, moi je sillonnerai de nouveau les mers, je retournerai à ma lointaine chrétienté avec une nouvelle armée de prêtres qui, à la grande joie de leurs frères de la mission, vont aussi prendre leur part dans les luttes et les triomphes des catholiques de la Chine et du Japon. Suppliez le Dieu très-bon et très-puissant d'abréger leurs fatigues et d'accroître leurs succès. C'est du port de Lisbonne, peu de temps avant de reprendre la route de cette Chine qui est devenu ma patrie, que je vous adresse cet adieu. Le 5 avril, l'an de grâce 1618. »

Quelques jours plus tard, le P. Trigault quittait la résidence de Lisbonne avec les nombreux missionnaires qu'il conduisait dans l'Asie Orientale. Une cérémonie touchante, qui se célèbre encore aujourd'hui dans la Compagnie de Jésus, précéda le départ. Tous les membres de l'ordre qui se trouvaient dans Lisbonne se réunirent dans l'église de la résidence principale, et le P. Trigault, après avoir parlé de la chrétienté de la Chine, de cette moisson mûre pour le Seigneur qui attendait des ouvriers, fit ses adieux et ceux de ses compagnons à l'Europe et à ses frères. Tous ceux qui devaient partir pour les missions lointaines, prirent ensuite place sur des siéges disposés en cercle au milieu du chœur, et les autres religieux s'avancèrent un à un, et venant baiser respectueusement leurs pieds, ils répétaient les paroles du prophète : « *Quàm pulchri super montes pedes evangelizantium pacem, evangelizantium bona !* Qu'ils sont beaux sur la montagne les pieds de ceux qui prêchent l'évangile de la paix, l'évangile du bien ! » Le baiser de paix, des prières en commun et des larmes versées ensemble par ces frères qui se quittaient pour ne plus se revoir, marquèrent les derniers moments de ces touchants adieux. La plupart des religieux qui restaient en Europe voulurent même accompagner les missionnaires jusqu'au rivage, comme les fidèles de Milet avaient autrefois accompagné saint Paul jusqu'au navire sur lequel il devait monter.

A quelque distance de Lisbonne, près de l'endroit où le Tage se jette dans la mer, s'élève l'antique monastère de Bélem, sépulture des rois de Portugal, fondé par Emmanuel-le-Fortuné. Une tour élevée, de vastes constructions en marbre noir et blanc, une image miraculeuse de la sainte Vierge rendaient ce lieu célèbre dans toute la Péninsule; aujourd'hui le voyageur admire encore les larges fenêtres moresques de ce couvent en ruines, et les tombes royales protégées contre le vandalisme par l'autel près duquel elles reposent. C'était là, dans une rade immense qui s'ouvre au pied de cette tour, que stationnaient les neuf vaisseaux de haut-bord prêts à mettre à la voile. Les rives du fleuve et les côtes de la mer étaient couvertes d'une foule immense de spectateurs. Les religieux de Bélem et les jésuites de Lisbonne s'étaient groupés au pied de la tour et du monastère; un grand nombre de barques remplies d'amis des passagers et des marins voguaient en tous sens sur le Tage. Ce fut un moment solennel que celui où, quand eut retenti le canon, les neuf vaisseaux s'ébranlèrent, partirent l'un après l'autre, luttèrent contre les vagues que forme la barre du fleuve, puis voguèrent majestueusement, escortés par les barques lisbonnaises et par deux grandes galères. Longtemps les spectateurs les suivirent des yeux; et plus longtemps encore du tillac élevé de leurs navires, les missionnaires contemplèrent ce peuple, ces amis, ces rives, cette ville, cette patric qu'ils fuyaient, la plupart pour ne la revoir jamais (1).

(1) Elie Trigault. *Petit discours, par Elie Trigault, contenant plusieurs belles particularitez de son voyage*. Valenciennes, de l'imprimerie de Jean Vervliet, 1620, p 1 à 20.

CHAPITRE SIXIÈME.

La traversée. — La peste décime l'équipage et les religieux. — Séjour dans l'Inde. — De Goa à Macao. — Etat de la Chine. — Persécutions ; les Tartares ; les sociétés secrètes.

La mer était houleuse, et durant les premiers jours de la traversée la plupart des passagers furent souffrants. Néanmoins, on vogua heureusement jusqu'aux îles Canaries. Là, les trois navires qui se dirigeaient vers Goa se séparèrent de la flotte : c'étaient le vaisseau amiral sur lequel ne se trouvait aucun missionnaire, *Il santo Mauro*, monté par l'évêque Jacques Valentia et dix religieux qui se rendaient au Japon, et *Il buono Gesù* qui reçut les vingt-deux missionnaires destinés à la Chine. Parmi ces derniers on distinguait, outre le père Trigault leur supérieur, Elie son frère, en religion Philippe, qui après avoir fait ses études au collége d'Anchin, et s'être ensuite occupé quelque temps du commerce de mégisserie, était entré au noviciat de Tournai en 1596 et avait obtenu de partir pour la Chine; le P. Hubert de Saint-Laurent son parent, qui né à Douai en 1588 avait été reçu licencié ès-arts en 1603, docteur deux ans plus tard et novice dans la compagnie en 1606;

Quentin Cousin et Jean de Selles, tous deux prêtres, nés l'un à Cambrai et l'autre à Tournai. Un neveu du P. Trigault qui s'apprêtait à partir avec lui, avait été retenu à la résidence de Lisbonne à cause de sa jeunesse et de la faiblesse de sa santé. Parmi les autres nous citerons comme se faisant remarquer surtout par leurs talents, Jean Vréman, mathématicien habile; le P. Terentius qui possédait des connaissances très-étendues en médecine; et Adam Schall jésuite de Cologne, qui devait obtenir en Chine une influence à laquelle n'atteignit aucun autre européen.

Jusqu'à la zone torride, la navigation fut des plus heureuses et des plus agréables. C'était peu pour les missionnaires de se livrer à leurs exercices journaliers de piété, de soigner les malades toujours nombreux sur les navires qui faisaient des voyages de long cours, de célébrer et de réciter les saints offices, de prêcher à l'autel qu'ils avaient élevé sur le pont. Durant la première partie de leur navigation, ils se créèrent sur le bâtiment une sorte de noviciat. Le lundi et le jeudi, le père Quentin Cousin traitait devant tous les religieux des cas de conscience; le mardi et le vendredi le père Terentius enseignait les mathématiques, et le mercredi et le samedi le père Trigault parlait des éléments de la langue chinoise; tous les jours on s'occupait de l'astronomie, science si importante pour les missionnaires, et aussi de la médecine que l'on apprenait surtout en visitant les malades. « Toutes ces choses, dit le père Trigault, et autres telles occupations, distribuées en leurs jours et heures, nous faisoient passer le temps si doucement, qu'il nous semblait plus tot naviguer sur une rivière coulante doucement que sur les ondes de ce tant vaste océan (1). »

Vers le commencement du mois de juin, tandis que le vaisseau longeait la côte de l'Afrique, une fièvre contagieuse se déclara dans l'équipage; peu de jours après plus de deux cents malades étaient étendus sur le pont. « C'estoit, dit Elie Trigault, un grand pitié de veoir ces pauvres malades plus nuds que vestus, couchez ou plus tost raconrcis sur quelque petit coffre ou sur quelque degré, sans chose aucune soubs ou sur le corps et la teste, à la pluie et soleil, inquiétés des passans, tantost tremblans par la fièvre, tantost bruslans, quelque fois tout mouillés de la pluie, pleins d'ulcères, gratelles et vermines, sans boire, ny manger, ni consolation d'aucune personne. Mais le R. P. Nicolas Trigault fit porter quelques planches avec de vieux draps au lieu de paille, et les malades furent enfin quelque peu soignés (2). »

Les religieux ne furent pas épargnés, presque tous furent atteints par la contagion, et cinq périrent sous ses coups. Après avoir vu mourir le tournaisien Quentin Cousin et le père Albéric, jésuite allemand, le père Trigault perdit son parent le P. Hubert de Saint-Laurent, dont la mort nous a été racontée par le frère Elie.

---

(1) N. Trigault. *Lettre datée de Goa, 29 décembre 1618*, p. 1 à 60. — Elie Trigault. *Petit discours écrit par Elie Trigault, contenant plusieurs belles particularités de son voyage.*

(2) Elie Trigault. *Petit discours*, etc., p. 33.

« Desjà, nous dit ce religieux, le P. Hubert estoit avec une forte fièvre qui l'avoit saisi dès le quatrième jour et le rendit fort débile. On lui fit tous les remèdes que l'on pouvait faire en ce lieu. Il ne fut possible luy tirer du sang que goutte à goutte, ny avec eau chaude, ny aultrement. Les faiblesses luy estoient si fréquentes, que l'on ne le pouvoit aucunement bouger, les desgoustemens très-grans; je ne bougeay de sa teste toute sa maladie, sans proufiter chose aucune pour sa santé, mais beaucoup pour mon édification, par ses bons colloques. Il disposa, dès le premier jour, ses petits papiers, et depuis sa conscience, faisant sa confession générale, reçut le précieux corps de N. S. pour viatique, et, de bonne heure, demanda luy mesmo son dernier sacrement qu'il receut avec beaucoup de dévotion. Il ne me parloit d'autre chose que du contentement qu'il avoit de mourir dans ce navire et en telle expédition pour jouir de son Dieu, auquel il aspiroit avec des paroles tant amoureuses qu'en chaque propos, il me tiroit des larmes des yeux. « Allons, mon frère, me disoit-il, venez avec moy, il y a bien plus de plaisir et contentement avec Dieu. » Et d'autant plus que son grand accès dura, qui fut un jour et partie de la nuict, d'autant plus augmentoit-il ses affections vers son Dieu, récitant des pseaumes, des jubilations, et aultres, et redoublant sans fin la confession de foy, et aultres infinis actes de dévotion. Et comme il sentoit son entendement se troubler, il dit au supérieur (qui ne le quitoit non plus que moy) que si durant qu'il perdroit son jugement, il disoit ou faisoit chose aucune indécente à religieux qui veut bien mourir selon Dieu, qu'il la tenoit pour non dite, et que jà pour lors la revoquoit. Il faisoit cecy en protesto publique, et tant s'en fault qu'il donna aucunes semblables signes que mesmes à demy-mort il faisoit leçon des poincts de nostre saincte foy. Je crains de vous ennuyer sur ce subject, si me fault-il vous dire son dernier accès immédiatement avant sa mort, et furent les dernières parolles qu'il proféra, et avec tant de forces et vivacité, que les cheveux de la teste nous dressèrent à tous ; car comme il est à croire que le diable visiblement luy apparut pour le troubler en ce dernier conflict, il se leva avec les yeux fichés en une place, et cria à haulte voix : *Abscede, satana ; discede a me ; nullam habes in me partem ; ego te abnego, et conjuro ut recedas hinc.* Ce qu'il repeta deux fois sans changer sa veue, et ce en accent de cholère ; puis se laissant tomber, lui défaillirent en peu de temps ses forces, et rendit son âme sur les dix heures du soir, le 8 de juin après quatre jours de maladie (1). »

Bientôt après ce fut un jésuite de Cambrai le père Jean de Selles, qui succomba à la violence du mal ; presque tous les autres religieux semblaient menacés du même sort ; la contagion en emporta cinq. Paul Cavallina fut le dernier ; ce père s'était embarqué, malgré une répugnance violente, pour la mission dans laquelle ses supérieurs l'envoyaient. A peine fut-il tombé malade qu'il déclara au père Trigault que sa dernière heure arriverait bientôt et que Dieu,

(1) Élie Trigault. *Petit discours*, etc., p. 40 à 42.

l'agréant comme dernière victime, épargnerait les autres religieux qui étaient plus propres que lui à la prédication de la foi en Chine. En effet le sixième jour de sa maladie, comme son supérieur lui suggérait la prière des mourants composée par saint Bernard : *Jesu dulcis memoriæ*, le père Cavallina se prit à chanter ces paroles d'une voix faible mais douce encore, et il s'éteignit en psalmodiant les dernières paroles de la strophe (1).

Epouvanté par ces coups répétés, par le spectacle désolant qu'offrait la vue de plusieurs centaines de malades, le supérieur des religieux parvenait difficilement à vaincre sa douleur et son abattement. Avec quelques missionnaires qui étaient encore valides, il se dévouait tout entier au service des malades et des mourants, mais il était en proie aux pensées les plus sombres. « Pendant tout ce temps, écrivait son frère, nous fusmes saisis d'une si grande tristesse que l'on ne pensoit au boire ny au manger. Et de ma part jamais n'expérimentay ennuy semblable. Il fut nécessaire donner lieu aux larmes, qui ne cessèrent tous ces quinze jours, encore que chacun se mit en debvoir de me consoler. Le ressentiment de nostre supérieur n'en fut moindre ; nous ne pouvions nous consoler ensemble pour les larmes qui nous faisoient perdre la parolle. Le meilleur estoit, tant qu'il nous estoit possible, monstrer bon visage, affin de n'augmenter

---

(1) Elie Trigault. *Petit discours*, id. p. 42. — Bartoli. *Historia Asiatica S. J.*, p. 410. — Sacchini. *Historia S. J.* pars VI. vol. 1, p. 216. — Patrignani. *Menologio*, 25 juin.

nos douleurs. Je n'ay jamais sçeu penser à leur mort sans pleurer, ny moins en escrire, sçachant combien de telles personnes sont icy nécessaires (1). »

La providence permit que le père Trigault et son frère fussent épargnés durant la période où la contagion sévit avec le plus de violence ; mais quand la plupart des malades furent arrivés à leur convalescence, ils furent tous les deux saisis par des attaques subites ; le père Nicolas éprouva plus de cinquante accès de fièvre qui le réduisirent à une telle faiblesse qu'on désespérait de le conserver. Mais la maladie disparut peu à peu ; et tous les passagers avaient recouvré la santé, quand, le 25 juillet, on doubla le cap de Bonne-Espérance. La mer, qui jusque là avait été bonne, menaça à son tour le vaisseau qui eut à subir une violente tempête durant trois jours et trois nuits. Peu de temps après, le capitaine tomba malade et mourut ; et il fallut que le père Trigault calmât les factions qui divisaient l'équipage, et choisît lui-même celui à qui l'on devait confier la direction du navire. Ce fut la dernière des épreuves que l'on essuya avant d'arriver à Goa, où les dix-sept missionnaires débarquèrent le 4 octobre jour de la fête de saint François (2).

Cette navigation de cinq à six mois, ces violentes maladies et ces émotions pénibles avaient tellement épuisé les forces de plusieurs des religieux, que le séjour de Goa et le bien-être dont l'on jouissait sur

---

(1) Elie Trigault. *Petit discours* .. p 43.
(2) *Lettre de N. Trigault datée de Goa*, du 29 décembre 1618, p. 61 et 62.

la terre ferme ne purent leur rendre à tous la vigueur et la santé. Peu de temps après l'arrivée, Élie Trigault tomba de nouveau malade ; et, malgré sa vigueur naturelle, il ne tarda pas à succomber. Il avait écrit une relation de son voyage dont nous avons cité plusieurs passages. Dans l'un de ses récits il rappelle qu'au moment de sa mort son cousin Hubert de Saint-Laurent lui disait : « Venez avec moy ; il y a bien plus de contentement avec Dieu. » Ne semblait-il pas répondre bien vite à l'appel de celui qui sans doute était déjà aux cieux ? Sa lettre s'arrête au moment où il parle de la douleur qu'il ressentait à la vue des ravages produits dans l'équipage par l'épidémie ; la dernière phrase n'est pas même achevée. L'imprimeur a ajouté ces simples paroles que l'on ne peut lire sans attendrissement : « Ce discours est resté imparfait par la mort dudit frère Élie. »

Le père Trigault fut vivement affecté de ce nouveau coup ; il perdait un missionnaire plein d'énergie, capable de rendre les plus grands services à la chrétienté nouvelle, un frère qui pouvait le consoler de la perte de la patrie et de la famille. Sa douleur fut si violente qu'il en éprouva encore une maladie qui le conduisit aux portes du tombeau. Echappé à ce danger, il profita de sa convalescence pour ajouter un nouveau livre à son histoire du Japon ; l'Europe reçut cet ouvrage avec plusieurs lettres destinées à la Toscane et à la Flandre ; en même temps il avait fait les préparatifs nécessaires pour son retour dans la Chine (1).

---

(1) *Lettre de N. Trigault, etc.* — *De triumphis... apud Japonios* p. 381 et 493. — Sotwell. *Bibliotheca S J.*

Laissant dans l'Inde dix de ses religieux dont les uns étaient trop faibles de santé et les autres peu versés dans la théologie ou dans la langue chinoise, il partit suivi de quatre d'entre eux, le 20 mai 1619. Les missionnaires montèrent dans deux navires qui voyageaient de conserve; des tempêtes effroyables éclatèrent; la mâture fut brisée à plusieurs reprises; il fallut jeter à la mer une partie des provisions et des bagages; nous emprunterons le récit d'une tourmente essuyée dans ce voyage, à l'un des jésuites que conduisait le père Trigault.

« Au milieu de ceste mer, il y a des monceaux de sable qui, estans couverts d'un peu d'eau rendent vaine toute l'industrie des mariniers. Et l'importance est qu'ils ne sont pas tous jours au mesme lieu, mais sont transportez par la tempeste tantost icy et tantost là; et il n'y a que trois canaux desquels si on s'écarte tant soit peu, la navire ne sçauroit éviter sa ruine. La nostre, dont le patron avoit une grande cognoissance de ces passages, estant entrée au commencement de la nuict dans le canal le plus voisin de la terre, voilà qu'il commence soudain à esclairer et foudroyer, la mer s'enfle d'une estrange manière, et les tourbillons de la mer nous assaillent, tellement qu'en un instant le vent que nous avions favorable s'estant changé au contraire, nostre navire fut contraint de donner à fonds que nous avions encore douze pas d'eau. La lune se faisoit nouvelle cette nuict là, auquel temps la marée est extraordinairement grande tant en ce goulfe qu'ailleurs, de sorte que sur le minuict la mer s'abaissant sans que les vents cessassent, nostre navire ayant donné à fonds avec une grande impétuosité, il se fist un grand fracas. Nous estions dedans cent et trente, qui à l'envy accourusmes tous au danger. Les uns jettoient dans la mer tout ce qu'ils rencontroient, les autres abbaissoient les mats, les antennes et les voiles, les autres vuidoient la sentine; mais tout cela ne servoit de rien, parceque les vagues battoient toujours d'autant plus nostre navire, tellement que les remèdes humains ne servans plus de rien, nous nous confessâmes tous comme pour mourir. Entre les choses que nous avions dans nostre navire, il y avoit une bouëtte de reliques qui ont été données par le sérénissime Electeur de Cologne et de Trèves, entre lesquelles il y en avoit des onze mille vierges que les Portugais ont en singulière vénération dans l'Inde comme leurs principales patrones. Cette bouëtte donc estant le dernier réconfort de nostre désastre, elle fut tirée des paquets où elle estoit, et après avoir esté mise sur le tillac, nous nous agenouillâmes tous et fismes divers vœux. C'est une chose estrange, comme soudain que ces sacrez gages furent exposez à la veue d'un chacun, la navire cessa d'estre agitée; la tempeste se tourna en bonace et en moins d'un quart d'heure l'eau s'accreust à la hauteur de quatre pas; de sorte qu'il y avoit subject de croire que les saincts fussent accourus pour sauver les dons de leurs princes qui estoient sur le vaisseau. Estans donc tous joyeux de nous voir favorisez de la protection des saincts, et leur ayant rendu les grâces qui leur estoient deues, nous nous mismes à préparer nostre navire, et après avoir mis la voile au vent, nous arrivasmes heureusement au port de Malacca (1). » La traversée de ce point à Macao s'effectua assez facilement; et le 22 juillet le jésuite douaisien posait enfin de nouveau le pied sur cette plage qu'il avait si impatiemment appelée de ses vœux (2).

Durant les sept années d'absence du père Trigault, des changements importants s'étaient opérés dans la situation religieuse et politique de l'empire chinois. Jusqu'en 1616, le nombre des fidèles n'avait pas cessé d'augmenter dans les cinq chrétientés de Péking, de Han-tcheou, de Nant-chang, de Nan-King et de Nan-hioung; avec le concours de sept frères indigènes qui montraient le plus grand zèle et de quelques jeunes catéchistes qui étudiaient pour entrer plus tard dans la Compagnie, les treize prêtres jésuites attachés à la mission de la Chine, avaient converti un certain nombre d'idolâtres qu'ils n'avaient admis au baptême qu'après les avoir éprouvés pendant longtemps. En général les lettrés admiraient l'évangile dont ils voyaient les doctrines adoptées et favorisées par des mandarins tels que Paul Ly, Léon Lig-Osun et Michel Yang. C'était surtout à Nan-King que le christianisme faisait des progrès; jamais le père Ricci, tout favorisé qu'il était personnellement par l'empereur et les plus grands dignitaires de l'Etat, n'avait osé agir et parler aussi ouvertement que le

---

(1) *Relation des choses remarquables arrivées en Chine en 1619 et en 1620.* Paris. Sébastien Cramoisy, 1625. p. 98 à 102.
(2) Bartoli. *op. cit.*, p. 410.

faisaient dans cette résidence les pères Valignoni et Semedo. Là devait commencer la persécution (1).

Le mandarin Kio-tchin, ennemi déclaré de toutes les innovations, ayant été envoyé dans cette seconde capitale de l'empire comme assesseur du *Li-pou* ou tribunal des rites, plusieurs bonzes qui le déterminèrent par leurs instances et surtout par le don de 1,000 écus d'or, à agir contre les prêtres européens. Il fit présenter à l'empereur, par le président du tribunal de Péking, trois longs mémoires dans lesquels il accusait les religieux étrangers d'avoir pénétré secrètement dans l'empire, d'y tenir des conciliabules, des assemblées nocturnes et de réunir un grand nombre de conjurés, à qui ils donnaient pour marque de ralliement le signe de la croix : à cause de ces crimes, il demandait qu'ils fussent condamnés à mort ainsi que tous ceux qui, adoptant leurs croyances, avaient pris part à leurs complots. Trois mois se passèrent sans que l'empereur répondît aux solliciteurs ; le président du tribunal interprétant ce silence en sa faveur, se décida à agir par lui-même ; et le vingt août 1616, il rendit un décret qui condamnait tous les Européens à l'expulsion.

Le courrier chargé de porter cet ordre, arriva le trente du même mois à Nan-King, où le supérieur Longobardi se trouvait momentanément avec le père Jules Aleni ; ils partirent aussitôt tous les deux pour la capitale afin de faire revenir le tribunal sur son décret, s'il en était temps encore. Mais le lendemain

---

(1) Cordara. *Historia S. J.*, t VI, p. 67.

dans la nuit, les deux jésuites de la résidence, le frère Sébastien Fernandez et quelques chrétiens indigènes furent arrêtés. Les coups, les outrages, les avanies leur furent prodigués par les sicaires de Kiotchin et des bonzes. « Je ne m'arrêterai point, dit dans son *Histoire de la Chine* le père Alvarez Semedo, a raconter par le menu les indignitez et les afronts que nous souffrismes dans les passades d'un tribunal à l'autre ; les uns nous chargeoient de coups de piedz, les autres de coups de poing ; ici les soufflets voloient sur nos joües comme des tempestes, là nous étions poussés comme des ondes ; on nous couvroit le visage de fanges et de crachats, ceux-ci nous arrachoient la barbe, ceux-là nous tiroient par le poil et mille autres insolences... Nous fusmes trois mois les fers aux mains, dans le lieu le plus hideux de la prison ; nostre vivre étoit du riz mal cuit et un peu d'herbes sans assaisonnement, l'un et l'autre tout froid, à cause qu'on en faisoit cuire à la fois pour trois et quatre jours (1). » Après cinq mois passés dans une autre prison qui n'était guère plus douce que la première, ils entendirent enfin prononcer contre eux la sentence d'expulsion. « On nous mit, dit encore le même auteur, dans une cage de bois fort estroite, avec une chaisne au col, les fers aux mains, les cheveux mal adjustez, en témoignage que nous étions des estrangers et des barbares ; et ainsi renfer-

(1) Alvarez Semedo. *Histoire universelle du grand royaume de la Chine, traduite en nostre langue par Louis Coulon.* Paris Sébastien Cramoisy, 1645, p. 305 et seq , 317 et seq.

mez comme des bestes, on nous porta le trentième d'Avril de la prison à un tribunal pour faire seller nos cages du sceau du roy... En cet équipage, nous sortîmes de Nan-King, renfermez dans nos cages l'espace de trente jours, jusqu'à ce que nous fussions arrivés à la première ville de la province de Canton (1). » Valignoni et Semedo trouvèrent dans cette ville les pères Jacques Pantoja et Sébastien d'Orsi qui avaient subi les mêmes traitements et la même condamnation; et tous ensemble ils furent conduits, sous bonne garde, et la cangue au cou à Macao, avec défense de rentrer jamais dans l'empire chinois.

A Péking, les apologies aussi habiles que vigoureuses écrites en faveur des prédicateurs de l'évangile par les mandarins Paul Ly et Michel Yang, avaient vivement frappé les lettrés sans toutefois pouvoir déterminer la révocation du décret rendu par le président du tribunal Li-pou. Au moins, le père Longobardi et ses compagnons ne furent pas arrêtés; ils se cachèrent chez des chrétiens indigènes ainsi que les pères des autres résidences; à Hantcheou, les missionnaires osèrent continuer à paraître en public, se confiant en la puissante protection du mandarin Michel Yang. En s'entourant de précautions, en changeant assez fréquemment de séjour, les jésuites purent encore s'occuper des chrétientés qu'ils avaient fondées; ils voyageaient à travers les villes et les villages, administrant les sacrements, encourageant les fidèles, et quelquefois même convertissant

---

(1) Alvarez Semedo. *Histoire universelle*, etc., p. 325.

des idolâtres (1). L'un de ceux qui semblent surtout s'être fait remarquer par leur courage et leur activité, durant cette période de troubles, est le compatriote de Trigault, le père Pierre de Spira. Arrêté, comme nous l'avons dit, en 1612, au moment où il essayait de pénétrer en Chine, il était parvenu à s'y introduire l'année suivante; et il s'était perfectionné dans la connaissance de la langue et de la littérature chinoise à la résidence de Nan-tchang. Après avoir travaillé deux ans à répandre la foi dans cette chrétienté, il avait été forcé, comme les autres missionnaires, de se cacher durant la persécution excitée par Kiotchin; cependant il continua toujours à s'occuper des fidèles qui lui avaient été confiés par ses supérieurs. En 1619 nous le trouvons dans la province de *Hou-Kouang*, avec le père Sébastien Fernandez qui était rentré secrètement en Chine; dans un appartement retiré de la maison de Thaddée, le fils du mandarin Paul Ly, il passa quinze jours à entendre les confessions des fidèles, à leur donner la sainte communion, à les instruire plus complètement dans les vérités de la foi; trois catéchumènes reçurent le baptême. Rappelé à Nan-King, le père de Spira après avoir visité sur sa route le mandarin Yang Luc, chrétien nouvellement converti, arriva dans la seconde capitale de l'empire et fut chargé de s'occuper des fidèles répandus dans toute la province (1).

(1) Trigault. *Litterœ Annuœ*, (1620), p. 48 et seq. — Cordara, *Historia S. Jesu*, t. VI, p. 133 et 134.

(1) *Relation des choses remarquables arrivées en Chine en*

Ces néophites très-pauvres pour la plupart étaient disséminés sur un très-vaste territoire; le père de Spira dut sans cesse voyager de ville en ville, de village en village, se cachant le plus ordinairement dans de misérables habitations, souvent même ne trouvant pas un appartement assez propre pour pouvoir y célébrer décemment le saint sacrifice de la messe. Aussi souffrant eux-mêmes, plus encore que le missionnaire, de cette triste situation, les fidèles de la province prélevèrent quelques sapèques sur leur misère, réunirent leurs modiques ressources et achetèrent dans une ville une vaste habitation dont plusieurs d'entre eux, pauvres ouvriers, occupèrent la façade, tandis que le fond et les jardins offraient une chapelle pour célébrer les saints mystères, et une habitation pour abriter le père et son catéchiste. Peu de temps après un mandarin, nouvellement converti, Luc Tcham, construisit aussi une chapelle et une résidence dans un autre canton de la province de Nan-King. C'est de là que le père de Spira rayonnait sur tous les points de sa chrétienté où l'appelaient l'administration des sacrements, le soin des malades, les visites régulières aux chrétiens, les discussions à soutenir avec des lettrés encore idolâtres. Parmi les néophites on remarquait l'épouse d'Ignace Chim, grand mandarin militaire, converti lui-même depuis plusieurs années; partout les fidèles tinrent régulièrement des réunions dans lesquelles on chantait

---

1619. Paris, Sébastien Cramoisy, 1625. *Lettre du père Emmanuel Dias*, p. 64.

les louanges du Seigneur, on s'instruisait des vérités de la religion, et on prenait les mesures nécessaires pour répandre la foi et secourir les malades, les pauvres et les prisonniers (1).

Mais de toutes les œuvres qui naquirent dans cette chrétienté presque entièrement plébéienne, la plus utile et la plus célèbre est celle de la *Sainte-Enfance*; c'est à l'année 1620, c'est au missionnaire douaisien, le P. Pierre de Spira et aux pauvres de Nan-King qu'il faut faire remonter sa véritable origine. On le sait, les Chinois, soit misère, soit paresse, soit superstition, exposent un grand nombre d'enfants en bas âge; ils les abandonnent, les jettent sur les voies publiques et le long des fleuves, où ces innocentes créatures ne tardent pas à mourir de froid et de faim, à devenir la proie des chiens et des porcs, accoutumés à rencontrer cette pâture humaine; le père de Spira engagea les chrétiens qui fréquentaient les diverses églises de la province, à recueillir les enfants ainsi abandonnés, à les porter à leurs épouses, à leur trouver des nourrices et à les élever avec leurs propres fils pour l'amour de Jésus-Christ; on commençait toujours par leur administrer le baptême, et souvent ces petits êtres, déjà à demi consumés par la faim ou mutilés par les animaux immondes, mouraient dans les bras de leurs sauveurs et devenaient ainsi des anges du ciel. Le zèle

---

(1) Trigault. *Rerum memorabilium in regno sinæ gestarum. Litteræ annuæ* 1620, p. 140 à 147 — Cordara. *Historia S. J*, pars. VI, t. V, p 275. — Bartoli *Historia Asiatica, S J* p 432.

des Chinois pour cette œuvre de foi et d'humanité était si grand, que l'on voyait les femmes, bravant la coutume qui les empêche de sortir de leurs demeures, errer la nuit à travers les villes pour recueillir et emporter, sur leur cœur de mère et de chrétienne, les enfants que des parents idolâtres avaient voués à la souffrance et à la mort (1). Les missions de la Chine, sans jouir encore de la tranquillité qu'elles avaient lors du départ du père Trigault, se développaient donc néanmoins en secret, lorsqu'il revint vers l'année 1620. Elles avaient des ennemis, mais la persécution était arrêtée par les révolutions politiques qui bouleversaient l'empire chinois dans les pays tributaires et dans les provinces de l'intérieur. Nous devons faire connaître à nos lecteurs ces événements qui ont eu la plus grande importance sur la situation du christianisme dans la Chine.

Au nord et à l'ouest de la Chine habitent les Tartares, tribus nomades pauvres et belliqueuses, qui parcourent, à la suite de leurs troupeaux, les terres stériles de leur désert, ou les rives souvent glacées

---

(1) Cordara. *Historia S. J.* Pars. VI, lib. VII, p. 107. Illud erat præcipuum, ut Christiani Nan-Kinenses conquirerent et vitali aspergerent aquâ infantes, quos impiæ matres, sive inopia sive educandi tædio, exponebant. Plurique reperiebantur fame propemodum enecti, nonnulli a canibus jam semesi.

Trigault. *Rerum memorabilium in regno sinæ gestarum. Litteræ annuæ* 1620, S. J., p. 142 et 143. Neophyti non raro objectas ac depositas à parentibus noctu proles magnâ caritate suscipiunt, et mulieribus suis non sine sumptu ac labore tradunt educandas. ex his aliquas non præmaturo baptismo jam lustratas vitæ donavit, aliæ christianæ si vexerint, educabuntur...

de l'Amour et de Soungari, en jetant des regards d'envie vers les riches et chaudes contrées où dominent les Chinois. Ceux-ci pour arrêter les incursions de ces peuplades guerrières, ont élevé, deux ou trois siècles avant l'ère chrétienne, le rempart connu sous le nom de grande muraille. Haute ordinairement de neuf à dix mètres, formée ou de pierres, ou de pieux, ou de levées en terre, souvent assez large pour que cinq ou six cavaliers puissent y passer de front; munie, à des intervalles peu éloignés, de tours où sont postés quelques soldats, cette ligne de défense court à travers les plaines et les vallées, les précipices et les montagnes, formant la barrière extrême de l'empire, sur une étendue de huit à neuf cents lieues. Malgré ce rempart et les innombrables soldats qui le gardent, les tribus du désert ont plus d'une fois ravagé la Chine. Un chef tartare l'avait soumise complètement à ses lois en 1206 après Jésus-Christ et sa dynastie avait régnée jusqu'en 1368. Mais, après avoir subi pendant un siècle et demi le joug de l'étranger, la Chine se révolta : un bonze nommé Hong-You se mit à la tête des conjurés, chassa les Tartares amollis par un climat plus doux que celui de la Mantchourie, et fonda la célèbre dynastie des Ming. A l'arrivée du père Ricci, régnait le treizième empereur de cette famille, Wan-Lie ou Chim-Tsong; prince clément et doux, mais faible. Retiré dans les appartements et les jardins de son palais impérial, il consacra aux plaisirs son règne qui dura de 1573 à 1620. Les mandarins qui commandaient les provinces frontières étaient aussi indépendants, aussi puissants que les satrapes de l'empire persan ; ils irritèrent les Tartares par leurs vexations, ils accablèrent d'impôts inconnus jusqu'alors les marchands de cette nation qui pénétraient dans l'empire pour vendre des fourrures ; le gouverneur de Leao-tung fit même saisir par trahison un de leurs chefs qui fut mis à mort. Les rois des *huit bannières*, c'est-à-dire de toutes les peuplades tartares, étaient alors réunis sous l'autorité d'un seul souverain. Aussitôt ce souverain ordonne aux tribus de s'avancer sous la conduite des fils de celui qui avait été traîtreusement mis à mort ; elles franchissent la *Charra-Mouren* sur la glace, détruisent la grande barrière de pieux et les remparts de terre qui arrêtent leur passage et viennent s'emparer de la forteresse de Moukeden et de Leao-Tung. Tout le nord-est de l'empire fut mis à feu et à sang jusqu'à sept lieues de Péking : le chef des hordes tartares ne se retira qu'au commencement de l'hiver, après avoir pris solennellement le titre d'empereur, et le nom de Tien-ming, (ordre du ciel).

L'année suivante, en 1619, Wan-Lie, réveillé de son indolence, envoya dans la province de Leao-tung une armée de six cent mille hommes ; mais elle fut complètement défaite, et les Tartares se contentèrent encore de ravager toutes les provinces septentrionales, sans attaquer la capitale dont ils auraient pu facilement s'emparer (1). A Wan-Lie, qui mourut en 1620, et à Tai-Chan qui ne régna que quatre mois, succéda

---

(1) Le P. Martini. *Histoire de la guerre des Tartares contre la Chine.* Douay, 1654, p. 7 à 15.

CHAPITRE SIXIÈME.

Tien-Ki prince habile et énergique. Il manda de nombreuses troupes de toutes les provinces de l'empire et fit construire au nord plusieurs forteresses, entre autres celle de Tien-tsing, que les Français et les Anglais ont attaqué en 1860, à l'embouchure de Peï-ho; les deux mandarins chrétiens Paul Ly et Michel Yang, après lui avoir démontré l'immense supériorité de l'artillerie des Européens sur celle des Chinois, le déterminèrent même à demander des canons aux Portugais de Macao. Pour cela on rappela les pères Longobardi et Dias qui rentrèrent à Péking au milieu d'une foule considérable; et quelques temps après, à la prière des jésuites, le commandant militaire de Macao envoya quatre bouches à feu et quelques soldats. Mais l'un de ces canons ayant éclaté lors du premier essai, les mandarins de la guerre, regardant les missionnaires comme plus capables que leurs soldats, voulurent les forcer à faire eux-mêmes le service de ces pièces d'artillerie. Les jésuites qui ne pouvaient parvenir à faire comprendre aux Chinois, que des prêtres ne doivent pas faire la guerre, se trouvaient dans la plus grande perplexité; ils furent heureusement délivrés de cet embarras, par la retraite des Tartares que des luttes intestines rappelèrent sur les bords du Soungari (1).

En cette même année 1622, qui vit le départ des hordes du désert, commença à l'intérieur une lutte

(2) Du Halde. *L'empire Chinois*, t. I, p. 38 et 307. — Trigault. *Litteræ annuæ* (1620), p. 18 et seq. — L'abbé Huc. *Le Christianisme en Chine, en Tartarie et en Thibet*, t. II, p. 303 et suivantes

non moins terrible. La Chine, ce pays que les Européens regardent comme le pays de l'immobilité politique par excellence, est souvent agitée par des guerres intérieures et des révolutions ; depuis le cinquième siècle après Jésus-Christ, il y a eu dix-huit changements de dynastie accompagnés toujours d'effroyables guerres civiles, et un grand nombre de révoltes qui ont avorté mais qui ont profondément troublé l'esprit public. Nul peuple peut-être n'est plus fortement attiré que les Chinois, par le mystère qui entoure les sociétés secrètes ; elles abondent dans toutes les parties de l'empire, ordinairement impuissantes, parceque confinées dans une province, elles n'ont pas assez de force pour renverser un pouvoir aussi étendu que celui du *Fils du Ciel*. Au dix-septième siècle une des plus redoutables de ces associations était celle du *Pé-Lien-Kiao* ou du *Nénuphar blanc*, que plusieurs mandarins voulurent confondre avec le christianisme.

Organisée dans la plupart des villes de l'empire, étendant ses affiliations jusque dans les campagnes, ayant son chef suprême, ses agents, ses mots d'ordre, et ses réunions clandestines, soudoyant un grand nombre d'écrivains qui attaquaient le gouvernement dans des milliers de pamphlets, l'association du Nénuphar blanc était prête à agir vers l'année 1622. Ly-Kong, l'un de ses principaux chefs, ayant été arrêté dans la province de Chan-tong, les conjurés le délivrèrent par la force, et se virent ainsi obligés de prendre les armes avant le moment du soulèvement général. Ils s'emparèrent d'une partie de la province, recrutant les mécontents, les malheureux, les gens perdus de dettes et de mœurs. Une famine qui désola les contrées septentrionales, facilita des semblables insurrections dans le *Kouei-Tcheou*, le *Chen-si*, le *Tse-tchouen*, et les armées des rebelles s'avancèrent dans le *Pé-Tché-Li*, qui a pour capitale Péking. Défaites par les troupes impériales, elles se retirèrent vers le sud-ouest, après avoir pillé les jonques impériales qui apportaient le tribut et avoir ravagé les provinces demeurées fidèles au gouvernement établi (1). Les mesures les plus rigoureuses furent prises contre les conjurés, surtout à Nan-King où l'on croyait que plusieurs d'entre eux s'était réfugiés. A l'instigation du colao Kio-tchin, qui venait d'exciter une première persécution contre les prêtres européens, ceux qui étaient chargés de poursuivre les associés du Nénuphar blanc affectèrent de confondre les chrétiens avec eux, et arrêtèrent trente-six Chinois convertis, qui furent condamnés aux coups de rotin, à la cangue et à d'autres tortures; l'un d'eux, André, mourut dans le supplice.

Le docteur Paul, écrivit un ouvrage pour prouver que le christianisme était tout à fait différent de la société du Nénuphar blanc. Disposé à braver tous les dangers pour les chrétiens de sa résidence, le père de Spira essaya de se rendre auprès du mandarin de Nan-King pour lui remettre lui-même cet écrit; mais

---

(1) L'abbé Huc *le christianisme en Chine, au Japon et au Thibet*, t. II, p. 300 et suiv. — Martini. *Ouv. cit.*, p. 36 et 37. — Alvarez Semedo. *Ouvr. cit.*, p. 129.

l'entrée de la ville lui fut fermée. Le mémoire du docteur Paul parvint néanmoins, par une autre voie, au tribunal des rites, et peu de temps après Kio-tchin, ayant été destitué à cause de ses vices, l'on cessa de vouloir confondre les chrétiens avec les membres de l'association du Nénuphar blanc (1).

En quelques années tout était donc bien changé en Chine, surtout pour les missionnaires. L'Eglise chrétienne de cette contrée, dit le père Trigault dans sa Lettre Annuelle de 1620, peut être comparée à un vaisseau auquel les flots agités, les vents déchaînés et les nuages menaçants annoncent une terrible tempête ; les matelots ont enlevé ou cargué les voiles ; les agrès flottants, les flammes des mâts, tout a disparu, pour n'être replacé qu'au jour où le ciel deviendra moins sombre et cessera de menacer. Ainsi dans la Chine, le vaisseau de l'Eglise depuis quatre années se voit exposé à une tempête qui peut à tout moment le submerger ; les pilotes ont ordonné aux matelots qui partagent leurs fatigues de plier toutes les voiles, et eux-mêmes ils se sont retirés en des asiles, où celui qui les demande peut facilement les trouver ; mais ils attendent pour travailler avec leur liberté d'autrefois, que le soleil ait rendu au jour son éclat et sa sérénité (2).

(1) Alvarez Semedo. *Ouvr. cit.*, p. 343 et suiv.
(2) Trigault. *Rerum memorabilium in regno sinæ gestarum, litteræ annuæ S. J.* Antuerpiæ, ex officina Hieronymi Verdussii. 1625, p. 18 et 19.

CHAPITRE SEPTIÈME.

Retour en Chine. — Séjour dans le Kiang-si — La porcelaine et la pisciculture. — Missions dans le Honan et le Chen-si.

Le retour du père Trigault était désiré par tous les chrétiens de la mission; les envoyés des mandarins Paul et Michel, venus à Macao pour obtenir des canons et des artilleurs, lui avaient parlé; ils avaient vu les présents des princes de l'Europe, admiré les livres donnés par le souverain-pontife, la lettre écrite aux chrétiens de la Chine par le cardinal Bellarmin, et reçu la bénédiction et la grâce du jubilé accordées par le Saint-Siége. Ces nouvelles excitèrent, dans les diverses chrétientés, une joie difficile à contenir. On ne put empêcher le docteur Paul de braver les lois si sévères qui défendent à tout Chinois de correspondre avec les étrangers, et il répondit au cardinal une lettre remplie des sentiments de foi les plus vifs et des pensées les plus élevées, que le père Trigault a traduite en latin et rapportée dans l'un de ses ouvrages (1).

Cet accueil enthousiaste, n'était pas nécessaire

---

(1) Trigault *Rerum memorabilium in regno sinæ gestarum. Litteræ annuæ S. J* Antuerpiæ, ex officina Hieronymi Verdussii 1625, p. 68 à 73.

pour exciter ce dernier à rentrer dans le pays qu'il avait quitté avec tant de regret ; il nous dit lui-même qu'il était enfin arrivé à ce rivage désiré que tant de fois sur son lit de souffrance et au milieu des flots en fureur, il avait désespéré de revoir, se comparant à Rachel qui ne voulait pas se consoler parcequ'elle ne pouvait plus jouir de ses enfants. Et maintenant, il était à quelques lieues de la Chine, le fleuve qui coulait au pied de la résidence de Macao était la route qu'il devait suivre, pour retrouver ses chers néophytes ; aussi ils lui parurent bien longs, les dix mois qui s'écoulèrent avant qu'il lui fût possible de se rendre auprès d'eux. Mais la vigilance des Chinois était de plus en plus sévère ; et, d'ailleurs, comme procureur de la mission, il était chargé de faire passer tout ce qui était nécessaire, approvisionnements, livres, argent et reliques ; enfin, au commencement de l'année 1621, laissant à un autre religieux le soin de s'occuper à Macao de ce qui concernait ses fonctions de procureur, il s'embarqua avec le père Alvarez Semedo qui avait été banni de la Chine trois ans auparavant. Le catéchiste indigène, qui se chargeait d'introduire les missionnaires, ne les conduisait pas ; mais ils avaient passé tous deux plusieurs années en Chine, et ils avaient avec eux un envoyé du docteur Michel Yang. Ils pénétrèrent sans courir aucun danger sérieux par la route fluviale qu'ils avaient déjà plusieurs fois suivie et ne tardèrent pas à arriver à la résidence de Nan-tchang (1).

(1, Trigault. *Rerum memorabilium*, etc., p. 60 et 61.

Le père Trigault, en arrivant dans cette maison, eut la douleur d'apprendre la mort du père Jean Vreman, mathématicien distingué que le général des Jésuites, ainsi que nous l'avons déjà dit, ne lui avait accordé que difficilement pour la mission de la Chine. Forcé, pour pénétrer dans l'empire, de passer plusieurs jours à fond de cale d'une jonque, ce religieux avait contracté une maladie dont il était mort dans la semaine sainte de l'année 1621. Le missionnaire douaisien voyait encore succomber l'un de ceux qu'il avait amenés d'Europe. Sans se décourager, se résignant à la volonté de Dieu, il se remit à l'étude de la langue et de la littérature chinoises, qu'il avait nécessairement un peu négligées durant une absence de sept ans et dans lesquelles il voulait se perfectionner. Ses fonctions de procureur-général de la mission devaient aussi l'occuper considérablement, puisqu'il lui fallait pourvoir aux besoins de tous les religieux et de toutes les chrétientés. Ce fut pourtant encore lui qui fut chargé par le supérieur d'écrire au général la Lettre annuelle qui rendait compte de l'état de la mission en 1620 : elle est datée de Nan-tchang, 21 août 1621 ; elle a été imprimée à Anvers sous le titre de *Rerum memorabilium in regno Sinæ gestarum. Litteræ annuæ S. J. ad Rev. admodum in Christo Patrem P. Mutuum Vitelleschi præpositum generalem ejusdem societatis* (1). Après une étude assez longue sur la situation politique de la Chine et sur la guerre

---

(1) Antuerpiæ, ex officinâ Hieronymi Verdussii, 1623, petit in-octavo, 148 pages.

des Tartares, cet ouvrage parle de l'Eglise chrétienne en Chine et donne une idée des travaux opérés par les missionnaires dans chacune des résidences en particulier ; il est écrit, comme les autres lettres annuelles, dans un latin pur, facile et coulant.

Cependant, le père Trigault ne pouvait se livrer paisiblement à ses études, à l'exercice de ses fonctions et aux travaux du ministère apostolique. Moins violente qu'à Nan-King, la persécution se faisait pourtant aussi sentir dans la province de Kiang-si où il se trouvait, et le forçait à prendre les précautions les plus grandes. Sans cesse il était forcé de changer de séjour : tantôt il résidait au sein de la capitale même de la province, à *Nan-tchang*, chez un chrétien appelé Pierre, membre de la famille impériale, qui avait élevé un oratoire dans les jardins de son palais ; tantôt il habitait *Kien-tchang*, grande cité située au milieu des montagnes ; quand la persécution sévissait davantage, il se cachait dans la maison de campagne d'un bachelier, élève du docteur Paul Ly, où il rencontrait un abri tout à fait sûr. Nous le trouvons même parfois dans la province de Canton, à Chao-tcheou. Les jésuites possédaient dans un faubourg très-populeux de cette dernière ville une petite résidence, près d'une pagode magnifique que desservaient un grand nombre de bonzes. Plus d'une fois ceux-ci avaient insulté les chrétiens en leur disant qu'ils n'avaient pas même un temple pour honorer leur Dieu. Un matin, le père Trigault, en célébrant la messe, entendit un bruit effroyable qui ébranla la résidence jusque dans ses fondements, et il apprit, en descendant de l'autel, que la pagode des bonzes venait de s'écrouler subitement. Frappés par cet évènement, par la coïncidence de la célébration des saints mystères et du renversement du temple des idoles, un grand nombre de Chinois voulurent se convertir, et, après avoir été instruits des mystères de la foi, demandèrent à recevoir le baptême (1). C'est dans ces voyages et durant ces courses que Trigault étudia la curieuse province du Kiang-si, dont nous allons dire quelques mots d'après ses écrits et ceux de plusieurs autres missionnaires.

Cette province en général, est pauvre, peu abondante en produits agricoles et incapable de se suffire à elle-même ; mais elle est en possession depuis des siècles, de l'industrie la plus importante de l'empire chinois, la fabrication de la porcelaine. C'est comme nous avons déjà eu occasion de le dire, à l'est du grand lac *Pou-Yang*, à *Kin-te-ching*, ville d'un million d'habitants que se trouve le centre de cette industrie ; des cinq cents fabriques et des trois mille fourneaux de cette cité s'échappent continuellement des tourbillons de fumée et des colonnes de feu, et la nuit, l'on croirait qu'un immense incendie la dévore, surtout lorsque l'on voit les flammes de ces nombreux foyers jeter leurs reflets sur le cercle des montagne qui l'entoure put de tous les côtés. La porcelaine se fait avec deux sortes de terre, appelées l'une *Kao-lin* et l'autre *Pé-tun-tse*. Ces terres réduites en

---

(1) Trigault. *Op. cit.*, p. 148 à 153. — Bartoli. *Historia Asiatica S. J*, p 161.

poudre sont pétries à l'aide d'un vernis ; quand cette pâte est séchée, on la façonne grossièrement avec le moule ou la roue ; le ciseau la perfectionne ; l'application de diverses pièces la complète, et enfin les peintures y sont ajoutées. Chaque ouvrier a sa spécialité ; un vase de porcelaine lorsqu'il est livré au commerce, a passé par soixante mains au moins ; les *hoa-pei* ou peintres appliquent celui-ci le bleu, celui-là le rouge, un troisième l'or ; il en est qui sont toujours chargés du premier cercle coloré, d'autres du second, et d'autres ou des fleurs ou des oiseaux ou des montagnes ou des personnages. De ce système il résulte qu'il y a à Kin-te-tching, des ouvriers par centaines de mille et pas un seul artiste. Les antiquaires de la Chine, classe nombreuse, recherchent aujourd'hui diverses porcelaines que l'on ne fabrique plus dans les temps modernes ; ce sont des coupes doubles dont la partie extérieure est percée à jour comme une dentelle, des vases dont les dessins coloriés n'apparaissent que lorsqu'un liquide est versé à l'intérieur, et des objets en porcelaine craquelée, qui offrent des lignes brisées, une mosaïque gracieuse et délicate dont la valeur est immense pour les amateurs ; mais avec ces amateurs sont nés en Chine, comme en Europe, les fabricants d'antiques ou *Koutong*, qui imitent les vieux bronzes et les porcelaines d'autrefois avec une perfection désespérante pour les collectionneurs (1).

(1) Trigault *Histoire de l'expédition chrestienne au royaume de la Chine* p 11. — Le P. d'Entrecolles. *Lettres édifiantes.*

Une autre branche d'industrie dont on s'occupe dans la province de Kiang-si est la pisciculture (1). Cette question ayant souvent été étudiée en France depuis quelques années, nous rapporterons ce qui se pratique dans la Chine : « Vers le commencement du printemps, raconte l'auteur de l'*Empire chinois*, un grand nombre de marchands de frai de poisson, venus dit-on de la province de Canton, parcourent les campagnes du Kiang-si pour vendre leurs précieuses semences aux propriétaires des innombrables étangs de la contrée. Leur marchandise, renfermée dans des tonneaux qu'ils traînent sur des brouettes, est tout simplement une sorte de liquide épais, jaunâtre, assez semblable à de la vase. Il est impossible d'y distinguer à l'œil nu le moindre animalcule. Pour quelques sapèques l'on achète plein une écuelle de cette eau bourbeuse, qui suffit pour ensemencer, selon l'expression du pays, un étang assez considérable. On se contente de jeter cette vase dans l'eau, et, après quelques jours, les poissons éclosent à foison. Quand ils sont devenus un peu gros, on les nourrit en leur jetant sur la surface des viviers des herbes tendres et hachées menu ; on augmente la ration à mesure qu'ils grossissent. Le développement de ces poissons s'opère avec une rapidité incroyable. Un mois tout au plus après leur éclosion, ils sont déjà pleins de force, et c'est le moment de leur donner la

---

édit. Aimé Martin t. III, p. 207 à 224 — Huc. *L'Empire chinois*, t. II, p. 429 et 430.

(1) Trigault. *Histoire de l'expédition chrestienne, etc.*, p. 9.

pâture en abondance. Matin et soir, les possesseurs des viviers s'en vont faucher les champs et apportent à leurs poissons d'énormes charges d'herbes. Les poissons montent à la surface de l'eau et se précipitent avec avidité sur cette herbe, qu'ils dévorent en folâtrant et en faisant entendre un bruissement perpétuel : on dirait un grand troupeau de lapins aquatiques. La voracité de ces poissons ne peut-être comparée qu'à celle des vers à soie quand ils sont sur le point de filer leur cocon. Après avoir été nourris de cette manière pendant une quinzaine de jours, ils atteignent ordinairement le poids de deux ou trois livres et ne grossissent plus. Alors on les pêche, et on va les vendre tout vivants dans les grands centres de population (1). »

Au sein de cette province pauvre, de ces nombreuses populations ouvrières du Kiang-si, au milieu de ces chrétiens qui lui offraient des asiles de divers côtés, le père Trigault semblait n'avoir rien à craindre de la persécution ; pourtant il fut obligé de quitter la résidence de Nan-tchang, lorsqu'au commencement de 1622, les menées des bonzes et de Kio-tchin suscitèrent aux Européens de nouvelles craintes ; on essaya de les arrêter à Nan-King et dans plusieurs autres villes ; il leur fallut, pour un temps, cesser presque complètement d'exercer le ministère apostolique et se cacher dans les palais et les campagnes des mandarins les plus fervents ; le docteur Michel Yang n'oublia pas celui qui était parvenu à lui faire

---

(1) Huc. *L'Empire chinois*, t. II, p. 433 et 434.

comprendre et goûter les grandes vérités de l'évangile : c'est dans sa demeure, à Han-tcheou, que le P. Trigault trouva un asile, et c'est de là qu'il envoya en 1622, au général de la Compagnie un nouveau volume de *Lettres annuelles,* qu'il a daté du jour de l'Assomption. La disgrâce de Kio-tchin, qui fut envoyé en exil, rendit l'année suivante moins redoutable pour les missionnaires ; mais elle se passa tout entière dans des alternatives de crainte et d'espérance ; les mandarins Paul et Michel furent honorés des faveurs de l'empereur, et peu de temps après destitués de leurs emplois ; les jésuites pouvaient parfois se montrer en public, et trop souvent ils étaient obligés de fuir de retraite en retraite, sans pouvoir travailler sérieusement à répandre la foi au milieu des populations encore idolâtres (1).

L'année 1624 fut plus favorable aux missionnaires. Les docteurs Paul et Michel qui furent rétablis dans les honneurs et les dignités dont ils avaient été dépouillés, ramenèrent avec eux à Péking le supérieur Longobardi et le P. Adam Schall, que Trigault avait conduit à Canton et fait pénétrer dans l'empire chinois. Adam Schall, astronome distingué, avait annoncé pour des époques déterminées deux éclipses de lune ; et quand ces deux phénomènes se furent accomplis, épouvantant, comme toujours, le peuple et les bonzes, les mandarins et l'empereur, il en expliqua les causes dans un mémoire dont la clarté frappa

---

(1) Trigault. *Litteræ annuæ* (1622) — Cordara. *Historia S. J*, p. 7, vol. II, p. 456 à 458.

tous les lettrés de la capitale. Chacun chercha à se mettre en rapport avec les savants de l'Europe, et il fut même question dès lors de leur confier la réforme du calendrier chinois. Un tremblement de terre qui vers la même époque agita le *Pe-tché-li* ou province de Péking, leur donna une nouvelle occasion de prouver la supériorité des connaissances des Européens sur celles des Chinois. Les mandarins s'étaient empressés de composer sur cet évènement une foule de livres et de mémoires, sans qu'aucun d'entre eux trouvât la cause véritable de ce phénomène. Les jésuites n'avaient encore rien écrit sur ce sujet, ne voulant pas trop froisser l'amour-propre si susceptible des lettrés chinois. Un jour, dans le palais, on demanda en public à Longobardi ce qu'il pensait des tremblements de terre et la cause à laquelle il les attribuait. Celui-ci les expliqua d'après les principes de la science, et, sur l'invitation de plusieurs mandarins, publia touchant la question un mémoire qui fit autant de sensation à Péking, que l'écrit du P. Adam Schall sur les éclipses, et qui força les lettrés les plus orgueilleux à reconnaître que les prêtres européens avaient plus de science que les docteurs du Céleste Empire. Après ce second triomphe, les jésuites n'eurent plus rien à craindre de la persécution; les pères Longobardi, Schall et Diaz parcouraient toute la ville, se rendaient au palais, célébraient les saints mystères, publiaient des livres et recevaient d'autres jésuites sans être inquiétés par aucune vexation; les provinces ne tardèrent pas à jouir de la même tranquillité, et il fut possible de s'occuper de la propagation du christianisme, dans les provinces où il n'avait pas encore pénétré (1).

Au nord-ouest de l'empire s'étendent les provinces de Honan, de Chen-si et de Chan-si, contrées jusqu'alors inconnues des missionnaires, aussi vastes et aussi peuplées que la France et l'Espagne. Pour y préparer la voie aux autres religieux, pour y jeter les premières semences de la foi, il fallait l'un de ces hommes infatigables, intrépides, féconds en ressources que nous appelons aujourd'hui les pionniers de la civilisation, ou plutôt il fallait l'un de ces hommes apostoliques que seul le catholicisme a produits. Rien ne manquait au père Trigault pour accomplir et mener à bonne fin cette entreprise plus difficile, plus pénible, plus ingrate que toutes les autres ; il connaissait peut-être mieux qu'aucun missionnaire, la langue et la littérature des Chinois ; son intrépidité avait été vingt fois éprouvée dans les dangers extrêmes ; son habileté à se tirer des situations les plus difficiles était connue de tous ; il était animé par une foi vive, par un zèle ardent qui le poussait sans cesse en avant, et sa résignation à la volonté de Dieu, sa profonde humilité le portaient à s'accuser des revers et à attribuer ses triomphes à la gloire du Maître des cieux. La santé, il est vrai, lui faisait défaut ; toujours faible, il était souvent souffrant et malade ; il pouvait prévoir le jour où lui manqueraient les forces et la vie. Mais cela lui impor-

(1) Cordara. *Historia S. J.*, p. 525. — Bartoli. *Historia Asiatica S. J*, p. 464.

tait peu : les semaines de repos obligé, étaient pour lui des semaines d'étude et de travail, et une mort plus prompte n'était qu'une entrée plus prompte au lieu de l'éternel bonheur. Aussi, il alla toujours en avant sans craindre les fatigues et les périls, la maladie et les persécutions.

C'est à lui que le P. Longobardi, supérieur de la mission, confia la charge de reconnaître s'il était possible de faire pénétrer le christianisme dans le nord-ouest de l'empire; et en 1623, quand la persécution sévissait encore à Nan-King et dans plusieurs autres villes, le P. Trigault, seul et sans protection, pénétra dans le Honan (1). Le Honan est une province fertile qui a reçu des Chinois le nom de Fleur du Milieu *(Tong-hoa)* donné parfois à tout l'empire, et des missionnaires celui d'Italie de la Chine, à cause de la pureté de l'air et de la douceur du climat; mais les mœurs y étaient corrompues, la polygamie y régnait plus que dans les autres provinces, et les habitants résistaient davantage aux idées et aux pratiques de l'évangile. Le jésuite douaisien s'établit dans la capitale, à Khaï-foung, ville remplie de palais et surtout de pagodes; durant trois ou quatre mois il employa toutes sortes de moyens pour répandre la foi dans cette population idolâtre; il se mit en relations avec les lettrés, et leur parla de géographie, de géométrie et d'astronomie; mais après l'avoir admiré, ils ne voulurent pas entrer avec lui dans la

---

(1) Trigault. *Lettre inédite de la bibliothèque de Bourgogne,* n° 4169.

discussion des questions religieuses et philosophiques ; il donna du peu qu'il avait à ceux qui étaient pauvres, il soigna des malades abandonnés par leurs amis et leurs parents, et il ne put sauver une seule âme, se résignant, nous dit l'historien des missions, à la sainte volonté de Dieu, sachant bien que de ce champ infécond qu'il avait arrosé de ses sueurs, le Seigneur ferait peut-être sortir la moisson la plus abondante(1). Ces travaux, ces fatigues, ces tentatives inutiles altérèrent peu à peu sa santé, il tomba gravement malade, et il fut étendu pendant plusieurs mois sur une couche de douleur, sans ami, presque sans secours, manquant parfois du nécessaire, au milieu d'étrangers qui ne voyaient en lui qu'un barbare ou un ennemi. Mais enfin Dieu lui rendit peu à peu la santé et lui donna quelques consolations spirituelles. Au moment où, appelé par des lettrés du *Chan-si*, il se préparait à quitter Khaï-foung, un mandarin gouverneur d'une cité importante vint le trouver pour discuter avec lui sur des questions de philosophie et de religion, et il se convertit peu de temps après avec toute sa famille. Ce mandarin aurait voulu l'emmener dans sa province qui touchait à la Cochinchine ; mais le P. Trigault était appelé, comme nous venons de le voir, dans une province voisine, et il partit, espérant d'autant plus pour la chrétienté qu'il venait de fonder, que ses commencements avaient

---

(1) Trigault. *Lettre inédite conservée à la bibliothèque de Bourgogne*, n° 4169. — Sotwell. *Bibliotheca S J.* art *Nicolaus Trigault*. — Patrignani. *Menologio...* 14 nov.

été plus difficiles; et en effet le jeune père Rodrigue Figueredo, à qui il confia, en la quittant, la capitale du Honan, y vit se développer les germes d'une moisson abondante; il avait déjà baptisé un très-grand nombre d'idolâtres, lorsqu'en 1641, la ville ayant été surprise par une inondation, il refusa de fuir et périt au milieu des eaux, après avoir confessé et administré une partie de ses néophytes (1).

En sortant de Khaï-foung, le père Trigault arriva sur les rives du *Hoang-ho*, l'un des plus beaux fleuves qui arrosent la terre. Le Hoang-ho, dit le missionnaire, sort des montagnes du Kan-ti-sse, forme le grand lac des Constellations, et promène ses eaux encore belles et pures dans le *Tangut*, dans la province chinoise de *Kan-tseo* et dans le pays des Mongols. Après avoir pris au pied des montagnes sablonneuses des *Aléchas* et des *Ortous* la couleur jaunâtre qui lui a fait donner le nom de Hoang-ho ou fleuve jaune, il rentre dans l'empire et arrose le Chen-si, le Chan-si, le Honan, le Nang-hoeï et se jette dans la mer entre le Chan-Tong et le Kiang-Nan, à cent vingt-cinq lieues du point primitif de son embouchure. Comme dans presque toutes les provinces son niveau est aussi élevé que le sol qu'il arrose, les riverains sont exposés aux inondations les plus désastreuses; en plusieurs contrées, sur un parcours, de deux cents lieues au moins, le lit s'étant peu à peu

---

(1) Trigault. *Lettre inédite conservée au collége des jésuites d'Anvers.* — Bartoli. *Historia Asiatica S. J.* p. 466. — Du Halde. *Empire chinois*, t. I, p. 194.

exhaussé par le dépôt des sables et des pierres que le Hoang-ho entraîne dans son cours, les eaux sont plus hautes que la rive, et il a fallu élever, comme pour le Pô dans les plaines de la Lombardie, des digues immenses qui sont trop souvent impuissantes à contenir la masse énorme et furieuse des vagues du fleuve dans la saison des crues. Le père Trigault nous dit que, pour empêcher ces désastres et faciliter la navigation aux milliers de vaisseaux et de bateaux qui sillonnent le Hoang-ho, l'on a établi dans son lit et sur ses rives un grand nombre d'écluses et de machines en bois qui aident à remonter son cours, ajoutant que chaque année pour curer le chenal l'on dépensait un million ; l'abbé Huc, dans son voyage en Tartarie, assure que les travaux d'endiguement exécutés en 1799 coûtèrent quarante-deux millions de francs (1).

Après avoir franchi ce fleuve sans accident, le père Trigault, toujours sans compagnon de voyage, arriva dans la province de Chen-si, et fit deux-cent septante à deux-cent quatre-vingts kilomètres dans un pays montagneux, sur une route pavée de gros cailloux inégaux, parfois encaissée entre deux montagnes dont les flancs offraient çà et là des terrasses cultivées comme les vignobles des bords du Rhin, et parfois coupée par des fleuves larges et profonds qu'il fallait traverser à gué ou sur une mauvaise barque ; plus d'une fois, dit Sotwell, surtout en traversant de

---

(1) Trigault. *Histoire de l'expédition chrestienne*, p. 282 et 283. — Huc. *Souvenir d'un voyage dans la Tartarie*, t. I, p. 223.

rapides cours d'eau, il fut exposé aux plus grands dangers; mais Dieu le protégea. Au commencement de 1624, il avait établi sa résidence à *Kiang-tcheou*, ville importante de la province de Chan-si. Etienne et Paul, les deux lettrés convertis à Péking qui l'avaient appelé dans cette cité, avaient disposé favorablement les esprits en sa faveur; ce que l'on avait dit de ses connaissances lui valut l'attention des mandarins. En discutant sur l'astronomie et les mathématiques, il parla de la philosophie et de la religion, et bientôt il vit les hommes les plus haut placés de la ville embrasser le christianisme. Au mois d'octobre, il admit au nombre des catéchumènes deux mandarins nés du sang royal, dont l'un était le chef suprême d'une branche qui comptait plus de mille personnes, et dont l'autre, le premier mandarin de la cité, aspirait à arriver au premier degré du doctorat dans les tribunaux de Péking. Leur conversion détermina celle d'un grand nombre d'autres personnes influentes. Attaqué de nouveau par une maladie qui ne le quitta point durant cinq mois, le père Trigault trouva néanmoins, de temps en temps, dans son zèle, des forces pour s'occuper de ses travaux apostoliques. Une lettre du 20 octobre 1624, qu'il écrivit à cette pieuse famille des ducs de Bavière qui s'était intéressé d'une manière si particulière, à la mission de la Chine, nous fait connaître que, non content du ministère qu'il exerçait, il travaillait, durant ses nuits, ses voyages et ses loisirs forcés, à écrire l'histoire de la Chine et à recueillir des produits du sol qu'il envoyait en Europe. A cette date, appelé par des mandarins dans une nouvelle province, il attendait, pour se mettre en route, un autre missionnaire. Le père Vagnoni, ne tarda pas à arriver, et il lui laissa cette chrétienté, qui devait produire aussi les fruits de bénédiction les plus beaux et les plus abondants. Dans l'espace de deux ans, plus de cent personnes reçurent le baptême (1).

Ouvrant encore au christianisme de nouvelles contrées, le père Trigault partit pour la province du *Chan-si*, où l'appelaient deux docteurs, déjà convertis, Philippe Yang et Paul Kiang. Mais ce voyage, qu'il faisait avec un mandarin d'un grade très-élevé, et le fils du gouverneur de la province voisine, était bien différent des courses qu'il avait faites jusqu'alors à travers l'empire chinois. On ne saurait croire en Europe, dit le père Trigault, quel est le luxe déployé par les mandarins dans leurs voyages. En tête du cortége qui accompagnait le docteur Philippe marchait un officier avec plusieurs cavaliers armés de fusils et de lances; venaient ensuite un grand nombre de porteurs accompagnant les bêtes de somme ou chargés des provisions et des bagages; plus loin, dans des litières fermées de rideaux en soie rouge et protégées contre le soleil par de grands parasols, était la famille du dignitaire, entourée de soldats armés ou portant des drapeaux et de musiciens jouant souvent

---

(1) Trigault. *Lettre inédite du 20 oct. 1624, conservée à la bibliothèque de Bourgogne, n° 4179.* — Bartoli. *Historia Asiatica S. J.* p. 480 et 481. — Trigault. *Lettre inédite adressée au R. P. de Montmorency, conservée au collège des jésuites d'Anvers.*

la flûte ou le tambour; et derrière, après plusieurs magnifiques chevaux de selle conduits à la main, l'on voyait enfin le mandarin lui-même dans un riche palanquin à six porteurs. Des amis et des courtisans, des soldats et des serviteurs marchaient en grand nombre derrière lui. En tout, le cortége comptait au moins deux cents personnes. Un courrier, parti dix jours avant le mandarin, avait suivi la route, portant écrit en grandes lettres sur une tablette de bois *(Pai)* le nom et la dignité de l'illustre voyageur. Tous ceux qui rencontraient le cortége s'arrêtaient, descendaient de cheval ou de litière, se découvraient respectueusement et inclinaient la tête avec une expression d'humilité, et, autant que possible, de joie, de bonheur. Des coups de bambou, libéralement distribués par les soldats à ceux qui ne remplissent pas exactement ces devoirs, rendent les Chinois très-exacts à se conformer aux exigences des rites. Toutes les trois ou quatre lieues les voyageurs trouvaient des *Koung-Kouan*, vastes hôtels construits pour les mandarins, où sont préparées des provisions, où l'on change de porteurs et de bêtes de somme; et sur les bords des fleuves que l'on devait traverser, avaient été disposées des barques, peintes des couleurs les plus brillantes, affectant la forme de châteaux, de maisons ou d'oiseaux, offrant un grand nombre d'appartements séparés et décorés des lambris les plus riches, éclairées par des fenêtres que fermaient des écaillles très-légères ou des étoffes de gaze enduites d'un vernis très-clair. « J'ai navigué, dit le père Trigault, sur toutes les mers et sur tous les grands fleuves de l'Europe, et nulle part je n'ai trouvé des embarcations aussi douces et aussi commodes. Pour honorer le haut dignitaire, qui venait prendre possession de son gouvernement, les habitants des villes que l'on traversait jonchaient les rues de feuillage et de fleurs, revêtaient leurs maisons d'étoffes et de tapis, et faisaient fumer l'encens dans les rues et sur les places publiques (1). » Le missionnaire se dérobait, autant que possible, aux marques d'attention que voulaient lui donner les mandarins qui le conduisaient; il marchait à l'écart dans une litière modeste, se livrant sans doute ordinairement à ces travaux littéraires qui absorbaient tous les instants que ne demandait pas son ministère apostolique, prenant souvent plaisir à étudier les habitudes et les mœurs de ces peuples qu'il faisait connaître à l'Europe, et notant ce qu'il trouvait de curieux dans les provinces qu'il traversait. C'est dans ce voyage qu'il vit certains cantons où des nuées de sauterelles venaient de tout dévorer, herbes, fleurs et feuilles, malgré la guerre acharnée que les habitants avaient faite à ces insectes, que les vents leur amènent parfois; c'est alors aussi qu'il entendit parler des mines de charbon de terre : « Il y a, dit-il, une sorte de bétume, tel que celui qu'on tire au Pays-Bas, principalement en l'évesché de Liége (ils l'appellent *Mui*) qui est fort commodément employé à

---

(1) Trigault. *Rerum memorabilium in regno Sinarum gestarum litteræ annuæ.* Anvers, 1625, p. 117 à 122. — Martini. *Atlas de géographie Blaviane.* Chine, p. 10. — Huc *Empire chinois*, t. I, p. 178.

tous telz usages, et dont la fumée n'est nullement
fascheuse ; toutefois il est en plus grande abondance
et meilleur en ces provinces septentrionales, la nature
aydant à la nécessité. Il se retire des entrailles de
la terre, qui espandus d'une longue traicte en four-
nissent continuellement, et par la modération du
prix en monstrent l'abondance, et distribuent au plus
pauvre de quoy brusler tant en la cuisine qu'au
poisle (1). » Essayant de tromper, par ces études et
ces observations, la longueur du voyage, sans cesse
retardé par les fêtes que les habitants de la province
de Chan-si offraient partout aux mandarins, le père
Trigault arriva enfin à Si-ngan-fou vers la fin de
l'année 1624.

(1) Trigault *Histoire de l'expédition chrestienne*, p. 12.

CHAPITRE HUITIÈME.

La pierre de Si-ngan-fou. — Ecrits du P. Trigault. — La question des rites. — Mort du P. Trigault.

Si-ngan-fou, capitale de la province de Chan-si, est une grande ville dont les murailles, garnies de tours, forment un carré de quatre lieues de circonférence. Ses onze grandes pagodes, ses nombreux palais, ses deux tours à neuf étages revêtues de marbre, ses quatre ponts en pierre aux arches nombreuses, son immense lac dont les eaux entourent sept châteaux, d'où l'Empereur et sa cour se donnent parfois le plaisir de voir des combats navals, offrent le coup d'œil le plus beau, surtout des bords de l'Ouéi-ho, fleuve sur les bords duquel cette cité s'élève en amphithéâtre. Centre du commerce de la Chine avec les tribus tartares, boulevard de tout l'empire contre leurs invasions toujours redoutées, Si-ngan montre dans ses rues et sur ses places une foule de marchands venus de contrées assez lointaines, et de nombreux soldats chargés de défendre les tours et l'enceinte de cette forteresse (1). Il était

(1) Martini. *Atlas de Blaeu*. p. 44.

important d'y fonder une chrétienté. Dès son arrivée dans cette ville, le P. Trigault fut accueilli avec le plus grand empressement par Paul Ciam, le fils du gouverneur de la province, qui le fit résider en son propre palais, dans la crainte que des mandarins inférieurs ne le poursuivissent comme étranger. C'était une nouvelle chrétienté à fonder; mêmes travaux, mêmes fatigues, mêmes prédications que dans le Honan, et le Chen-si. Les lettres que le père Trigault écrivit alors en Europe, et particulièrement au grand duc de Toscane, Côme de Médicis, ne nous sont pas connues; mais une lettre datée de septembre 1627, et adressée au R. P. de Montmorency, provincial des Pays-Bas, nous apprend qu'il fonda une résidence importante dans Si-ngan-fou; que, sans recevoir aucun secours de la compagnie, il acheta une habitation très-vaste et très-belle, et qu'un docteur nouvellement converti, après l'avoir aidé de sa fortune pour cette acquisition, se préparait à lui fournir de quoi élever une église magnifique. En effet, un an plus tard, le P. Alvarez Semedo, et le P. Adam Schall qui étaient venus aider le fondateur de cette nouvelle chrétienté, y construisirent un monument qui fit l'admiration des Chinois et des Tartares.

Quand ces deux coopérateurs furent arrivés à Si-ngan-fou, le P. Trigault se disposa de nouveau à pénétrer en des contrées inconnues. Mais le vice-provincial, qui avait trouvé, dans ses visites, un grand nombre d'ouvrages en chinois, écrits, traduits, imprimés par lui, crut qu'un écrivain si remarquable ne devait s'occuper qu'à composer et à éditer des livres pour la mission ou pour l'Europe; et il lui ordonna de quitter les provinces du nord-ouest, afin de revenir, vers le centre de l'empire, se livrer à ces travaux littéraires auxquels on l'avait spécialement destiné en 1612 et en 1622. Le missionnaire en souffrit. Il y avait de vastes contrées à ouvrir à la foi, des millions d'âmes à convertir par la prédication, et il lui fallait, dans le calme d'une résidence, étudier et écrire. Mais il n'osa, il ne voulut pas, comme il le dit lui-même, opposer une trop grande résistance aux ordres de ses supérieurs; et quittant le champ à peine défriché et les vastes déserts encore inféconds qu'il arrosait de ses sueurs depuis trois à quatre ans, il revint dans les provinces orientales de la Chine. Un voyage de cinquante jours, dans lequel la jonque qui le portait chavira sur le Hoang-ho et faillit le faire périr, le conduisit dans la province de *Tché-Kiang*, en cette résidence de Han-tcheou qu'il avait jadis fondée, où il avait prêché pour la première fois en Chine et où il devait quelque temps plus tard trouver son tombeau. La lettre au P. de Montmorency nous apprend qu'il s'y consacrait presque tout entier à des travaux littéraires; et nous parlerons maintenant des écrits du P. Trigault et de plusieurs questions curieuses ou importantes qui s'y rattachent (1).

Vers le commencement de l'année 1625, des ouvriers, qui creusaient les fondations d'une maison en dehors des murs de Si-ngan-fou, trouvèrent dans le sol une grande pierre monumentale, semblable à

---

(1) Lettre au R. P. de Montmorency.

celles que les Chinois ont coutumé d'élever pour perpétuer le souvenir des événements remarquables. C'était une table de marbre, de couleur foncée, haute de dix pieds et large de cinq ; à la partie supérieure se trouvait gravée une croix dont les extrémités étaient contournées en une sorte de fleur de lys, et sous laquelle étaient tracés un grand nombre de lettres chinoises d'une forme inusitée, tandis que l'épaisseur du marbre portait des caractères syriaques. Le gouverneur de Si-ngan-fou fit placer cette pierre dans une pagode voisine de l'endroit où elle avait été trouvée et plusieurs lettrés s'occupèrent de déchiffrer l'antique inscription qu'elle portait. Avec le goût que nous lui connaissons pour l'étude, avec cette ardeur qu'il avait pour les travaux d'histoire et de littérature, le père Trigault chercha de son côté à lire ces caractères à demi effacés par le temps ; et il parvint à les comprendre presque complètement, et même à lire les caractères syriaques tracés sur les bords de la pierre ; les deux docteurs chrétiens Paul Ly et Léon Lig-Osun, à qui il en envoya une copie, complétèrent l'interprétation de l'inscription chinoise ; et, plus tard, Alvarez Semedo fit revoir l'inscription syriaque par un savant missionnaire des côtes du Malabar ; le célèbre Athanase Kircher et plusieurs autres orientalistes distingués ont donné, d'une manière tout à fait certaine le sens de ces curieuses inscriptions (1).

(1) Alvarez Semedo. *Op. cit.* p. 218 à 221. — Pierre Damiens. *Tableau raccourci du premier siècle...* p. 166 — Athanase

Il y est dit qu'en 635, sous le règne de *Chen-Kuon-Kien-Sû*, le prêtre *O-lo-pen*, se guidant d'après les nuées et les vents, vint du *Ta-tsin* (Judée) jusque dans la Chine à Si-ngan-fou, apportant les évangiles et la doctrine de la lumière, et qu'il alla à Péking où, reçu par l'empereur, il éleva une église. L'on y trouve ensuite un exposé de la doctrine chrétienne telle que la professaient les Nestoriens de la Syrie, et aussi la liste des empereurs qui ont protégé le christianisme depuis 635 jusqu'en 782 (1092 selon les Grecs), époque de l'érection de cette pierre (1).

Voltaire a contesté la vérité de ces faits, et a fait peser sur la mémoire du père Trigault, le seul jésuite qui fût alors à Si-ngan-fou, l'accusation d'avoir inventé l'inscription et de l'avoir envoyée aux savants de la Chine et de l'Europe. « Il est évident, dit-il dans l'*Essai sur les mœurs*, que l'inscription même est une de ces fraudes pieuses qu'on s'est toujours très-aisément permises : le sage Navarette en convient. Ce pays de *Tacin*, cette ère des Séleucides, ce nom d'Olopuen qui est, dit-on, chinois et qui ressemble à un ancien nom espagnol, ces nuées bleues qui servent de guides, cette église chrétienne bâtie tout d'un coup à Pékin par un prêtre de la Palestine qui ne pouvait mettre le pied à la Chine sans encourir la peine de mort, tout cela fait voir le ridicule de la supposition. Ceux qui s'efforcent de la soutenir ne

---

Kircher. *La Chine illustrée.* p. 16 à 62. — Emmanuel Diaz. *Lettre du 23 Août 1625.* (Kircher. p. 57.)

(1) Le P. Athanase Kircher. *Chine illustrée.* 28 à 37, 58 à 62.

font pas réflexion que les prêtres, dont on trouve les noms dans ce prétendu monument, étaient des nestoriens, et qu'ainsi ils ne combattent que pour des hérétiques. »

Nous vengerons le père Trigault des attaques de Voltaire, en empruntant à M. Abel de Rémusat l'une des nombreuses pages qu'il a consacrées à cette question si curieuse pour l'histoire de la Chine et du christianisme. « Quand cette supposition, dit le savant sinologue, eût été praticable au milieu d'une nation défiante et soupçonneuse, dans un pays où les particuliers et les magistrats sont également mal disposés pour les étrangers et surtout pour les missionnaires, où tout le monde a l'œil ouvert sur leurs moindres démarches, où l'autorité veille avec un soin extrême à tout ce qui tient aux traditions historiques et aux monuments de l'antiquité, il serait encore bien difficile d'expliquer comment les missionnaires auraient été assez hardis pour faire imprimer et publier dans la Chine une inscription qui n'a jamais existé; comment ils auraient pu imiter le style chinois, contrefaire la manière des écrivains de la dynastie des *Thang*, rappeler des usages peu connus, des circonstances locales, des dates conçues dans les figures mystérieuses de l'astrologie chinoise, et le tout sans se démentir un seul instant et de manière à en imposer aux plus habiles lettrés.... Mais ce n'est pas tout; les bords de l'inscription sont couverts de noms syriens en beaux caractères *stranghélos*. Le faussaire savait donc le syriaque, et il était en état de faire graver sous ses yeux avec exactitude 90 lignes

CHAPITRE HUITIÈME.   193

de l'écriture syrienne qui était en usage autrefois et dont la connaissance est aujourd'hui même peu répandue (1). »

D'après M. Quatremère, il était impossible à un européen, avant le siècle dernier, d'inventer une série aussi longue de noms et de titres appartenant à une nation de l'Asie occidentale ; c'est seulement depuis les Assemani et la publication des manuscrits du Vatican, que l'on a pu apprécier l'influence du nestorianisme, et que l'on a connu les noms de ses évêques, entre autres celui du prêtre persan *Yezdbarzed*, qui se trouve dans l'inscription (2). Et d'ailleurs, comment comprendre que les jésuites, dans un monument supposé par eux pour faire croire à l'existence du christianisme en Chine dès le VIIe siècle, auraient émis des doctrines hérétiques et auraient fait arriver dans cette contrée un évêque nestorien ? A ces preuves si évidentes nous nous contenterons d'ajouter quelques mots. Plusieurs ouvrages chinois mentionnent la pierre de Si-ngan-fou, notamment la grande géographie impériale, au livre CXXXIX[e], fol. 23, et un recueil d'inscriptions qui se trouve à la bibliothèque impériale de France, (n° 574). Ce dernier ouvrage parle du prêtre O-lo-pen qu'il nomme *O-lo-sse* ; et il en est de même d'un livre chinois écrit en 1060 et d'un décret publié par un empereur en 745 (3). Les jésuites, et surtout le père

---

(1) Abel de Rémusat. *Mélanges asiatiques*, t. II, p. 35.
(2) Revue de Louvain. Nov. 1810.
(3) Huc. *Le christianisme en Chine*, t. I, p. 48 et suiv.

Trigault, sont donc vengés de l'accusation que Voltaire avait portée contre eux ; il est donc à peu près certain que le christianisme a pénétré dans la Chine dès le VIIe siècle après Jésus-Christ, et qu'il y a été pratiqué pendant plusieurs siècles.

La part que le missionnaire de Douai prit à la traduction et à la publication de l'inscription de Si-ngan-fou, est loin d'être l'un des travaux littéraires les plus importants qu'il exécuta dans les dernières années de sa vie. Ses jours, depuis son retour en Chine, sembleraient avoir été assez remplis par ses fonctions de procureur de la mission, par ses courses, ses voyages dans les provinces de Kiang-si, de Canton et de Nan-King, par ses prédications dans trois régions inconnues où il fit pénétrer l'évangile, par ses instructions aux païens, aux catéchumènes et aux fidèles, par ses conférences et ses discussions avec les mandarins, par les longues maladies qui, à diverses reprises, le retinrent plusieurs mois sur une couche de douleur ; et pourtant, durant ces six années, il composa, imprima et publia plusieurs ouvrages, qui demanderaient toute la vie d'un écrivain travaillant en paix dans son cabinet d'études, à portée de nos bibliothèques les plus riches.

Les voyages et les prédications du P. Trigault dans toutes les provinces de l'empire, les traductions fréquentes qu'il avait faites d'ouvrages chinois en latin et d'ouvrages latins en chinois, sa facilité prodigieuse et ses études opiniâtres que la maladie elle-même ne pouvait interrompre, l'immense désir qu'il avait du salut des âmes, tout cela l'avait mis à même de lire, de parler et d'écrire la langue des mandarins comme la langue commune. Les Chinois disaient que parmi les prêtres européens nul ne s'exprimait plus facilement, et l'historien des missions nous apprend que l'on trouvait en son style cette élégance et cette harmonie qu'affectaient les lettrés du dix-septième siècle, ces atticistes de l'extrême orient. Le témoignage de l'érudit Athanase Kircher est bien formel : « Le P. Nicolas Trigault, dit-il dans la Chine illustrée, natif de Douai en Flandres, a esté très-estimé de tous les chrestiens de la Chine à cause qu'il estoit plus sçavant dans cette langue et qu'il la parloit mieux que les autres, ensuite d'un grand travail et d'une grande peine qu'il avoit pris pour s'y rendre habille (1). »

En Asie, comme en Europe, le savant jésuite douaisien voulut faire servir ses connaissances aux progrès de la science et à la gloire de Dieu. Pour les Chinois le calendrier est un ouvrage important ; chez ce peuple, esclave de la coutume, forcé d'accomplir les rites au jour et à l'heure fixés, la composition du livre qui annonce les jours fastes et néfastes, les diverses saisons, le cours du soleil et de la lune, n'est confiée qu'aux docteurs les plus savants ; quand il est imprimé, l'empereur l'envoie dans toutes les provinces pour servir de modèle à tous ceux qui seront publiés ; il en distribue à ses courtisans et aux grands dignitaires de l'empire de magnifiques exem-

---

(1) Athanase Kircher. *La Chine illustrée*, p. 160. — Bartoli. *Historia Asiatica S. J.* p. 548. — Cordara. *Historia S. J.* p. VI p. 239.

plaires renfermés dans des étuis d'ivoire et de soie. C'est par la richesse de ces présents que l'on juge de la faveur dont on jouit auprès du *Fils du Ciel*. Il fallait, pour les chrétiens indigènes, un calendrier des fêtes et des jeûnes de l'Eglise, qui concordât à la fois avec la division de l'année en Europe et en Chine, avec le système astronomique du monde chrétien et les erreurs astrologiques des disciples de Confusius.

Le père Ricci et d'autres jésuites avaient entrepris, sans pouvoir l'achever, ce travail qui présentait les plus grandes difficultés, qui demandait des connaissances très-étendues en des matières généralement peu étudiées et un travail très-long, très-minutieux. Le père Trigault s'en occupa, y mit la dernière main et le publia d'abord en chinois, puis en latin, et même, nous ne savons pour quel motif, en syriaque. Les chrétiens indigènes accueillirent avec la plus grande satisfaction ce livre qui devint d'un usage journalier dans toutes les missions de l'empire. Il est mentionné par Alegambe et Sotwel sous le titre suivant : *De computu ecclesiastico per quem Christiani sinenses indagare possunt festa et jejunia Romanæ Ecclesiæ*; le P. Couplet le désigne par le même titre : *De computu ecclesiastico*; Bartoli le fait connaître par ces mots : *Christianum festorum abacum, ex lunaris Sinarum calendarii usu ductum* (1).

Après avoir traduit les Fables d'Esope en chinois

---

(1) Alegambe et Sotwell. *Op. cit.* p. 637 — Kircher *Op. cit.* p. 160. — Bartoli. *Op. cit.* p. 518. — Philippe Couplet. *Cata-*

pour les jeunes gens, que l'on formait à l'étude et aux idées européennes, le père Trigault traduisit et commenta en latin les King, ouvrages classiques et canoniques du premier ordre qui jouissent en Chine de la plus grande autorité. Ces King dont le premier livre est appelé le Livre des variations, le second le Livre des premiers empereurs, le troisième le Recueil des vers, le quatrième le Livre des rites et le cinquième le Livre du printemps et de l'automne, sont dans les mains des jeunes gens qui doivent les apprendre par cœur, comme dans celles des lettrés qui ne cessent de les commenter et d'en recommander la lecture à tous les Chinois. Trigault nous dit que ce livre est pour les mandarins ce que la Bible est pour les chrétiens. Pour connaître à fond la religion, la philosophie, les idées et le style des Chinois, les missionnaires devaient nécessairement étudier avec soin le texte des King. Comme ce texte était très-difficile à comprendre à cause des nombreux archaïsmes qu'il renferme, le père Trigault le traduisit en latin, l'enrichit même de nombreux commentaires, et fut ainsi le premier à faire connaître à l'Europe un ouvrage qui aurait la plus grande valeur comme livre sacré, quand même il ne serait pas remarquable par le mérite incontestable de la pensée et du style (1).

logus P. S. J. qui... in imperio sinarum J. C. fidem propagarunt, è sinico latine redditus... Parisiis. Ex typographia R. J. B. de la Caille, 1686, p. 13.

(1) *Lettres édifiantes et curieuses.* Edit. Aimé Martin. t. IV, p. 136 Nous donnons ce résumé d'après une lettre écrite par un missionnaire à M. d'Aubers, premier président au parlement de Douai.

Le P. Matthieu Ricci avait fait le même travail pour le Tétrabiblion ; le provincial chargea le P. Trigault d'achever cette œuvre et de la corriger des taches qui la déparaient.

De tous les ouvrages du jésuite douaisien, peut-être même de tous les livres publiés par les savants missionnaires qui ont évangélisé la Chine, le plus important est le *Si jou eul mou tseu,* ou le vocabulaire disposé par tons suivant l'ordre des mots européens. Les chrétiens indigènes l'avaient prié de composer un grand ouvrage de linguistique, sorte de dictionnaire grammatical dans lequel seraient marqués tous les rapports qui pouvaient exister entre le chinois et les langues européennes. Le P. Trigault fit pour eux et pour les missionnaires ce vocabulaire grammatical qui offre une méthode nouvelle dans laquelle, à l'aide des accents, il rapprochait les caractères des lettrés de nos voyelles et de nos consonnes ; il avait fallu pour ce travail et l'immense érudition qu'exige toujours le premier dictionnaire, et un esprit assez ingénieux et assez inventif pour trouver des rapports entre des langues essentiellement différentes, et enfin un immense travail matériel puisque l'auteur dut exécuter lui-même ou faire exécuter sous ses yeux toutes les planches, tous les caractères nouveaux qui servirent à l'impression. L'apparition de ce vocabulaire produisit parmi les lettrés, et surtout parmi ceux qui s'étaient occupés de grammaire, un effet qui ressembla à de la stupeur ; ils ne pouvaient revenir de leur étonnement en voyant un étranger corriger ainsi les défauts de leur langue, et ajouter des richesses aux trésors que leur avait légués la sagesse des siècles ; aucun des innombrables ouvrages composés sur ces matières difficiles ne pouvait être comparé à celui du prêtre européen. Un ancien président du tribunal suprême voulut même l'éditer à ses frais ; et il écrivit en tête de ce livre une introduction remarquable dans laquelle il faisait le plus grand éloge du P. Trigault. Les chrétiens répandirent cet ouvrage dans tout l'empire ; et plus d'un mandarin, après avoir admiré la science de l'auteur, se détermina à étudier les doctrines qu'il prêchait. Du reste, aujourd'hui encore, après tant de travaux importants publiés sur la langue chinoise, le vocabulaire du P. Trigault jouit d'une grande autorité. Le savant Klaproth dit dans son catalogue que cet ouvrage n'est pas moins remarquable par la singularité de son exécution typographique que par la manière souvent ingénieuse dont les caractères chinois ont été ramenés à l'ordre des éléments de notre langue. Il a été publié en trois forts volumes in-quarto l'année 1626. C'est sur ce livre que se trouve le nom chinois du P. Trigault, Ki-nni-ko. En 1627, l'auteur préparait une seconde édition, considérablement augmentée de ce vocabulaire (1).

Avec ces travaux de traduction et de linguistique, le missionnaire douaisien menait de front des études historiques et philosophiques. Les faits particuliers à

---

(1) Trigault. *Lettre au R. P. de Montmorency.* — De Backer. *Bibliothèque des écrivains de la Compagnie de Jésus.* t. II. — Klaproth. *Catalogue.* 2ᵉ partie, n° 192.

la mission étaient relatés dans les *Lettres annuelles* que, durant son séjour en Chine, il a presque toujours été chargé d'écrire au général de la Compagnie. De plus, le vice-provincial lui demanda de refondre son *Histoire de l'expédition chrestienne en Chine*, en faisant un volume avec la première partie consacrée à la description de l'empire, et de raconter dans une dernière partie tout ce qui s'était passé depuis la mort du père Ricci.

Comme historien, l'œuvre la plus importante du P. Trigault est celle qui a pour titre : *Les annales de la Chine*. Il nous dit lui-même dans plusieurs de ses lettres qu'il avait lu, étudié et dépouillé une histoire de la Chine en cent vingt volumes, composée d'après les mémoires que les mandarins écrivent après la mort de chaque empereur; et que c'est dans les sources originales qu'il puisait les éléments principaux de son travail. En 1624, il avait retracé tous les faits qui se rattachent à la Chine depuis les origines jusqu'à l'an 560 avant J.-C.; en 1626, il en était arrivé à l'époque de l'ère chrétienne; en 1627 le premier volume in-folio, aussi compact qu'un volume des annales de Baronius, était imprimé, et les trois autres ne devaient pas tarder à être mis sous presse. « L'Europe s'étonnera, nous dit-il lui-même, de trouver une histoire si certaine et si belle au milieu des ténèbres de l'antiquité; les chrétiens eux-mêmes pourront y admirer bien des événements accomplis par des peuples païens. Le premier volume a dû arriver en Europe en 1628, et les autres doivent ne pas tarder. » Nous ne savons pas si cette promesse a été accomplie ; peut-être ce trésor est-il enfoui dans quelque bibliothèque, peut-être a-t-il péri soit au sein des flots, soit dans les révolutions. Si cet immense travail, dont nous pouvons apprécier l'importance par l'abrégé qu'en a donné le P. Martini, existait encore, il serait à désirer qu'on le publiât ; seul il peut combler la lacune la plus considérable qui existe dans l'histoire de l'humanité. Le P. Trigault a écrit d'après des documents authentiques, au moment de l'apogée de l'empire, avant l'invasion de 1644 qui a détruit tant de livres, de monuments et de souvenirs : rien aujourd'hui ne pourrait suppléer à la perte de cet ouvrage (1).

C'est peut-être au jésuite douaisien, et peut-être aussi au P. Didace Pantoja que la chrétienté de la Chine doit l'ouvrage de philosophie morale et religieuse qui a pour titre *Yang-mano* ou *Tsi-ke*, les *sept victoires*, et qui traite des combats à livrer aux sept passions dominantes et des moyens à employer pour en triompher (2). Écrit en chinois, à la manière antique, ce livre est remarquable par la force et la concision du style ; il montre que l'auteur avait étudié à fond non-seulement les ouvrages modernes et la

(1) Trigault. *Lettre au R. P. de Montmorency*. — De Backer. *Bibliothèque des écrivains de la Compagnie de Jésus*. t. II. — Klaproth. *Catalogue*, 2ᵉ partie nº 192.

(2) Dans l'ouvrage qui pour a titre : Le christianisme en Chine (Gaume, 1854, 4 vol. in-8). M. l'abbé Huc ancien missionnaire apostolique en Chine, attribue cet ouvrage au père Triganet. Ce nom est certainement une altération de Trigault ; il n'y a jamais eu en Chine de missionnaire jésuite nommé Triganet ; et d'un

langue parlée, mais même les auteurs anciens, les ouvrages les plus difficiles à lire et à comprendre. Les mandarins chinois regardèrent le *Tsi-ke* comme l'une des œuvres les plus importantes qui eussent été écrites dans leur langue. On sait en effet qu'en 1778, le savant empereur Kien-Long, dans la collection qu'il fit de tous les ouvrages excellents qui avaient été publiés, plaça quatre livres composés par des prêtres européens; le premier était la traduction de l'Imitation de Jésus-Christ, en chinois *King-che-kin-choa* ou le Livre d'or du mépris du monde, le second le *Tien-tchou-che-y* ou la vraie notion de Dieu par le P. Ricci, le quatrième le *Kiao-yao-su-lun* ou l'abrégé des vérités fondamentales de la religion, et le troisième le *Tsi-ke* ou les sept victoires du P. Trigault. C'était un bel hommage accordé par le plus grand des empereurs de la Chine au missionnaire douaisien. D'un autre côté le prince Jean, membre de la famille impériale, dans un écrit où il rend compte de sa conversion, dit que l'une des choses qui ont le plus contribué à faire de lui un chrétien, est la lecture des sept victoires (1). Ce témoignage eût comblé de joie l'auteur de ce livre; avant tout, c'était pour Dieu,

---

autre côté dans les mss. de la bibliothèque de Douai et de la bibliothèque de Bourgogne à Bruxelles, nous avons vu plus d'une fois les dernières lettres du mot Trigault écrit de telle manière qu'il était facile d'y lire *Triganet*. C'est sans doute l'écriture du XVIIe siècle qui aura causé l'erreur que le missionnaire a commise dans son savant et curieux ouvrage.

(1) *Lettres édifiantes*. Edition Aimé Martin. t. IV. p. 216 et 217.

c'était pour la conversion des Chinois qu'il écrivait.

Et ce n'est pas seulement en composant ces ouvrages qu'il était utile à la chrétienté nouvelle, c'était aussi en les imprimant. Il avait fondé à Kiang-tcheou, à Si-ngan, les résidences dont nous avons parlé plus haut, de vastes ateliers et des presses d'où sortaient un grand nombre d'ouvrages imprimés en chinois ou en latin. Un certain nombre de chrétiens et de catéchumènes continuèrent, même après sa mort, à éditer des ouvrages qui se répandaient dans toutes les provinces. En 1661, on trouva encore toutes les planches qui lui avaient servi trente à quarante ans auparavant. De même à Hang-tcheou il s'occupait de tout ce qui était relatif à l'imprimerie (1). On le voit, le père Trigault était de la patrie des Bellère, ces célèbres imprimeurs douaisiens.

Ces immenses travaux littéraires accomplis au milieu de voyages, de fatigues et de prédications de tous les jours avaient déjà presque complètement usé la vie du missionnaire douaisien, quand fut agitée cette trop fameuse question des rites, dont il s'occupa avec une ardeur qui devait lui être fatale. Les Chinois honorent leurs ancêtres d'un culte tout particulier; chaque habitation renferme un oratoire, où l'on voit une grande tablette avec cette inscription : *Trône de l'âme de notre ancêtre N.*, et sur des tables assez petites les noms des autres parents décédés. Plusieurs fois l'année, dans ce sanctuaire, ont lieu

---

(1) Le P. Greslon.

des réunions de famille, présidées par le membre le plus âgé; tous ceux qui y assistent fléchissent le genou, font des libations sur un mannequin de paille, immolent un porc ou une chèvre dont ils élèvent la chair, les poils et le sang vers les tablettes où sont inscrits les noms des ancêtres, à qui ils présentent aussi des fleurs, des fruits, des étoffes, du papier-monnaie, en un mot tout ce qui peut servir aux vivants. La cérémonie se termine par ces paroles que prononce solennellement le président de cette réunion : « A cause des honneurs rendus aux morts, l'on est heureux pendant la vie. » Et les viandes de la victime sont distribuées entre tous pour un repas qui se fait en commun.

Les lettrés honorent, par des cérémonies du même genre, la statue et le nom de Confucius qui se trouvent dans leurs temples ; et le premier mandarin s'écrie après les offrandes : « L'esprit du Maître descend. » Ces cérémonies, qui semblent avoir un caractère religieux, étaient purement civiles et nationales à l'origine, si l'on en croit les mandarins les plus instruits ; ils avouaient pourtant que si elles étaient observées dans cet esprit par la plupart d'entre eux, elles étaient idolâtriques pour les bonzes et les gens du peuple qui y attachaient des idées superstitieuses. Ajoutons qu'aucune loi n'était observée dans la Chine avec plus de soin et d'empressement que celle qui ordonnait l'accomplissement de ces rites; depuis l'empereur jusqu'au dernier batelier, chacun s'y montrait fidèle; manquer à ces devoirs, c'était un sacrilége ; abolir ces cérémonies, c'était rompre avec un passé de quatre mille ans, c'était ébranler les bases sur lesquelles la société était assise (1).

Une autre question avait été soulevée. Les Chinois pour désigner Dieu, l'Esprit qui dirige tout, se servent des mots *Tchien-ti* qui signifie Maître suprême, et *Tchien-tcheou* qui veut dire Maître du ciel. Appliquées dans le principe par les lettrés à l'Etre suprême immatériel et incréé, ces dénominations avaient été adoptées dans la suite par les bonzes et leurs sectateurs qui s'en servaient pour leurs grossières idoles (2). Les chrétiens pouvaient-ils s'en servir? Pouvait-on leur permettre de prendre part aux cérémonies établies en l'honneur des ancêtres et de Confucius? Ces deux questions étaient importantes pour la chrétienté nouvelle; il s'agissait de savoir si depuis plus de trente ans que la religion catholique avait pénétré en Chine, l'on n'avait point toléré des usages qui étaient, en somme, des hommages idolâtriques rendus à l'homme; si les néophytes ne s'étaient point fait une fausse idée du vrai Dieu, à cause de l'emploi de dénominations qui s'appliquaient aux divinités matérielles du paganisme. Dès son arrivée en Chine, le P. Ricci s'était demandé la conduite qu'il devait tenir relativement à ces pratiques. Une étude sérieuse de ces deux questions, la lecture des œuvres de Confucius et de plusieurs autres philosophes, les conversations qu'il avait

---

(1) Trigault. *De l'expédition chrestienne...* p 87 et 88. — Huc. *Histoire du christianisme en Chine.* t III. p. 278 à 283. — Le P. Cahour. *Des jésuites.* 2e part. p. 80.

(2) Cordara. *Histoire des jésuites*, anno 1628, p. 338. — Bartoli. *Historia Asiatica* S. J p. 542.

eues à ce sujet avec les plus savants mandarins, l'avaient amené à croire que l'on pouvait permettre et employer les mots *Tchien-ti* et *Tchien-tcheou* qui, selon lui, avaient été employés dans le sens de divinité spirituelle par les savants les plus illustres de l'empire, et que les honneurs, les sacrifices usités dans les oratoires des ancêtres et de Confucius, institutions primitivement politiques et sociales, pouvaient être tolérés, pourvu que les chrétiens, en y prenant part, n'eussent point d'autre intention que celle de rendre des honneurs purement civils à ceux dont les noms étaient inscrits sur les tablettes du lieu où se passait la cérémonie. A l'exemple de leur supérieur, les autres missionnaires avaient permis ces pratiques aux chrétiens indigènes; aucune réclamation ne s'était élevée.

Il en fut tout autrement après la mort du P. Ricci. Le P. Longobardi, le nouveau supérieur des jésuites de la Chine, s'était souvent demandé s'il n'y avait rien de superstitieux dans les cérémonies des rites et dans l'emploi des mots Tchien-ti et Tchien-tcheou ; se soumettant à la décision de son chef, il avait gardé le silence. Mais quand la direction de la chrétienté nouvelle lui eut été confiée, se voyant responsable de tous les abus qui pouvaient y être tolérés, il crut devoir examiner de nouveau ces graves questions. Ayant appris par le P. Pasio, visiteur-général, que les missionnaires du Japon avaient défendu ces pratiques comme superstitieuses dans les chrétientés qu'ils avaient fondées, il tâcha d'obtenir des jésuites qu'ils agissent de même dans toutes les résidences de la Chine. Pour y arriver plus facilement, il étudia la question à fond, relut Confucius et les philosophes, interrogea les lettrés les plus savants, et composa un ouvrage dans lequel il s'efforçait de démontrer son opinion par la discussion la plus savante (1).

Plusieurs missionnaires qui avaient vu ces pratiques toujours tolérées depuis trente ans au moins, qui les avaient vues autorisée par les apôtres les plus saints et les plus zélés, qui eux-mêmes depuis bien des années ne les avaient jamais interdites à leurs néophytes, répondirent à leur supérieur par des écrits où ils s'appuyaient sur les raisons les plus fortes. A la tête de ces derniers étaient les pères Trigault et Vagnoni. Soutenus par la plupart des missionnaires de la Chine, ils disaient que les pratiques en question n'avaient en elles-mêmes et originairement rien de mauvais ; que les bonzes et le peuple ne les avaient rendues idolâtriques qu'en les altérant ; qu'un certain nombre de lettrés, d'après les assurances de mandarins convertis, les avaient toujours conservées pures de toute superstition ; les chrétiens ne pouvaient-ils pas les observer comme ces mandarins? Les apôtres et les chrétiens de la primitive Eglise n'avaient-ils point toléré et ensuite adopté, sanctifié certaines cérémonies du judaïsme et du paganisme? n'avaient-ils pas emprunté aux grecs et aux latins les mots *Theos* et *Deus* pour désigner le Dieu de l'évangile, qui était bien différent du Jupiter d'Athènes et de Rome?

---

(1) Henrion. *Histoire des missions catholiques*, t. II, p. 234 et 235.

Que si, pour éviter le scandale pharisaïque qu'éprouveraient peut-être les païens en voyant les chrétiens employer ces pratiques et ces expressions, on voulait subitement les détruire au lieu de les laisser s'éteindre, il en résulterait les dommages les plus considérables pour la mission nouvelle ; on ne verrait presque plus d'idolâtres se convertir à la foi ; un certain nombre d'indigènes déjà chrétiens retourneraient à leurs erreurs plutôt que d'abandonner l'usage séculaire dans leurs familles de rendre des honneurs civils à leurs ancêtres et à Confucius ; et le gouvernement ne tarderait pas à persécuter, à chasser ceux qui, par l'abolition de ces cérémonies et la condamnation d'expressions usitées par tous les empereurs, venaient jeter le trouble dans l'état et ébranler par la base les principes sur lesquels reposaient en Chine la société et la famille.

Ces raisons avaient leur force ; et il eût été à désirer peut-être que Longobardi et ceux qui étaient de son opinion se fussent déterminés à s'y rendre. Des missionnaires qui n'appartiennent pas à la société de Jésus, reconnaissent eux-mêmes qu'il n'y avait pas de danger à craindre pour la foi. « Si les jésuites, dit l'abbé Luquet dans ses *Lettres sur les missions étrangères*, fussent restés seuls en Chine ou que les autres missionnaires eussent pu adopter leur pratique à cet égard, il eût été possible de faire perdre aux cérémonies contestées le caractère superstitieux qu'on leur reprochait. Ainsi en tolérant pour un temps un mal purement matériel et alors seulement probable, on aurait ménagé les esprits et fait faire à la religion des progrès rapides (1). » L'abbé Huc pense de même : « Selon nous, la réponse des mandarins qui soutenaient qu'il n'y avait rien d'idolâtrique dans l'emploi des cérémonies et des expressions contestées, équivalait pour bien des esprits à une certitude morale suffisante pour former les consciences, même en matière de foi. Les jésuites, tout en disant que pour beaucoup ces cérémonies étaient superstitieuses, permettaient aux chrétiens d'y prendre part lorsqu'ils y étaient forcés, mais uniquement en rendant des hommages purement civils, comme on l'avait d'abord établi et comme le faisaient les lettrés. Ils regardaient ces sacrifices, ces prostrations, comme des choses dont on retrouve l'usage en Chine (2). »

Un homme de génie, qui s'est fait remarquer par la sage modération de ses appréciations, le protestant Leibnitz est plus explicite encore. « Je sais, dit-il, qu'Antoine Arnauld qu'on peut compter parmi les ornements de ce siècle et qui était au nombre de mes amis, emporté par son zèle a fait aux missionnaires de la Compagnie des reproches que je crois n'avoir pas toujours été sages : il me semble que les honneurs rendus par les Chinois à Confucius et tolérés par les jésuites ne devraient pas être regardés comme une adoration religieuse (3). » Ces citations permettent de croire que le P. Trigault et ceux qui étaient

---

(1) L'abbé Luquet. *Lettres sur les missions étrangères.* p. 179. Paris, Gaume, 1843.

(2) L'abbé Huc. *Le christianisme en Chine.* t. III. p. 283.

(3) Leibnitz. *OEuvres complètes.* t. IV. *Præfatio in novissima sinica.* p. 82.

de son avis dans la question des rites n'ont pas transigé avec les principes, qu'ils n'ont pas donné, comme on l'a dit souvent, une trop grande élasticité aux dogmes inflexibles de l'Eglise catholique, pour les faire adopter par leurs néophytes de la Chine.

Les talents du missionnaire douaisien, l'étude particulière qu'il avait faite des anciens auteurs et particulièrement des philosophes, ses fonctions de procureur-général de la mission, les services qu'il avait rendus, les travaux qu'il avait accomplis dans tant de provinces différentes, tout semblait l'appeler à se mêler à la discussion qui venait de s'élever entre les apôtres de la Chine. Il était convaincu, et les événements devaient prouver, un siècle plus tard, qu'il avait raison, il était convaincu que la condamnation des cérémonies et des expressions contestées serait une cause d'affaiblissement, de ruine et de mort pour ces chrétientés que l'on avait établies au prix de tant de fatigues ; aussi il se crut obligé en conscience de s'occuper de ces questions avec une ardeur que ne pouvaient refroidir ni les années, ni le mauvais état de sa santé, ni ses immenses occupations ; pour réfuter les allégations de Longobardi, il prolongeait jusqu'au milieu des nuits les recherches les plus pénibles et les plus opiniâtres (1).

En 1628, afin de mettre fin à ces discussions et d'établir l'unité dans l'enseignement donné par les missionnaires, le supérieur de la mission convoqua tous les jésuites à se rendre à la résidence de Kiatim,

---

(1) Cordara. *Historia S. J.* t IV. ann. p. 238. ann. 1628.

ville située à l'écart que le gouvernement chinois ne pouvait regarder comme le centre d'une association politique, s'il venait à s'inquiéter de cette réunion de tous les prêtres européens. Le P. Trigault venait de faire un voyage de quatre mois environ, afin d'introduire le visiteur-général de l'ordre dans l'empire et de l'amener de Canton ; il se rendit avec lui, dans le Chen-si, à la ville désignée pour les conférences. De même, la plupart de ses confrères avaient fait plusieurs centaines de lieues pour venir discuter ces questions importantes, en présence du visiteur. Pendant plus d'un mois l'on consacra chaque jour quelques heures à traiter l'affaire des rites et des expressions contestées ; la plus grande charité, mais en même temps la plus grande ardeur, ne cessa de régner entre tous ces religieux d'une même société qui ne voulaient tous qu'une même chose, sauver les Chinois. Le P. Longobardi et les quelques missionnaires qui pensaient comme lui ne purent être amenés à croire que l'emploi de ces cérémonies fût licite ; et le visiteur-général, après avoir entendu le pour et le contre, défendit l'emploi du mot *Tchien-ti* pour désigner la divinité ; on pouvait croire que l'on ne tarderait pas à déclarer entachés de superstition les honneurs rendus aux ancêtres et à Confucius (1).

Ces tendances de la réunion de Kiatim, qui lui paraissaient devoir porter un coup fatal à la chrétienté pour laquelle il avait tant travaillé, attristèrent

---

(1) Trigault. *Lettre au R. P. de Montmorency.* — Cordara. *Historia S. J.* anno 1628.

profondément le père Trigault. Epuisé par les immenses fatigues qu'il ne cessait de supporter depuis tant d'années, par les longs et difficiles voyages qu'il venait de faire et surtout par les études auxquelles il s'était livré afin d'élucider la question des rites, il s'entendait reprocher par ses confrères l'animation excessive qu'il apportait dans les discussions de Kiatim et la douleur profonde dont il donnait publiquement les marques. Son organisation, qui avait toujours été si faible, fut vivement ébranlée par ces violentes secousses, et une fièvre ardente s'empara de lui; durant sa maladie, on l'entendait sans cesse s'occuper des questions qui avaient été agitées à Kiatim, et déplorer le malheur qui allait accabler la mission. Ce délire se calma enfin, mais les forces et la raison ne revinrent que bien lentement; habitant la résidence de Han-tcheou où cette maladie l'avait surpris, il ne pouvait se livrer, que par intervalles, à des travaux sérieux; pourtant, dans les derniers mois de l'année 1628, il parut reprendre sa vigueur; au commencement de novembre il fit imprimer en chinois un volume de son histoire de la mission, et l'on put espérer conserver à la chrétienté nouvelle ce courageux apôtre, qui lui avait rendu tant de services depuis dix-sept ans, et qui, âgé seulement de cinquante-deux ans, pouvait encore lui être si utile; mais c'était une existence brisée avant l'âge par les voyages et les fatigues, par la prédication et les études, par le zèle et la douleur. Le 14 novembre 1628, jour de deuil pour les missions de la Chine, le père Trigault se rendit à la chapelle pour célébrer la sainte messe ; avant de revêtir les ornements sacrés, frappé par une sorte d'avertissement d'en haut, par l'un de ces pressentiments que Dieu donne parfois à ses élus, il appela l'un de ses confrères voulant, disait-il, se confesser sur-le-champ comme s'il était à sa dernière heure ; après avoir reçu le sacrement de pénitence, il monta à l'autel et célébra le saint sacrifice de la messe avec la ferveur la plus vive. Pour faire son action de grâce, il alla s'agenouiller sur un pupitre en bois placé près de l'autel et il y pria longtemps la tête cachée dans les mains. Etonné de ne pas le voir sortir de la chapelle à l'heure accoutumée, l'un de ses confrères alla l'appeler ; aucune réponse ne se fit entendre ; il lui toucha les mains et la tête, la tête et les mains retombèrent pâles et inertes ; le P. Trigault avait rendu son âme au Seigneur au moment où il venait de se confesser et de célébrer la sainte messe ; prêtre et missionnaire il s'était éteint doucement au milieu de ses néophytes, et près de l'autel de son Dieu. Le Maître suprême lui avait donné ce bonheur sur la terre avant de lui accorder la récompense éternelle dans les cieux (1).

La chrétienté de Han-cheou avait été fondée par lui ; durant sa vie il y avait souvent reçu asile, mort il y trouva la sépulture. Son corps fut enterré dans le cimetière de Fancing, situé à l'est de la ville, auprès des tombes de plusieurs de ses confrères. Quelques semaines plus tard, le P. Pierre de Spira,

---

(1) Pierre Damiens. *Tableau raccourci du premier siècle de la société de Jésus.* Cordara. *Historia S. J.* anno 1628.

autre jésuite douaisien, était assassiné, dans une jonque, par les bateliers chinois qui le conduisaient à travers la province de Nan-King. L'année suivante, le P. Michel Trigault, neveu de notre missionnaire, pénétrait dans l'empire : on lui donna le nom chinois qu'avait porté son oncle ; et dans les provinces qu'il évangélisa durant un apostolat de trente-deux ans terminé par le martyre, il retrouva et renouvela le souvenir glorieux de l'auteur du *Vocabulaire chinois* et de tant d'autres ouvrages importants. Cependant les écrits et les actions des pères Adam Schall et Verbiest, et plus encore des jésuites français d'Entrecolles, Parennin, Amiot, éclipsèrent et firent oublier la mémoire du P. Trigault. L'importante collection des *Lettres édifiantes* ne commence qu'après 1628, date de sa mort. Son nom se perdit peu à peu, et finit par être presque complètement inconnu à l'Europe. C'est à peine si, au dix-septième siècle, on lui avait consacré quelques lignes, que s'étaient contentés de copier tous ceux qui, jusqu'aujourd'hui, avaient parlé de lui.

Ces pages ont été écrites pour réparer cet injuste oubli. Puissent-elles contribuer un peu à faire connaître, tel qu'il s'est révélé à nous dans ses écrits et dans sa vie, le père Nicolas Trigault, l'une des gloires de la ville de Douai et l'un des ornements de la Compagnie de Jésus, cet homme fécond en ressources qui sut vaincre tant d'obstacles et de dangers, ce voyageur qui a parcouru et décrit des contrées si lointaines et si vastes, ce savant qui a fait connaître la Chine à l'Europe et l'Europe à la Chine, cet écrivain habile qui a écrit en français, en latin, en chinois, un grand nombre d'ouvrages admirés par les lettrés les plus célèbres de Péking, et peut-être trop négligés aujourd'hui par nos sinologues, cet apôtre zélé qui a révélé notre société et l'évangile aux disciples de l'antique Confucius et aux sectateurs de Fô et de Bouddha ! Puissent ces pages faire mieux comprendre à quelques-uns de ceux qui les liront, tout ce qu'il y a de dévouement et de grandeur dans le missionnaire catholique, qui, se rappelant la parole du Maître : *Euntes docete, allez et enseignez,* s'arrache à son pays et à sa famille, traverse les mers, vit de la vie du sauvage en des contrées barbares, et ainsi ouvre la voie au commerce, prépare l'influence politique de sa patrie, étend les bornes des connaissances humaines, répand la civilisation au sein de populations qui l'ignoraient encore, et fait luire la lumière de la vérité à ceux qui étaient assis dans les ténèbres et dans l'ombre de la mort (1) !

(1) Illuminare his qui in tenebris et in umbrâ mortis sedent.

FIN.

Ego Nicolaus Trigault Duacensis natus aº 1577 3º martij, Ex matrimonio legitimo; patre Ioanne Trigault mercatore Duaceno, matre Maria le riche, utroq; adhuc superstite. Studui in Scholis Societatis Jesu duaci in infima classe uno anno, in 2ª similiter, in Syntaxi duobus annis, in humanitate uno, in Rhetorica duobus, Phia duobus. Ibidem artium licentiatus fui factus in fine Septembris 1594. Admissus in Societatem Jesu a R.P. Georgio Duras pºposito provinciali in Belgis, veni Duaco ad domum Probationis Tornacensem 9º Novembris 1594. Et examinatus fui a R.P. Ioe Bourgio iuxta gralẽ Scdm eiusdem Societatis, diplomata apostolica instituti et constitutionis eiusdem confirmatoria, Gregorij 13, et 14 constitutiones et regulas eiusdem Societatis pªlegi–

APPENDICE[*].

I

Note écrite par le P. Trigault, extraite de l'*Album novitiorum Domûs probationis Tornacensis*, reposant aujourd'hui dans la bibliothèque de Bourgogne, à Bruxelles.

Ego Nicolaus Trigault Duacensis natus anno 1577, 3° martii, ex matrimonio legitimo, patre Joanne Trigault mercatore pellium, matre Maria Leriche, utroque adhuc superstite. Studii in scholis societatis Jesu Duaci in infima classe uno anno, in secunda similiter, in syntaxi duobus annis, in humanitate uno, in rhetorica duobus, in philosophia duobus. Ibidem artium licentiatus factus feci in fine septembris 1594, Admissus in societatem Jesu a R. P. Georgio Duras, præposito provinciali in Belgio, veni Duaco ad domum probationis Tornacensis, nono novembris 1594. et examinatus fui a R. P. Joanne Bargio juxta generale. Examen ejusdem societatis diplomata apostolica

(*) Nous avons cru devoir compléter cette *Vie du P. Trigault*, en publiant des lettres inédites et quelques pièces curieuses qui sont peu connues.

instituti, duas constitutiones ejusdem confirmatorias Gregorii 13 et 14 constitutiones, et regulas ejusdem societatis perlegi. Habeo propositum vivendi et moriendi in societate Jesu; et omnia tam quæ in examine quam quæ in aliis præposita sunt observare desidero ac propono, nominatim quod ab obedientiam et promptitudinem ac ad serviendum Deo ubique et in quavis re, item quæ et ad quemvis gradum societatis et ad reddendam rationem conscientiæ, manifestationem defectuum pertinent. Contentus que sum ut res omnes quæ cumque in me notatæ fuerunt ac observatæ, per quemvis, qui extra confessionem eas acceperit, superioribus manifestentur. Paratusque sum ad correctionem aliorum juvare, aliosque manifestare secumdum voluntatem et præscriptum superioris, ad majorem Dei gloriam. Necnon ad omnia officia societatis, quæ a superiore injungentur, me indifferenter offero. Promitto autem omnia bona me relicturum post elapsum a meo ingressu annum, quandocumque id a superiore injungetur. In quorum fidem hæc meâ manu scripsi et subsignavi. Actum Tornaci, in domo probationis societatis Jesu, 22° novembris, anno 1594. Ita est, Nicolaus Trigault.

On lit sur la marge :

Ego Nicolaus Trigault examinatus fui a R. P. Joanne Bargio, juxta examen semestre novitiorum, 18 julii 1595. Experimenta hæc feci : Exercitia spiritualia; secundum et tertium (1) fuêre commutata in

---

(1) Ces exercices, le second et le troisième, consistent à servir

officia humilia (1) quæ exercui in collegio Duacensi, a quinta octobris usquè ad 22ᵐ novembris 1595; quartum complexi *ex professo* (2) in domo probationis serviendo coquo hebdomadibus *(blanc)*, juvando præfectum refectorii hebdomadibus sex, sacristanum hebdomadibus 11, et alia humilitates officia subeundo... quintum feci docendo pueros christianæ fidei capita sine explicatione, in schola catechistica Tornacensi, diebus dominicis et feriis sextis a 15 jan. usque ad 1ᵐᵉ octobris anno 1595, et rursum a 25 novembris 1595.

Ego Nicolaus Trigault cum facultate R. P. Georgii Duras provincialis emisi vota privata juxtà formulam celebrante R. P. Joanne Bargio in sacello domestico domus probationis Tornacensis societatis Jesu die 27° decembris, anno 1595.

Rursùm juxta examen semestre examinatus fui a P. Michaele Viron, 29 maii anno 1596.

Et plus bas, d'une autre main :

Missus est (Nicolaus Trigault) ad Insulas, 12 novembris 1596, ad studia humanitatis.

« Moi, Nicolas Trigault, de Douai, né le 3 mars 1577 de Jean Trigault, mégissier, et de Marie Leriche, mariés légitimement, tous deux encore vivants, j'ai

pendant un mois dans les hôpitaux et à faire un pèlerinage en mendiant, durant le même espace de temps.

(1) Ce service consiste à aider le cuisinier, à balayer la maison, etc.

(2) Durant un mois, le novice est chargé *ex professo* de servir le cuisinier.

étudié dans le collége de la Compagnie de Jésus à Douai, un an dans la classe inférieure, un an de même dans la seconde classe inférieure, deux ans en syntaxe, un an en humanités, deux en rhétorique et deux en philosophie. J'y ai été admis au grade de maître-ès-arts à la fin de septembre 1594. Reçu dans la Compagnie de Jésus par le R. P. George Duras, provincial de la Belgique, je me suis rendu de Douai au noviciat de Tournai le 9 novembre 1594 ; et j'ai été examiné par le R. P. Jean Bargius sur l'*Examen général* de la Compagnie, les diplômes apostoliques de l'Institut, les deux constitutions confirmatives de Grégoire XIII et de Grégoire XIV et j'ai relu les règles de la même Compagnie.

» J'ai la volonté de vivre et de mourir dans la Compagnie de Jésus, et je désire et je veux mettre en pratique tout ce qui est ordonné dans l'Examen général et dans la règle, surtout pour tout ce qui se rapporte à l'obéissance, à la soumission la plus complète, et au service de Dieu en tout lieu et en toute chose, et de même pour tout ce qui regarde la Compagnie, pour faire connaître l'état de ma conscience et pour manifester mes défauts. Je consens à ce que tout ce que l'on remarque et l'on observe en moi, soit déclaré à mes supérieurs par tous ceux qui pourront l'avoir appris en dehors de la confession. Je promets de rendre aux autres le même service de correction fraternelle, et de les faire connaître sur la demande et l'ordre de mes supérieurs, le tout à la plus grande gloire de Dieu. J'accepterai, avec la plus grande indifférence, toutes les fonctions qui me seront imposées par mes supérieurs. Je m'engage à laisser tous mes biens à la Compagnie, une année après y être entré, lorsque mes supérieurs l'exigeront. En foi de quoi j'ai écrit ceci de ma main et j'ai signé. Fait à Tournai, dans le noviciat de la Compagnie de Jésus, le 22 novembre 1594.

« NICOLAS TRIGAULT. »

On lit sur la marge :

« Moi, Nicolas Trigault, j'ai été examiné par le R. P. Jean Bargius, après six mois de noviciat, comme le veut la règle, le 18 juillet 1595. J'ai subi les épreuves : la première a été la retraite générale; la seconde et la troisième ont été changées en des fonctions de domesticité, que l'on m'a fait remplir au collège de Douai du 5 octobre au 22 novembre 1595; j'ai accompli la quatrième *ex-professo* dans le noviciat en servant d'aide au cuisinier durant.... semaines, au préfet du réfectoire durant six semaines, au sacristain durant quinze jours, et faisant d'autres services du même genre. Pour la cinquième épreuve, j'ai enseigné les principes de la foi, sans donner d'explications, aux enfants des classes de catéchisme de Tournai, les dimanches et les vendredis, depuis le 15 janvier jusqu'au 1er octobre 1595; et plus tard à dater du 28 novembre de la même année.

» Moi, Nicolas Trigault, avec l'autorisation du R. P. Georges Duras provincial, j'ai fait des vœux particuliers d'après la formule usitée, durant une messe célébrée par le R. P. Jean Bargius dans la chapelle du noviciat de Tournai le 27 décembre 1595.

» J'ai subi de nouveau un examen semi-annuel, devant le P. Michel Viron, le 29 mai 1596. »

Et plus bas, d'une autre main :

« Le P. Nicolas Trigault fut envoyé à Lille pour étudier les humanités le 12 novembre 1596. »

II

Ces vers latins adressés par le P. Trigault au P. Gaspard Barzée se trouvent, ainsi que la traduction en vers français, en tête d'un exemplaire de la vie du P. Gaspard Barzée, conservé aujourd'hui dans la bibliothèque publique de Cambrai.

I, Gaspar, patrios revise Belgas
 Eoo rediens ab orbe dives,
 Dives his opibus negociator
 Quos Jesu socii petient ab Indis.

I, Gaspar, patrios revise Belgas
 Sed tui memor usque Belga Belgæ,
 Audax qui nimium negociator
 Indas ambit opes tuo favore.

I, Gaspar, patrios revise Belgas
 Quos desiderüim tui fatigat,
 Ex me, ni grave sit, fac ut sulates
 Ac dicas : redeo rogante Belgâ.

I, Gaspar, patrios revise Belgas
    Sed quo consilio scies ut illuc
    Gratus veneris atque plurimorum
    Vota exceperis, Indiam rogantûm.

I, Gaspar, patrios revise Belgas
    Votis Xaverii tuis tuorum
    Satisfeceris, Indicæ daturus
    Cultores segeti atque Lusitanis.

I, Gaspar, patrios revise Belgas
    Si cui non satis est in hoc libello
    Pictum tam male Gasparem videre
    Indiam petat, attamen rogatus
Sic, Gaspar, patrios revise Belgas.

Traduction en vers français par D. F. de Ricquebourg-Trigault, neveu du missionnaire.

Gaspar, allez revoir vostre chère patrie,
    Revenant riche d'Orient,
    Négociateur opulent,
    Des thrésors que va rechercher
    Aux Indes, sans craindre la mer,
    Du bon Jésus la Compagnie.

Gaspar, allez revoir vostre chère patrie,
    Mais, Belge, vous resouvenant
    De votre Belge désirant
    (Trop hardi négociateur)
    Acquérir par vostre faveur
    D'Inde la richesse infinie.

Gaspar, allez revoir vostre chère patrie,
    Et les Belges pleins de désir
    De vous voir à eux revenir;
    Et, s'il ne vous est trop pesant,
    Saluez-les pour moi disant :
    Je viens quand un Belge me prie.

Gaspar, allez revoir vostre chère patrie,
    Mais vous sçaurez à quel propos
    Quant, là, bien venu à repos
    Vous recevrez les vœux des cœurs
    Et les souhaits de plusieurs
    Pour passer aux Indes leur vie.

Gaspar, allez revoir vostre chère patrie,
    Vous satisferez aux plaisirs
    De Xavier et à vos désirs,
    Des vostres et des Portugais,
    Donnant des hommes frais et gais
    A la moisson d'Inde fleurie.

Gaspar, allez revoir vostre chère patrie,
    Allez, et si quelqu'un se plaint
    De voir Gaspar si mal dépeint
    En ce livret, que nonobstant
    Il vienne aux Indes, maintenant
    Que je l'appelle et le convie.
Gaspar, allez revoir vostre chère patrie.

III

Suite de la lettre du P. Trigault, dont la première partie forme le *chapitre second.*

Or est assez parlé des chrétiens. Disons maintenant quelque chose des missions de ceste province et commençons par celle du royaume de Mogor, ou d'Achebar (car c'est le mesme) et le plus grand de tous mahometains : il y a en iceluy quatre de nos peres fort signalez, le superieur de la mission, c'est le père Hierosme Xavier, personnage tres digne du nom et de la parenté d'un si grand apostre. Le fruit qu'ils tirent de ces lieu là, est fort petit, qui n'est pas chose nouvelle parmy des mahometains. Ce n'est pas toustesfois peu de chose d'avoir des églises au milieu des ennemis capitaux et jurez du christianisme, car ils en ont deux aux deux villes principales et demeures ordinaires des roys Agra et Lahot, et d'exercer à leur barbe les fonctions et ministères de la religion catholique. Et si le roy est fort humain et amiable à leur endroit. Puis n'aguères le viel roy mourut, auquel succeda son fils qui se monstra du commencement grand amy des mahometains et ennemy des chrétiens, mais à ce qu'on a recogneu du depuis, ce qu'il en faisoit n'estoit que pour s'établir plus asseureusement : son fils se portoit contre luy, lequel il print en vie et le tient maintenant serré en une estroite prison. Or devant que finir les affaires du Mogor, pour passer à celles d'OEthiopie, parlons d'un de nos frères, nommé Benoist Gaez qui a esté envoyé bien avant dans la terre ferme de ce grand pays, nos pères qui sont en la court du roy, avoient souventefois ouy des marchands, que bien loin de là tirant vers le septentrion, il y avoit des chrétiens en un certain royaume, qu'ils appeloient de Catay; on ne sçait si ce royaume est en la Tartarie, ou en la Chine. S. P. de vérité le P. Matthieu Ricci, nous escrit de la Chine, qu'il a ouy quelque chose de semblable, de certains chrétiens qui sont au septentrion. Or il y a bien sept ans qu'un de nos frères coadjuteurs versé aucunement ès bonnes lettres, de grande prudence et vertu, et qui parle extrèmement bien le Persan, duquel on se sert en ces contrées, fut envoyé pour en descouvrir ce que s'en pouvoit estre. Nos pères qui sont au Mogor reçoivent assez souvent de ses lettres, les dernières que nous avons receuës, et de plus fraische date contenoient cecy en substance, qu'il estoit encore esloigné de Catay du chemin de cinquante deux bonnes journées, et qu'il partoit au premier jour pour y aller en compagnie de quelques marchands qu'ils appellent en ces payes-là Castillas, ausquels il est permis d'y entrer en certain temps de l'année et en un certain nombre je crois que c'est de septante deux, qu'il y a en un si long voyage, encores une infinité de dangers, marchant perpetuellement dans les terres des mahometans. Il se dit estre pour plus facilement passer, chrestien d'Armenie; ayant à cet effet changer son nom et qu'il a sceu de bonne part qu'en ce grand empire de Catay, il y a beaucoup de grandes marques du christianisme. Car ils ont des Evesques mitrez, les saintes évangiles, des images, ils conferent le baptesme, observent le caresme et les prestres gardent le célibat, et autres tels arguments de nostre chrestienté. Toutes les quelles choses il a apprins sur le chemin d'un medecin qui estoit captif entre les mains des Turcs, et que bien tost il nous en escrira de plus certaines et asseurées nouvelles. La bonté infinie de nostre Dieu permettra sans doute que ces belles et grandes campagnes seront ouvertes à nostre compagnie, laquelle autant qu'elle peut, embrasse tout le monde de son zèle, et s'employe de toutes ses forces à procurer le salut de tous les hommes.

La chose merite bien que par vos prières et saints sacrifices vous l'obteniez de divine Majesté. Je passe à une autre mission, qui est celle d'OEthiopie, parmy les Abyssins, qui sont les sujets du prestre Jan, où conversent pour le present cinq de nos pères personnes vrayement apostoliques. Or les affaires de ce royaume sont en ces termes si avant que nous l'avions peu sçavoir : car il y a bien deux ans que nous n'avons receu aucunes nouvelles. Il y peut avoir environ six ou sept ans que le P. Pierre Pays portugais de nation, fut envoyé en OEthiopie pour succeder à ces bons pères, qui y furent pieça longtemps envoyez avec le patriarche d'OEthiopie, et avoit employé fort conrageusement leur sang et leur vie à cultiver ce peuple là. La manière avec laquelle ce père y entra fust telle.

Pour entrer en OEthiopie il faut de toute nécessité passer par le destroit de la Mèque, et aller aborder à quelque port des Turcs sur la mer rouge du costé d'Afrique. Or faire ce chemin, estoit entreprendre une chose non seulement fort dangereuse, ains encore totalement temeraire, attendu qu'en ces lieux le glorieux martyr de Nostre-Seigneur, le P. Maronite (ou du mont Liban) qui estoit mort pour la foy en l'isle de Mossica de la mer rouge, avoit esté surprins des Turcs; que si ni la couleur du visage, ni la langage syrienne l'avoit peu si bien cacher qu'il ne fust cogneu, que pouvoit faire tout autre europeau que ce fust de nostre compagnie ? Néantmoins la compagnie ne desesperoit jamais de ceste mission, et comme elle estoit questant toutes les occasions pour la faire marcher, voicy que Dieu luy en presenta celle-cy. Un riche marchant de Turquie estoit venu prendre port à Diu, auquel par l'entremise et faveur de nos pères, les péagers du roy de Portugal avoient fait tout plein de gracieusetez, de sorte qu'estant déjà tout nostre, on impetra facilement de luy qu'il emmenast quant et soy un pauvre chrestien d'Armenie et qu'il luy donna des adresses pour se conduire jusques en OEthiopie. Voilà donc que le pere susnommé s'habillant à l'Armenienne (car il sçavoit bien la langue) est tenu et estimé de luy pour un vray armenien et non pour un religieux de nostre compagnie, lequel enfin après maints dangers arriva en OEthiopie, où estant il resjouit grandement les pauvres chrestiens de sa precence et les instruisit par sa doctrine. Ensuite de celuy là on en envoya quatre autres en divers temps, deux desquels ne se contentant pas des chrestiens ordinaires s'insinuèrent accortement aux bonnes grâces de la majesté du preste Jan, disputèrent vaillamment contre les prestres chismatiques du roy. Enfin ils conduisirent leurs affaires jusque là que par la grâce de Dieu le roy d'OEthiopie fut sur le point (l'ayant entièrement résolu) de mettre son royaume sous l'obéissance de la foy catholique et du vicaire de Jésus-Christ le pâpe de Rome.

Nos pères l'empescherent pour plusieurs bonnes et justes raisons qu'il ne fist pas cela tout ouvertement, de crainte que ceste ferveur prepostère n'empeschast de plus grands biens et n'excitast de plus grands maux. Il ne laissa pas nonobstant cela d'escrire à sa saincteté, au roy et à N. R. P. général. Mais sur ces entrefaictes voicy une furieuse tempeste qui s'éleve. Deux de ses plus grands capitaines se revoltent perfidement contre luy : or pour leur coupper toute occasion de pis faire, il leve promptement une grosse armée et leur court au devant, comme donc les deux armées sont toutes prestes à choquer, voilà que l'un de ces capitaines, s'en vient inopinement au roy, se jette a genoux devant luy, et luy demande humblement pardon de sa faute. Mais le roy pensant que ce traistre se mocquast encore un coup de luy, et d'une ruse nouvelle ne le voulust décevoir, surpris de colère desgainant son cimeterre le luy passe au travers du corps, et le tue; le fils de ce capitaine qui avoit accompagné son père aux pieds du roy voyant une telle cruauté faicte à son propre père, et ne pouvant endurer cela, ajoûtant son harquebuse, tire droit au roy, et du coup le vous porte raide mort par terre. Tout aussitôt les deux armées au lieu de combattre, se mettent en devoir d'eslire un nouveau roy. Ce ne fut pas sans dispute, car les uns en eslisent, mais mal, un qui estoit present, les autres en créent un qui n'y estoit pas et le font venir. Le premier regna par faveur, pendant que l'autre venoit qui estant arrivé ayant le droict de son costé, tira fort aisément a son party tous les autres, ce que voyant cet autre premier roy, perdant courage s'enfuit, laissant la couronne au legitime successeur. Celuy-ci ayant commencé à regner, appelle à soy par lettres le P. Pierre Païs, pour luy dire qu'il sçavoit fort bien, en quelle estime reputation et credit il estoit auprès du roy defunct et qu'il vouloit adjouter beaucoup d'autres faveurs à celles qu'il avoit reçeu, esmeu principalement à ce faire, pour avoir apprins en ce sien exil combien les personnes estrangères ont besoin des habitants du pays, qu'il n'estoit pas ignorans combien ce bon père avoit enduré de traverses et d'incommoditez pendant tous ces troubles, qu'il vint donc hardiment vers luy pour recevoir l'un de l'autre une mutuelle et réciproque consolation.

Du depuis nous n'avons point reçeu d'annales de ces quartiers. Nos pères nous escrivent bien par des missives communes pre-supposans qu'avons reçeu leurs annales qu'ils ont envoyées par deux diverses voyes, que le nouveau roy a escrit au pape, au roy catholique et à nostre P. général, qu'il luy envoyast un bon nombre de jésuistes en OEthiopie. C'est grand dommage que ces lettres se soient ou esgarées ou perdues tout à fait ; car c'est à cet heure si jamais point, qu'on peut facilement aller en OEthiopie. Le bacha nouveau de Turquie nous a envoyé icy des lettres de faveur et des passes ports, pour tous tant de nos pères qui voudroient aller en OEthiopie. C'est luy qui commande à tous ceux qui tiennent les ports de la mer rouge. De façon que maintenant en vertu de ces lettres ils portent et reçoivent les nostres sans rien payer. O que ceste moisson est belle et grande, et que ceste entreprise est haute et digne de nostre compagnie. Le bruit commun est en ces quartiers qu'il y a une prophétie célèbre sur ce sujet. Le 4. roy devant celui-cy a prédit fort clairement tout ce qui est arrivé depuis sa mort, en ayant reçeu les advis d'un des moynes de son royaume, homme à ce qu'on dit de grande saincteté, entre lesquels il y en a, ce disent nos pères qui nous escrivent, plusieurs bons catholiques et de saincte vie.

Ce roy a prédit que sous le roy présent regnant, l'estat des Abyssins doit grandement fleurir et s'accroistre au moyen de l'alliance avec les Portugais ou l'Eglise catholique, apostolique, romaine. Si nous recevons quelque chose devant le despart des navires, je le mettray en postille. Je m'efforce comme vous voyez en ces miennes lettres de vous faire entendre l'estat auquel j'ay trouvé les affaires des Indes, afin que dorénavant tous les ans, si Dieu nous baille la santé et la commodité, je vous escrive ce qui se sera faict de nouveau pour ce que je sçay cela vous estre très-agréable, mais avec ceste condition que par contreschange, vous nous escrirez des nouvelles d'Europe, desquelles nous tant que nous sommes icy, en sommes merveilleusement désireux, et ce sera assez jusques icy de ceste province de Goa, en laquelle pour corollaire de tout ce que je ay dit, jadjousteray qu'on parle de mettre une résidence au Mozambic, pour le soulagement des nostres qui viendront de Portugal battus qu'ils seront, et rompus d'une si longue et fascheuse navigation. De là on pourra faire des excursions aux isles voisines et en ceste vaste et rase campagne d'Affrique.

Passons à d'autres missions qui sont en la province de Cochin, tournée au midy, laquelle passe le cap de Ceylan, enclavant néantmoins l'isle de Pescaro ou de la Pescherie, contient le Pega, Bisnaga, Bengala, Malaca, et toutes les Moluques, de tout cela je parleray par rolle selon l'ordre des pays. En Colecie depuis que le Zamorin a fait la paix avec les Portugais, il y a eu tousjours deux de nos pères, non sans un fruict admirable qu'ils font, soit pour l'Eglise, soit pour le bien de tout le pays. Ils se comportent tout de mesme par toute la coste des Malabares, qu'en la presque-isle de Salsète, ayant ne plus ne moins que là, charge de tous les chrestiens du pays, et non seulement là, mais encore à Travancor, Comorin, Pescaro, de tous lesquels en droits je ne dits rien, pour autant que c'est une mesme chose que Salsète, si non qu'on dit qu'ils sont encore plus beaux et plus somptueux.

Quant est de Ceylan c'est une isle droit à l'opposite du cap de Comorin, en laquelle demeurent douze des nostres. Toute l'isle pour la plus grand part est aux

Portugais, s'en estans rendus maistres à ceste occasion. Ils y avoient desja 2 citadelles, l'une à Colombo, l'autre au pont de Sale, lesquelles furent souvent assiégées, mais toujours pour neant, par le roy de l'isle nommé Rachil. Or pour venger ces injures les Portugais envoyèrent une flotte de navires, laquelle trouvant le roy et l'isle divisée en plusieurs factions, en occupa fort heureusement la plus grande partie. Mais la temérité d'un des capitaines de la citadelle mit toutes les affaires en desarroi. Il avoit près de soy un des plus grands seigneurs du païs, qu'il fit mourir pour quelques légers soupçons, de quoy irritez les insulaires, dressent une conjuration, et se ruans sur ce capitaine le tuent en la bataille qu'ils luy livrèrent, et mettent nostre armée a vau deroute. A ce capitaine succéda celui qui est gouverneur de l'isle encore a présent, et se nomme Dom Hierosme Azebedo, grand capitaine, qui a remis tout dessus, et a poursuivy un certain apostat, natif du lieu qui se disoit roy : jusques à tant qu'il l'a fait despescher par un boucon, il ne reste plus que la royne avec fort peu de force. Mais les Portugais ayans beaucoup affaires sur les bras, ont laissé celuy la imparfait.

La foy y fut plantée a mesme temps que les armes, et les premiers qui ont travaillé en ce champ de l'Evangile, ont esté les religieux de S. François, qui ne pouvans baster à tout, nos pères y furent destinez par le commandement du roy catholique bien qu'envis, de peur qu'on ne pensast qu'ils voulussent mettre leur faucille en la moisson d'autruy. Ceste affaire est de grande importance pour l'espérance qu'on à d'une bien riche moisson. Le pays est fort fertile et plantureux en vivres, et surtout extrêmement riche en canelle, les habitants du païs sont gens de bon esprit et industrieux et fort capables des mystères de nostre religion.

Je viens maintenant à la mission de Maduré qui est toute nouvelle, en la terre ferme de la coste de Pescaro. Il y a douze roitelets tributaires au roy de Bisnaga. L'un des douze plus puissans que les autres, s'est rendu le chef de tous les autres. Il ne recognoist le roy de Bisnaga que quand il lui plaist, et les renvoye quand il veut, car il est si fort qu'il mettra en un rien cinquante mille hommes armez en campagne. Sa ville royale, c'est Maduré, aussi l'appelle-t-on le maigne de Maduré. Le P. provincial délégua devers luy il y a quelques années un de nos pères pour luy faire un present de sa part, afin de nous insinuer en ses bonnes grâces, tant pour la propagation de l'Evangile, que pour conserver la coste de Pescherie, dautans que ses lieutenants qui gouvernent ce pays-là quand ils font des exactions sur les chrestiens, ces pauvres gens n'ont à qui recourir, ou ceux-cy remplissent la cour du roy de mensonges et de calomnies contre les chrestiens, les rendant odieux à tout le monde.

Celuy qui fit la legation, fut reçeu du Maigne fort humainement, et obtint de luy une église et une maison pour nostre demeure en sa ville royale, en laquelle un certain P. de nostre compagnie a demeuré une bonne pièce de temps deffendant la cause des chrestiens, soulageant et servant les malades, instruisant la jeunesse, mais avec tout cela en tout ce temps qui fut assez long, il fit fort peu de chrestiens. A celuy-là succéda le P. Robert Nobilius, italien de nation lequel, s'en questant de l'humeur des personnes de ce pays-là, apprint que deux choses empeschoient l'advancement du christianisme : l'une la pauvreté des habits, et l'autre la trop grande facilité a se communiquer à tout le monde. C'est merveilles, (mes frères bien-aimez) combien ces nations sont ignorantes et sçavent peu ce que c'est d'humilité mesurant la vie et la doctrine à la richesse et splendeur des vestements. Au moyen de quoy ce bon père se faisant tout pour tous (selon nostre institut qui n'a point de robbe qui lui soit propre) changea d'habits et se revestit d'une longue robbe d'escarlate rouge, imitant en son extérieur les plus nobles du pays, il s'est à la mesme intention privé de chair et de vin ne vivant que de poisson et d'herbes de quoy s'en est ensuivy un grand fruit, ayant en peu de temps converty à la foy, plusieurs jeunes seigneurs de marque.

Il est tantost temps que nous passions au royaume de Pegu, jadis un des plus florissans maintenant si désolé et si despeuplé à cause d'une infinité de maux et calamitez qu'il a souffert, que ce n'est plus qu'une forest deserte et inhabitée. Le roy de Bengala estoit seigneur de Pegu, qui l'avoit baillé en gouvernement à un certain capitaine portugais nommé Philippo Brittus, lequel y bastit tout aussitost une citadelle, et ramassant les restes des Pegans errans et vagabonds par les bois, les assembla dans une petite ville.

Cependant le roy entre en soupçon contre le portugais et l'appelle en sa cour, qui se deffendant du mieux qu'il peut, enfin se retira tout à plat de l'obeyssance du roy, mettant le royaume entre les mains du roi de Portugal. Et ayant receu du secours du vice roy des Indes, deffendit bravement la citadelle, finallement après avoir gaigné plusieurs batailles sur le roy avec fort peu de gens, il tailla en pièces une grande armée navale que le fils du roy avoit emmené pour assiéger la citadelle, le faisant prisonnier en propre personne, devant qu'il peut jamais prendre terre. Les despouilles qu'il gaigna pour lors furent grandes, et entre autres choses il print neuf cens pièces d'artillerie, je dis neuf cens encore un coup, de peur que vous ne pensiez que je me sois trompé en escrivant.

Le père racheta son fils avec grande somme de deniers faisant la paix avec le roy. Mais ce barbare ayant recouvré son fils, perfide qu'il estoit, faussa tout aussitost sa foy et a ceste occasion armant une plus grosse flotte que devant, s'en vint avec son fils pour exterminer totalement le portugais. Or ce fut avec la mesme fortune que devant, sinon qu'il s'évada en fuyant, son fils encore un coup fut pris prisonnier par les Portugais. Nous ne sçavons pas bien encore toutes les autres circonstances de ceste victoire si célèbre, dautant qu'elle a esté gaignée tout fraichement.

En ceste citadelle il y a deux de nos pères qui taschent d'amener les Peguans à la cognoissance de la foy, la chose est encore petite, mais qui promet d'estre bien grande a l'advenir, ainsi qui jugera celuy qui aura leu de quelle grandeur estoit anciennement ce royaume. C'est bien la vérité que nos pères ont autrefois esté au royaume de Bangala mais ils ont laissé ceste mission pour plusieurs bonnes et justes causes : Premièrement le roy offencé contre les Portugais se montra plus cruel qu'auparavant et puis les Bengalois sont addonnez à de si enormes et detestables pechez à cause de l'abondance de toutes choses qui viennent en leurs terres, qu'ils ne peuvent gouster la saincteté du christianisme, et Dieu d'autre costé, comme dit le sage n'entre point en une âme vicieuse, et n'habite point en des corps subjets à pechez.

Au royaume de Visnoye, qui est de grande estenduc, nos pères ont une maison en la ville capitale de Chandega et sont extrêmement bien venus et honorez du roy, qui se montre fort porté à ce qui concerne la foy. L'on attend de ces quartiers-là un très-grand fruict, je pourrais enfiler icy beaucoup de choses de tous ces pays, mais est assez que vous entendiez l'estat present de toutes les Indes, si je puis les années suivantes vous en aurez de plus amples memoires.

Je viens maintenant à traiter des parties qui sont au midy, où les affaires sont merveilleusement tristes et déplorables. Nous appellons les plages meridionales, celle de Malacca des Moluques, et tout ce pays qui est entre deux, de tous lesquels il faut que je vous récite trois particularitez. La première est le siège de la bataille donnée à Malaca, la prise d'Anboin, et en dernier lieu la perte et le recouvrement des Moluques ou de Ternate ; car les pirates hollandois ravagent et gastent tout ce pays. Toutefois Dieu a monstré evidemment qu'il veut chastier l'Inde et non pas la perdre du tout. Il y a longtemps que les Hollandois rodent sur ceste mer, pour estre très-commode, soit pour emporter les espiceries en leur pays soit pour intercepter tout ce qui vient du Japon de la Chine environ le destroit de Sincapura. Or ces deux années dernières ils ont attenté et entreprins quelque chose de plus ayant desjà devoré en esperance tous les ports et toutes les forteresses des Indes, et de fait c'est un miracle qu'ils ne l'ont point fait. Comme donc le capitaine Cornille madaliff emmena avec soy une flotte de 12 grandes voiles, il hyverna en l'isle de Comoro, qui est sur le chemin du Mozambic à Goa, sortant de là il vint fondre à Malaca en un temps entièrement heteroclite le 29 d'avril de l'an 1606.

D'autre part, il y avoit dix roys voisins qui avoient leurs armes navales toutes prestes. C'estoient les mesmes qui avoient auparavant conspiré avec les Hollandois contre Malaca. Voilà donc qu'en ce jour toute ceste grande flotte de 325 vaisseaux tant grands que petits vindrent donner au port de Malaca, en toute ceste armée il y avoit quatorze cent hollandois et quatorze mille barbares. Ce fut une providence de Dieu qu'en ce temps Dom André Furtado de Mendosa grand capitaine et le plus grand de tous les Portugais pour avoir remporté plusieurs nobles et remarquables victoires, commandoit à la citadelle, d'autant qu'elle estoit tellement depourveüe de tout ce qui estoit necessaire pour la deffendre, qu'elle ne pouvoit pas resister longtemps à une si grande multitude. Ce n'estoit pas la faute du gouverneur qu'elle fut de de telle façon desgarnie : car il avoit reçeu mandement du vice-roy des Indes, et baillé 4 navires de guerre pour escorte aux navires marchandes de la Chine, et en icelle montèrent la pluspart des soldats qui estoient à Malaca, de sorte qu'il n'en demeura pas plus haut de trente avec le gouverneur, estimant que cela suffirait jusques à l'arrivé du vice-roy qui devoit bien tost se rendre à Malaca, ainsi que le roy en avoit donné advis, voire en ce temps auquel les navires ne peuvent aborder d'Europe à Malaca, si elles n'ont hyverné en chemin, de quoy on n'avoit point ouy parler.

Le mesme jour que les Hollandois arrivèrent, ils descendirent à terre, qui furent empeschez de s'approcher plus avant par vingt Portugais et peu d'Indiens, lesquels des remparts avant combattirent contre eux depuis les quatre heures du soir jusques aux huit heures du matin, pendant lequel temps on coupoit le pont, ou bruslait les maisons et tout ce qui pouvait ou nuire à la citadelle, ou servir à l'ennemy et portait en dedans la citadelle tout ce qui pouvait estre nécessaire pour soustenir le siège.

Quand tout fut prest le gouverneur commande qu'on entre dedans et après avoir fait cinq fois la monstre il ne se trouva dans la citadelle que cent cinquante soldats, bons et mauvais, sains et malades Portugais et Japponais, qui de bonne augure trafiquaient en ce temps là à Malaca

Ces Japonais sont bons soldats et furent contez pour quarante Portugais tant à la solde qu'au corps de garde et aux sentinelles, et de vray ils se montrèrent braves gens en toutes ces escarmouches qui se firent toutes fois et quantes qu'on faisait des saillies sur les ennemis, ils y allaient tous seuls, le gouverneur ne voulant hasarder ce peu de Portugais qui lui restait, et ce à leur grand regret.

Voila donecques que les Hollandois environnent la citadelle de tous costez, posans tout autour 14 corps de garde, battant la muraille en ruine, avec 25 pièces d'artillerie, sur ces entrefaites du siège un marchand portugais arrive de Moluques à Malaca avec une poignée de soldats, qui ne pouvant entrer dans la citadelle du costez de la mer, s'en va du costez de la terre et y entre lui vingt-cinquiesme, les autres de ses gens moururent, qui de travail, qui de faim, qui de soif parmi les bois.

Cependant l'ennemy fait ses approches avec ses tranchées dressées comme en Europe, et de si près, qu'ils se battaient plus à coups de pierres qu'a coups d'arquebuse. Mais le plus fâcheux et difficile combat des assiégez estoit contre la faim qui s'estoit fait sentir par tout le pays cette année la, et redoubloit de telle façon ses coups pendant le siège, qu'autant de ris qu'il faut pour la vie d'un homme en un jour, se vendait un escu, sur la fin on n'en trouvoit ni pour or ni pour argent, au moyen de quoy le gouverneur permettoit aux soldats de faire des sorties sur les ennemis, afin que pendant qu'ils combattraient les plus necessiteux coupassent des herbes pour eux vivre.

Car il y avait il y long temps que les chiens, les rats, les souris, les chats, les hiboux, les corbeaux estoient despechez. Mais avec ces herbes ils fauchoient les ennemis par centaines, estant chose asseurée qu'en ces seules boutades, il y demeura sur la place plus de quatre cent tant Hollandois que barbares et bien davantage tout le long du siège, et une fois entre autres ayant été chassez d'un de leurs retranchements, il y perdirent un enseigne, deux tambours et beaucoup d'autres pièces d'armes. Et en ceste manière après avoir tenu la ville et la citadelle assiégée 3 mois et 19 jours, sans avoir rien fait qui fust remarquable sentant venir le vice roy, remontans en grande haste en leurs navires, levèrent le siège honteusement, ce qui les decredita de beaucoup envers les barbares. Quand la chose ainsi les insuccede tant sur mer que sur terre c'en estoit fait, les Hollandois étoient forclos des Indes orientales.

Mais le vice roi (nos péchez le meritant aussi) souffrit d'estranges changemens et accès de fortune, ayant maintenant le dessus tantost le dessous. Ce qui arriva à la façon qui s'en suit. Après que dom Martin Alfonse de Castre fut venu aux Indes en qualité de vice roy, il n'eut rien de plus à cœur que d'aider et soulager les païs méridionaux qui estoient extrêmement affligez. A cet effet il loue à Goa une armée navale, la plus florissante et la plus belle qui se fust jamais vûe aux Indes, elle estoit divisée en deux bandes, en l'une estoient les navires à voile, en l'autre estoient les galères. Il partit de Goa au commencement du moys de may en l'an 1606. Laissant le gouvernement de l'Inde entre les mains de l'archevesque de Goa, dom Alexis ds Melsio, et arriva à Cochin, d'où il fit voile le 16 du mesme mois, et le huitiesme de juin les deux armées se conjoignirent, et allant de front marchoient contre les Achenois, qui avoient plus que tout autres favorisé les Hollandois, et que pour ceste occasion le vice roy qui ne sçavoit rien du siège de Malaca, vouloit chastier en passant, estant donc arrivez là 13 de juin, ils sçeurent d'un homme du pays le beau mesnage que faisoient les Hollandois a Malaca, chose qu'il ne pouvoient se persuader, ils ne laissent pourtant de bien contenter leur homme, le renvoyant à la bonne heure. Cependant ils envoyent un père capucin au roy du pays, lequel dissimulant fort subtilement et de visage, et de fait son mal talent envoye encore de sa part un ambassadeur au vice roy avec grande quantité de vivres.

Comme donc quelques jours se fussent passées avec ces légations d'un costé et d'autre, quelques Hollandois qui estoient à la cour de ce roy font faire des remparts du costé de la mer, sur lesquelles ils dressent des fortifications, y mettant du canon où à bon escient. L'ambassadeur du roy s'estoit picça retiré de guet à pend, quand un jour ces barbares des loyaux comme de coustume se jettent sans dire gare sur les esquifs portugais pendant qu'ils estoient à puiser de l'eau, il y en avoit cinq qui furent tous pris, et parmy ceux la estoit celuy du vice roy, et avec eux cent personnes, un seul caffre s'eschappe à la nage, qui en vint porter les nouvelles. Sur quoy tout aussitost le vice roy depesche trois navires qui s'en vont courir sus à trois autres vaisseaux qui estoient dans le port chargez de drap de soye, et autres denrées, qu'ils occupèrent sans résistance. On en brusla les deux, la troisiesme servit à mettre les chevaux de toute l'armée. En suite de quoy après avoir tenu le conseil, on se résolut de prendre terre, mais l'on trouva plus de force et de résistance qu'on ne pensait.

Les Portugais gagnèrent de plein saut le premier rempart, et forcent un des bastions d'iceluy avec ses canons non sans perte de quelques soldats. Mais c'estoit n'avoir rien fait que cela, pour autant qu'après ce rempart, il en restoit cinq autres encore plus forts que celuy là devant que venir à la citadelle et si les barbares qui s'estoient campez dans le bois, tiroient aux Portugais force coups de flesches. C'est pourquoy le jour en suivant les Portugais furent contraint de changer de conseil et de lever l'anchre pour aller a Malaca avec leur grande perte et courte honte. Environ ce temps il y avoit de fortune quelques navires qui manquoient, mais on ne laissa pas pour cela d'aller. Sur le chemin on s'aresta pour faire agayade en un lieu fort propre.

Cependant le vice roy fait une galère pour Malaca, afin de recognoistre les affaires et les advertir de sa venue. Lettres furent cependant receues, le 3 d'aoust, disant que les Hollandois avoient assiégé la ville depuis 3 mois en compagnie de dix rois, que les assiégez mouroient de faim, réduits à l'extrémité, ce qui fut confirmé par nouvelles lettres du thresorier de Malaca, que le gouverneur de Malaca avoit envoyé du beau commancement au vice roy pour les advertir, qui avoit couru tout ce temps sur la mer, sans l'avoir peue jamais rencontrer. Toutes ces choses ouyes on sort de là a grand haste et vient on devant le 23 d'aoust, à six lieües de Malaca, où ils véirent une navire hollandoise qui faisoit le guet, afin que d'aussitost qu'elle auroit veu la flotte du vice roy, elle en donnast advertissement pour avoir du temps de plier bagage et de remettre leurs canons dedans leurs navires. Comme donc elle eust apperçeu l'armée des Portugais soudainement guindant les voiles elle va a grand cris vers Malaca sans que jamais celuy qu'on avoit envoyé courir après avec une navire de course la peust attrapper, qui la poursuivit jusques tout proche de leur armée, enfin il lui fut force de se retirer sans rien faire.

Le capitaine Cornille à cet advertissement fait promptement sonner la retraite, remet ses gens dans les vaisseaux, laissant les barbares bien estonnez, auxquels il avoit donné asseurance, qu'il emporterait la citadelle. Or, voici que le dixneuviesme d'aoust le vice roy parut, et le mesme jour à 3 heures après midy on commença à combattre, la meslée dura jusques à 5 heures du soir, que la nuict démesla en telle sorte qu'on ne sçavoit qui avoit du meilleur, tant esgale avoit esté la partie.

Le jour en suivant fut signalé, a cause d'une sanglante rencontre qui se fit, le vent portant les navires des Portugais contre celles de Hollandois, une desquelles, estant serrée de près par une des Portugais, celle du vice roy donnant dessus acheva de la perdre.

Mais comme les Hollandois ne se voulurent jamais rendre, on mit le feu dedans qui en peu d'heures le vent soufflant et l'attisant la consomma tout entièrement. Il se perdit grande quantité d'argent et de vivres, ainsi qu'on a sceu du depuis. Un autre capitaine portugais affaisant la navire du capitaine Cornille la reduisit en telle extremité, qu'il fut contraint de demander tresve et de crier mercy. Car elle brusloit des deux costez, et eust pery avec l'autre, si le desir de vivre n'eust osté a ce capitaine la victoire des mains. Il y en a qui l'accusent, d'autres disent que la faute ne vint pas de luy, ains de quelques autres de leurs gens, par lesquels il fut descouvert sans y penser.

Cependant deux navires des Portugais en avoit envahy une de l'ennemy et l'avoit gaignée, mais elle embrasa de feu qui la consumoit les deux autres, sans que jamais personne de tous ceux qui estoient dedans peust eschapper. Ce spectacle fut à la vérité luctueux et funeste, pour la perte qui s'y fit de beaucoup de grands capitaines et personnes de marcque. En l'une d'icelle estoit un de nos pères, lequel estoit descendu dans l'esquif avec le capitaine, fut prins et recoyneu pour jesuiste et comme tel despesché et jetté dans la mer. Ce combat ne bailla a aucune des parties la victoire. Les deux jours suivans on recommence le choq auquel les Hollandois eurent tousjours du pire, de façon qu'une nuict ils s'enfuirent, après avoir esté mal traitez et leurs navires tellement frottez qu'il n'y avoit point d'apparence qu'elles peussent naviguer. Or jusques icy il n'y à qu'honneur pour les

Portugais toute la faute fut qu'ils ne poursuivirent leurs ennemys. Car comme ils fuyoient, quelques unes de leurs navires demeurèrent à sec, lesquelles eussent sans point de doute esté prises, si le vice roy eust poursuivy sa pointe. La mer estant remontée il retirèrent leurs navires assablées. Après cela le vice roy pensant avoir tout achevé, s'en va à Malaca ou ayant loüé hautement le gouverneur qui l'estoit venu recevoir sortant à terre, il prit un conseil mal'heureux qui fut de diviser son armée comme il fit, en laissant la moitié au port de Malaca, et envoya l'autre moitié au secours des navires qu'en attendoit des Indes.

Le capitaine Cornille n'estoit pas bien loin de là, qui se montra à la vérité un brave homme au dire mesme des Portugais (encore loüe on la vertu aux ennemis) et surpasse de beaucoup le capitaine Pol, qui assiégea le Mozambic. Il s'estoit arresté au havre du roy de Sior, l'un des premiers de ceux qui s'estoit liguez. Sitost qu'il eust le vent que la flotte estoit divisée, sans faire du fol ni de l'estourdy s'en retourne fort bien à Malaca. Là estoit de fortune dom Ferdinand Masquareignas, l'un de ces capitaines que nous avons dit tantost, qui n'estoit pas en l'armée, de quoy il se sentoit deshonoré. Au moyen de quoy sans attendre le commandement, il fait marcher son navire contre l'ennemy. Le vice roy prevoyant le danger, envoye promptement son frère dom Pierre Masquareignas un autre fort honneste capitaine, pour l'en destourner, mais il n'y gaigna rien, ce que voyant, il se delibère, que puisqu'il ne pouvoit aider son frère par conseil, il l'aideroit de la force, et entre pour mourir dans la navire, laquelle estant portée au milieu des ennemys, fut incontinent accablée de la multitude et se perdit. Entre les premiers qui moururent furent les deux frères dom Ferdinand et dom Pierre, puis deux de leurs frères puisnez, ausquels vos ne sçauriez juger ce qu'il y avoit d'avantage de ces trois choses icy, de la piété, de la noblesse et du courage. Dom Pierre demandoit d'entrer en nostre compagnie et visitoit fort souvent les hospitaux. Encore bien que tout ceux qui estoient dans la navire moururent, car la meslée fut fort cruelle, si est ce toutefois qu'elle ne fut pas prise mais qui vindrent à la desbandade au secours, il y en eut trois de prises et de bruslées. Les Hollandois desespérans de pouvoir prendre ny la ville ny la citadelle de Malaca s'en allèrent pour racommoder et calfeutrer leurs navires. Et voilà le dernier acte de ceste cruelle et sanglante tragédie, nous attendant tous les jours ce qui s'en est en suivy du depuis.

Le vice roy demeure à ceste heure à Malaca, si les navires ne partent devant que les autres arrivent, je vous inscriray des nouvelles. Or afin de tenir ma promesse, il faut que nous parlions des isles d'Amboin et des Moluques, la fortune desquelles, bien qu'elle soit arrivée devant les choses de Malaca, sont néanmoins mises après, parce que je garde ma division première et vous veux descrire par ordre l'estat de toutes les Indes.

En l'an 1605, l'armée des Hollandois se fit voir comme ceste année icy au port de Goa, de là s'en alla à Amboin ou elle occupa la citadelle non tant par ses forces que par la lasche et deplorable trahison du gouverneur, qui n'attendit pas qu'on le sommast avec le canon pour se rendre. Après la citadelle rendue nos pères y demeurèrent quelques temps, jusque à tant que ces Hollandois s'en defiiant, les renvoyèrent sains et saufs. Du depuis ils ont fortifié la citadelle, et y ont mis dedans jusques à 12 pièces d'artillerie et 160 soldats. Or ce ne fut pas tout, au mesme temps le roy de Ternate, alla assiéger la citadelle de Tidor et l'emporta de vive force, vray est qu'on l'a recouvrée depuis avec profit. Car l'année les Portugais se firent maistres de Ternate, et par-conséquent de Tidor en ceste manière. Les Portugais qui estoient eschappez de Tidor, d'autant que tous les autres y moururent combattant valeureusement, se retirèrent devers le gouverneur des isles Philippines, en la ville de Moniha, il s'appeloit dom Pierre Cugna Castillan, luy racontent leur fortune, et tout ensemble luy demandent secours, ce capitaine bien qu'il fust espagnol ne méprisa pas ces portugais, aussi sçavoit-il bien que ce faisant, il faisoit service à son roy, il amasse donc jusques à mille Espagnols, quelques Portugais, le reste des Philippins qu'il met en 37 batteaux, et au mois de février de l'an 1606, fait voile, il arriva environ Pasques aux Moluques avec toute sa flotte, qui avoit esté un peu dispersée par la tempeste.

Au port voisin estoit à l'anchre un navire hollandois, il trouva bon de dissimuler au commencement, et puis de l'attraper. Certainement cet espagnol pouvoit dire de soy, *veni, vidi, vici*, car comme il faisoit paroistre ses soldats, et les faisoit rafraichir à l'ombre, voilà que les barbares sortent de la citadelle et de la ville tous desbandez. Les Espagnols prenans leurs armes, leur courent au devant, et leur livrent le combat fort heureusement, de sorte que les ayant mis en fuite, ils les menent battans jusques à la citadelle et l'emportent. Le roy fut rattrapé comme il fuyoit, on luy promet la vie sauve, et ainsi fut emmené avec quelques uns des principaux de ses gens. Jusqu'icy s'estendent les limites de la province de Cochin, de laquelle nous passerons au Japon et à la Chine.

Le P. Alexandre Valignan, qui avoit esté l'espace d'un bon nombre d'années visiteur de ceste province, est décédé au grand dommage de tous ses païs, c'estoit un homme incomparable au jugement, non-seulement de tous les nostres, mais encore des estrangers, soit que vous regardiez son zèle, soit que vous consideriez sa prudence, on luy doit après Dieu l'entrée de nos pères en la Chine. Or au Japon il y a du moins 200 de nos pères et des chrestiens jusqu'à sept cens mille. Ce royaume jouit d'une heureuse paix contre la coustume de ce pays, de quoy sont participans les chrestiens, qui pour parler universellement sont assez en repos, bien qu'ils n'ayent pas faute d'occasion d'endurer parmy les particulieres persecutions de quelques roitelets, ausquels ils ont constamment confessé la foy de Nostre Seigneur, jusqu'à l'effusion de leur vie et de leur sang, au nombre desquels il y a eu des gentilshommes, mais le plus remarquable a esté ce bon aveugle, duquel vous avez ouy parler, il s'appelait Damien, lequel quand son père eut esté chassé et banny de son païs pour la foy, tout aveugle qu'il estoit, s'en alloit eu l'église chantoit, annonçoit les festes, expliquoit le catéchisme, tous ceux qui le pouvoient faire en ayant esté exilez.

En ces mesmes lettres, est raconté un beau miracle d'un chrestien qui ne s'estoit jamais bien persuader durant sa vie que nostre âme estoit immortelle. Or après sa mort, ou luy mesme, ou bien le diable par la permission divine entra dans le corps d'une sienne bru, où en peu d'années il fit et dit merveille en présence de beaucoup de personnes, des peines d'enfer de la griesveté de son peché, pour lequel il se disoit damné et tourmenté cruellement.

L'estat du royaume quant au temporel est tel. Quabacondono (lequel du depuis on appella Taico ou Taicosama) mourant, laissa un seul fils en l'âge, si bien me souvient, de 5 ans, nommant des regens et tuteurs de son héritier et de tout le royaume. L'un desquels sous preteste que l'enfant estoit petit faisant semblant d'administrer le royaume pendant la minorité de son pupil auquel il vouloit donner une sienne fille en mariage, s'empara tout à fait du royaume. Car le nom, la dignité et puissance royalle luy sembla si douces, et si de bon goust, qu'il aima mieux laisser le royaume entre les mains de son fils propre, que non pas de son gendre le fils de Taico, qui fut une permission de Dieû, qui permit que c'estuy-ci fist au fils de Taicosama, ce que son père mesme avoit fait au fils de Nobunanga. A cet effect ce roy emprunté, qui depuis longtemps avoit esté appellé Cabo, c'est le nom d'une grande dignité, par le grand prestre des idoles, qu'ils nomment pairo, fit venir son fils en la ville capitale de Meaco pour luy bailler ceste mesme dignité.

Le fils estoit pour lors bien loin à l'autre extrémité du Iapon lequel se doutant de sedition ou révolte du pays fait une armée de 70 mille hommes avec laquelle il vient trouver son père à Meaco, qui luy vint au devant avec autres 30 mille combatans, et ainsi demeure le fils de Taico, despouillé et forclos à perpétuité de l'esperance du royaume, experimentant combien est fragile, vaine et inconstante la grandeur et la superbe mondaine.

Quant à la Chine voici tout ce que nous en sçavons de remarquable, nos pères ont esté par édit du roy déclarez naturels et regnicoles avec puissance de bastir des maisons, d'acheter, posseder tout ni moins que s'ils estoient chinois, au moyen de quoy ils ont obtenu du roy en la ville royale, une maison fort commode. En toute la Chine on fait estat qu'il y a 7 cens chrestiens, mais la pluspart personnes qualifiées et de marque, parmy lesquels il y a quelques mandarins, ce sont des plus apparens magistrats, ce qui n'est pas peu, d'autant qu'il faut qu'ils aillent tous bellement et tous doucement en besongne sans se precipiter. De plus on nous escrit que du costé du septentrion, bien avant il se trouve une certaine espèce de chrestiens, qui ont des croix et autres choses semblables aux catholiques. Comme aussi ceste race vipérine des Juifs qui se peuple parmy tout l'univers, s'est allée camper en ce pays, un de nos pères à parlé à l'un de ces chrestiens fort peu de temps, lequel pour autant qu'il se hastoit d'aller a son pays avec charge de province, n'eut pas le loisir d'estre parfaitement instruit de nos façons. Il emporta neantmoins avec soy des images et des livres catholiques, composez et imprimez en langue chinoise. Je croy que c'est le mesme avec ce grand royaume de Catay, duquel nous parlions tantost. Voila tout ce que nous sçavons de plus beau et de meilleur du Iapon et de la Chine.

Reste maintenant que je fasse fin par le recit du martyre qu'un de nos frères vient de recevoir en la province de Goa, qui m'estoit eschappé de la memoire, mais je le placeray fort bien en ce lieu. Ce bon frère s'appelait Vincent Asuarez portugais, il estoit envoyé pour estudier de Chauly à Goa avec un sien compagnon. Comme donc ils s'estoient mis dans un petit basteau, voici qu'ils sont surprins de 2 brigantins de corsaires mahumetans qui se rendent maistres du basteau et des personnes, ils les firent tout aussitost et tous les portugais qui estoient avec eux captifs, qui les prierent instamment de permettre que l'un des leurs fust mis à terre avec leur garde qui allast quérir leur rençon. Ce qui leur fut accordé. Le père Valet qui estoit avec nostre frère Vincent est envoyé avec un portugais. Or pendant qu'ils vont trouver en la ville de Dabal qui appartient aux mahumetans, le tresorier que les Portugais y ont, arrivent au basteau ou estoient les captifs des mahumetans de la terre ferme qui disent que c'est ce jour là la feste de cet imposteur et leur faux prophète Mahomet, et pour ce requièrent les pirates de leur bailler un chrestien pour luy offrir en sacrifice et le tuer en son honneur. Chose qu'ils impetrerent fort aisement.

A donc ayant le chois d'en prendre un, afin de rendre la chose plus plaisante et agréable à leur Mahomet, s'en vont jetter sur nostre frère qui de vray pouvoit estre la victime la plus sacrée de la trouppe, pour estre consacrée à la divine majesté, auquel comme il prioit en la proüe, et professoit haut et clair sa foy et la religion catholique, d'un revers de cimeterre ils luy avallent la teste de dessus les espaules, après le soleil couché, qui avoit hasté sa carrière pour ne point voir une telle barbarie. O que *moriatur anima mea morti justorum, et fiant novissma mea horum similia.* Qui pleust à nostre bon Dieu que je meure de la mort des justes et que les dernières periodes de ma vie soient semblables à celles là.

De Goa, la veille de Noël 1607.

De V. R. serviteur selon Dieu,

Nicolas Trigault.

Contraste insuffisant

NF Z 43-120-14

IV

Lettres écrites au grand-duc de Toscane, Côme II, au sujet du P. Trigault ou par ce Père lui-même (1).

Lettera originale al S⁶. Gran-Duca. Ser^{mo}. S^{re}.

Presentarà questa all'A. V. il Padre Nicolo Trigausio, venuto Procurator della Cina, et insieme le farà in mio nome riverenza. Va per spedir varij negotij commissili da quella Provincia, di molto servitio a Dio. Supplico l'A. V. a porgerli il suo favore nelle difficoltà che potessero accorere, che oltre farà opera degna della sua molta pietà, io ne me restarò con perpetuo obligo. Con che facendo di nuovo humilissima riverenza all'A. V., le prego dal Signore ogni vera prosperità.

Di Roma, 7 di marzo 1615.

Di V. A. S. humil^{mo}. e devotiss°. servo in X°.

Ferd°. Albero (2).

(1) C'est grâce aux recherches de M. Foucque de Wagnonville, douaisien, qui, dans la ville des Médicis, n'a oublié ni sa cité natale ni les alliances de sa famille avec celle des Trigault, que nous devons la communication de ces lettres intéressantes.

(2) Archivio Mediceo. Carteggio universale dei particolari con Granduchi di Toscana, filza 320, a Carta 847. Lettera originale. Firma autografa.

Medesimo. Ser.mo. Sig.re.

Intendo dal P. Trigausio il segnalato dono degno della pietà di V. A., fatto a beneficio della missione della Cina. Mi veggo caricato di tal obligo per questo nuovo favore, che non solo mi mancano le parole per poterlene rendere degne grazie, ma mi conosco del tutto inhabile a poter corrispondere a qualsivoglia minima parte, benchè non mi manchi vivo desiderio d'impiegarmi in servitio dell'A. V.

Di Roma 4 di giugno 1616.

Di V. A. S. Obblig.mo. e devotiso°. servo

Mutio Vitelleschi (1).

Ser.mo. Etruriæ Magno duci (2).

Quo tempore recens ab Sinensi Regno Florentiæ ad ser.mæ. C. Vestræ conspectum colloquiumque sum admissus, multa de rebus a me visis rogatus, sæpe ad scriptum a me volumen appellabam; quod si typographorum tarditate serius prodiit, aliquando tamen judicavi promissi fidem exsolvandam. Satis scio non id operis esse quod serenissimis oculis C. V. (3) objici oportuerat, si quidem quam ab auctore splendorem

(1) Medesimo Carteggio filza 327, a Carta 86.
(2) Medesimo Carteggio filza 328 a Carta 417. Lettera autografa.
(3) Celtitudinis vestræ.

accepit, attenderis; sed illi raritas, attentionem; fides, auctoritatem; religio, benevolentiam, ut ut reliqua sese habuerint, comparabit; nihil ergo veritus sum quin unam scriptoris imperitiam tria quæ dixi facile compensarent.

Eiusdem voluminis exemplar alterum Illmo. Cardinali mitto. Nam ad Ser^{mæ}. Ducissam Parentem (1) et Archiducissam Conjugem (2) Italica exemplaria quæ propediam sub prælo sudabunt, destinabo. Et si hanc obsequii nostri tenuitatem ser^{mo}. C. V. admiserit, sub Medicæi nominis auspicijs Italico cultu personatis Sinæ induentur, patriumque idioma didiscent.

Veniam deinde verno jam cælo, Deo annuente, eorum quæ scripsi rationem redditurus, et faustam ad precationem exoculata si permiserit, ser^{ma}. C. V. manu, ad meam mecum stationem revecturus. Deus interim Opt : Max : Ser^{mam}. C. V. Reip : Christianæ quam diutissime servet incolumen.

Romæ Kal : Februarii (3)

Serenissimæ Celtitudinis Vestræ Servus humillimus

NICOLAUS TRIGAUTIUS (4)

Soc^{tis}. Jesu.

(1) Christine de Lorraine, grande duchesse mère, veuve de Ferdinand Ier.
(2) Marie-Madeleine d'Autriche, femme de Côme II.
(3) 12 janvier 1617.
(4) L'écriture du père Trigault est très-nette, très-ferme et très-belle.

Lettera diretta al Granduca di Toscana Cosimo II de' Medici (1).

Serenissime Princeps, Clementissime Domine,

Incipio nunc primum ab ipsa India Serenitati Vestræ scribere, quo me nuper è Lusitania prospera navigatione classis advexit, prospera inquam, si navigationem spectes quæ intra quintum et dimidiatum mensem raro cursu deportavit. Sarcinæ omnes nostræ, sed maxime S. V., munera ita salva recentiaque pervenerunt, ac si hodie ab Etruria ipsa discessissent, nihil diffractum aut corruptum, sed ne ipsa quidem ferrugine quod fere solet infectum. Hæc quam opportunè advenient mirabitur, S. V., divinæ providentiæ consilio : quæ enim paraveram ad rem Christianam apud Sinas promovendam, ea mihi nunc necessaria videntur ad eam instaurandam. Nam orta est, interim dum abfui, fœda in Christi fidem persecutio, quæ multa disturbavit, sed maxima cum Dei gloria quantum de se Chinensis missio in posterum promitteret, declaravit, cum nec unus a Christi fide defecerit, quod multi de Sinarum pusillanimitate, et in suos magistratus observantia desperabant. Sed nimirum gratia naturam superat, vultque sibi hanc in retinenda fide firmitatem attribui, non naturæ. Pura de his de que itinere nostro P. Hieronymus in curia commemorabit, ad quem totius rei narrationem in compen-

(1) Archivio Mediceo in Firenze Carteggio universale dei particolari coni Granduchi di Toscana. Filza 336 a Carta 581. Lettera autografa.

dium redactam transmisi, ut ociosius ille S. V., cum vacaverit, omnia narret, neque enim oportebat me Ser. V. prolixis litteris interpellare. Iterùm pro tot beneficijs gratias ago, meditorque brevi opus aliquod in lucem edere, sub auspicijs Ser. V., si patitur, eo maximè consilio ut nemo nesciat S. V., in Christi fide propaganda pietatem. Quæ ut perpetua sit Deum Opt : Maximum precor; idemque facio in quotidianis missæ sacrificijs, ut S. V., quam diutissimè nobis totique Eclesiæ conservet incolumen.

Goæ, in India Orientali, 27 decemb' 1618 (1)

Serenissimæ Celtitudinis Vestræ Servus humillimus

Nicolaus Trigautius.

Au grand duc de Toscane.

Cette lettre sera présentée à Votre Altesse par le père Nicolas Trigault, revenu de la Chine en qualité de procureur, qui ira vous saluer en mon nom. Il s'occupe de mener à bonne fin diverses affaires qui lui ont été confiées par cette lointaine province, pour la plus grande gloire de Dieu. Je supplie V. A. de lui accorder sa protection dans les difficultés qu'il pourrait rencontrer ; et tout ce que sa piété si connue croira devoir faire dans son intérêt, je lui en serai à

(1) Cette lettre se trouve classée parmi celles du 27 décembre 1619.

APPENDICE.   259

jamais reconnaissant. Sur ce, en présentant de nouveau a V. A. mon respect le plus profond, je prie le seigneur de le combler de toute vraie prospérité.

De V. A. S.

Le très-humble et très-dévoué serviteur en J.-C.

Ferd. Albert.

Rome, 7 mars 1615.

Au même,

J'apprends par le P. Trigault le présent remarquable et digne de la piété de V. A. que vous venez de faire à la mission de la Chine. Et je me vois si obligé à votre égard pour cette nouvelle faveur, que non-seulement les paroles me manquent pour savoir vous en remercier dignement, mais que je me reconnais absolument incapable de pouvoir y correspondre en quelque manière que ce soit, bien que j'éprouve le plus vif désir de pouvoir m'employer à votre service.

Je suis de V. A. S.

Le très-reconnaissant et très-dévoué serviteur

Mutio Vitelleschi.

Rome, 4 juin 1616.

Au sérénissime grand-duc de Toscane.

A l'époque où je revenais de l'empire Chinois, j'ai eu plusieurs fois l'honneur de vous voir et de vous entretenir à Florence; et lorsque vous me faisiez beaucoup de questions sur ce que j'avais vu, je vous ai parlé plusieurs fois du volume que je préparais. A cause des lenteurs des imprimeurs, il n'a paru que bien tard; je veux néanmoins le faire servir à remplir mes promesses. Sans doute il a trop peu de valeur pour être mis sous les yeux de V. A., si vous n'y recherchez que le mérite qu'il a pu recevoir de l'auteur; mais sa rareté lui vaudra l'attention, la confiance lui donnera l'autorité, la piété lui accordera la bienveillance malgré toutes ses imperfections; je ne crains pour lui que l'impéritie de l'auteur, qui sera compensé par les trois choses dont je viens de parler.

J'envoie un autre exemplaire du même ouvrage à l'illustrissime Cardinal. Quant à la grande-duchesse votre mère et à l'archiduchesse votre épouse, je leur destine des exemplaires en italien qui bientôt seront sous presse. Et si V. A. me permet de lui donner cette faible marque de respect, je le publierai sous les auspices du nom des Médicis; les Chinois, revêtus ainsi d'une parure italienne, apprendront le langage de vos pères.

J'irai ensuite moi-même au printemps, avec la grâce de Dieu, vous donner les preuves de ce que j'aurai écrit; et après avoir adressé à Dieu de saintes prières pour V. A. je me disposerai à retourner à mon poste. Pendant ce temps-là, je l'espère, le Seigneur vous conservera sain et sauf à la république chrétienne.

De V. S. A. le très-humble serviteur

Nicolas Trigault. S. J.

Rome, 2 janvier 1617.

A Côme II de Médicis,

Sérénissime prince et très-clément seigneur,

J'écris pour la première à Votre Sérénité de l'Inde même; parti du Portugal, j'y suis dernièrement arrivé après un voyage prospère, prospère si l'on considère la navigation qui s'est opérée en cinq mois et demi; en ce temps si court nous avons été transportés dans l'Inde, nous et nos bagages, et les présents de Votre Sérénité sont arrivés en si bon état que l'on croirait qu'ils viennent de quitter la Toscane; rien n'a été brisé ou endommagé; ils n'ont pas même été atteints par la rouille, dont presque tous les objets ont à souffrir durant ce voyage. Et Votre Sérénité admirera avec moi l'opportunité de ces choses et la sagesse de la divine Providence. Ces présents que j'avais demandés pour développer la religion chrétienne dans la Chine, me semblent maintenant nécessaires pour l'y rétablir.

Car, durant mon absence, il s'est élevé, dans cet

empire, contre la foi de Jésus-Christ, une affreuse persécution qui a partout répandu la confusion ; mais ce malheur a montré pour la plus grande gloire de Dieu, ce que la Chine promet d'être dans l'avenir ; pas un fidèle n'a fait défection, ce que plusieurs craignaient à cause de la pusillanimité des Chinois et de leur esprit de docilité à l'égard de leurs magistrats. Mais la grâce est plus forte que la nature ; et elle veut qu'on lui attribue à elle-même et non à cette nature cette force dans la foi.

Le P. Hieronymo ira lui-même à votre palais pour vous parler plus au long de ces évènements et de notre voyage ; je lui en ai envoyé une narration abrégée pour qu'il puisse en faire le récit à Votre Sérénité, lorsqu'elle aura le loisir de l'entendre ; pour moi, il ne m'est pas permis d'occuper longtemps Votre Sérénité par mes lettres.

De nouveau, je vous rends grâces pour tous vos bienfaits ; et j'ai l'intention de mettre bientôt au jour un ouvrage qui sera dédié à Votre Sérénité, si elle le permet : tous, ainsi, pourront connaître le zèle de Votre Sérénité pour la propagation de la foi. Je supplie le Dieu très-bon et très-grand que ce zèle soit éternel ; et je n'oublie jamais de le faire, chaque jour au saint sacrifice de la messe, afin que le seigneur vous conserve sain et sauf le plus longtemps possible dans l'intérêt de la mission et de toute l'Eglise.

De Votre Sérénissime Grandeur, le très-humble serviteur,

NICOLAS TRIGAULT.

Goa, dans l'Inde Orientale, le 27 décembre 1618.

V

Lettre du P. Trigault sur sa seconde navigation (1).

P Nicolaus Trigault, Goa, 29 decembris 1618.

Solvimus Olysippona naves tres, 16 aprilis 1618. Ex soc^{te}. Jesu 34 in duas naves distributi; altera 12 vehebat in Japoniam destinatos, adducto in numerum Episcopo Japonensi e nostra soc^{te}., R^{mo}. D. Jacobo Valente, Decem sociis praerat P. Gabriël Machos, qui Romam e Japonia venerat suæ Provinciæ Procurator, huic navi nomen erat a S. Mauro. Altera vehebamur pro sinis 22, Lusitani decem, Itali tres, Germani 4, Belga præter me totidem. In utramque navim res nostræ immissæ sunt, Prætoria neminem ex nostris, neque ex mercibus nihilum habuit, quod non sine divina Providentia. Navigavimus prospero post primam maris nauseam, quæ omnes nostros plus minusve fere occupavit, ad Canarinas usque, simul tres onerariæ, cum duabus navibus minoribus quas Lusitani viras vocant; ibi nescio quomodo ab invicem dilapsi, singuli suum iter arripiunt. Inde ad zonam torridam ferimur, rebus ita inter nos dispositis ut jucundissimo navigaremus.

(1) Cette lettre est conservée dans les archives du collége de la Compagnie de Jésus à Anvers. Elle nous a été communiquée avec la plus grande bienveillance par le R. P. Waemaes, bibliothécaire de cette maison.

Ægrorum cura, doctrina Christiana, conciones, Missæ sacrificium fere quotidianum, Casuum Conscientiæ, Mathematicarum disciplinarum, linguæ sinensis exercitatio, et alia in suos dies horasque distributa suaviter tempus ita fallebant, ut quasi in pacato flumine navigare videremur. Non fuit diuturna hæc prosperitas, nam circa lineam acerrimæ febres tota navi grassari cœperunt, nec solum nostris laborem sed suam quoque luem attulere, quæ omnes, uno excepto graviter corripuit, et 5 intra 12 dies abstulit. 1ᵘˢ. fuit P. Quintinus Cousyn Belga, huic successit P. Albericus Germanus, 3ᵘˢ. fuit P. Hubertus a S. Laurentio Belga, et consobrinus meus. 4ᵘˢ. P. Joannes de Celles, item Belga, 5ᵘˢ. et in navigatione postremus, P. Paulus Cavallinus Italus. Post omnium ægritudines jam pene sopitas, ego cum F. Fratre meo Philippo gravi morbo eodemque tempore corripimur, qui tenuit lecto afflixos ad dies 10, et me quidem ad extrema deduxit, inunctum nunc, et paucas vitæ horas omnium expectatione numerantem. Philippus initio quidem mitius laboravit, sed non satis commode convaluit.

Navigabamus interim feliciter et sine procella usque ad Bonæ Spei promontorium, quod ipso D. Jacobi festo 25 Julii superavimus. Nec post multos dies horribili procella trium noctium spatio quassati sumus, quæ diurnis quidem horis mitior cessatura videbatur.

Præfectus nostræ navis, non ita multo post ægritudine corripitur, ac moritur, cui ut alius sine tumultu substitueretur magno labore impetravimus.

Tandem post 8 menses et 1/2, felicissima ac brevissima navigatione, pervenimus Goam, et die S. Francisci exscendimus, nec aliam navim ex nostris Goæ reperimus, nisi unicam alteram, quæ paucos dies nos præcesserat. Navis S. Mauri post mensem integrum appulit tandem, uno e nostris Italo desiderato dumtaxat, ita nostri omnes, nostræ que sarcinæ omnes Goam appulerunt.

Prætoria denique, post alios 15 dies Goam tenuit, sed inusto infamiæ stigmate : cum enim in 6 naves Anglicas incidisset, maluit octoginta millibus nummorum, quos patacas vocant, prælium dirimere, quam vincere, aut mori, cujus rei causa tum Prætor, tum aliquot alii, qui navi præerant, suis officiis spoliati, ad Regem mittuntur, in vinculis vel puniendi, vel facti sui rationem reddituri.

Non ita multo post F^r meus Philippus, contracto Goæ iterum morbo, maligna febri intra paucos dies nobis eripitur, magno incommodo meo. Superstites sumus Lusitani omnes, externi 6., qui accingimur ad navigationem nostram.

Pacata omnia cum a Sinis discessi reliqueram, et Nanquini res Christiana secundo cursu fluebat, ut et in ceteris nostris domiciliis. Inde totius mali principium.

Tertii tribunalis Assessor primarius Rin cognomine, magnus simulacrorum cultor, in Christianam fidem incitatus, eam toto regno exterminare aggressus est; ad eam rem nostros sibi primo putavit impetendos. Multis itaque calumniis armatos libellos instruxit, et Pequinum ad Regem quam secretissime transmisit; sed cum eos sæpe repeteret intra mensem nullum rescriptum impetravit; adhibet alios, multa miscet et largitione omnia inungit. Inter ceteros ad suas partes adjungit Præsidem 3ᵘ tribunalis summum, ad quod tribunal spectat de exteris deque religione præter alia multa cognoscere, ab eo libellus ad Regem etiam penetravit, equò calumniis instructus. Quæ omnia ita deinceps sua sponte corruerunt, ut etiam adversarii libellorum pœnitentia ex pudore tacti, eos revocarint et de sola religione queri voluerint. Cum neque sic Rex responderet, quod apud Sinas idem est ac si rescriptum negaret, tandem alio libello Præses Pequinensis Regi significat, se pro officii sui ratione externos illos e regno demissurum omnes, iis exceptis, qui in Regia morabantur; et ut significavit, ita fecit. Sed omnes magistratus earum urbium, in quibus nostri degunt, dissimularunt, præter adversarium nostrum Nanquinensem, qui nostros, qui Nanchini degebant, duos sacerdotes cum uno fratre, alumnis, famulis, ac neophytis aliquot, jussit comprehendi : nec tamen ante regium rescriptum ausus est nostros dimittere. Interim in diversis tribunalibus illos exercuit, ad 9 menses fere, omnes ad unum et aliqui sæpius vapularunt atrocissimo illo Sinensi verberationis genere; unus et alter, ob fidem in vinculis obiit vi tormentorum. Interim e neophytis ne unus a fide defecit, sed omnes, etiam in tormentis, non tantum sibi constiterunt, sed etiam exultarunt.

Tandem adversarius noster Nanquinensis, decem millium aureorum largitione, per Eunuchos impetravit, aut potius extorsit a Rege, ut ad suos nostri remitterentur, potius quàm, quod ipse urgebat, morte plecterentur. Ergo Nostri Pequino perhonorificè dimissi, suis rebus distractis Cantonem venerunt. Nanquinenses, maxima infamia, agente adversario ejecti sunt, et intra cancas duo Cantonem deportati.

In ceteris domiciliis nostri mitius habiti sunt, et omnes intra regnum remanserunt, præter duos Pequinenses et duos Nanquinenses. Post modum cæpit Deus pro nobis pugnare; nam Pequinensis Præses loco excidit, et domum inglorius remissus est: Nanquinensis ægritudine gravi premebatur, et filiam amiserat unigenitam, extremum Sinis malum, cujus causa idolum quoddam, cui filiam commendarat, in rabiem actus exussit.

Nostri novam sedem in Provincia Kanci adornarunt. P. Luciani a Sylva Lusitani cadaver intra sarcophagum jam annis quatuor, sinensi ex more domi asservatum, ab exploratoribus domum nostram submissum, apertum est, et integrum etiam cum vestibus repertum, cælum subito obnubi latum clauso feretro ad se rediit, quod Sinæ horruerunt, eo quod illi religioni sibi ducant vel maximè cadaverum tumulos aperire, ejus deinde corpus in agro populariter humatum miracula patrare fertur et a neophytis frequentari.

Ego a superioribus evocor quam citissimè, et speratur eorum munerum quæ fero, supra Dei auxilium, beneficio, facile omnia restituenda; et non deerit, qui Regi res nostras exponat, quem sciunt impostorum libellis actum ut de nostris remittendis cogitaret. Et fortasse non defuit, qui hanc esse nostrorum voluntatem persuaderet, quod occlusis viis omnibus nunquam ad Regem libelli nostri penetrare potuerint.

In Japonia religiosi e 4 ordinibus singuli D. Augustini, D. Dominici, D. Francisci et societatis nostræ gloriosum pro Christo martyrium obierunt. Alii duo in vinculis manebant. Tota Japonia 20 pro Christi nomine mortem pertulerunt, alii multi gravissima supplicia exiliaque constantissimo.

In Indiæ Boreali parte, atrocissima tempestas fuit, hinc factum ut, ad iram divinam avertendam, tota India supplicantium pompæ explicatæ sint. Cometæ duo visi sunt eodem fere tempore, alter alterum præcessit diebus fere 14 ; uterque a scorpione egressus, prior ad meridiem, posterior ad aquilonem cursum direxit, et adhuc apparent cum hæc scribo 20 decembris, sed prior obscure, cum nobis videri cœperit XI 9 bris.

Le P. Nicolas Trigault. Goa, 20 décembre 1618.

Nous partîmes de Lisbonne sur une flotte de trois navires, le 16 avril 1618. Trente-quatre membres de la Compagnie avaient pris place dans deux de ces vaisseaux ; l'un en comptait douze destinés au Japon, en y comprenant l'évêque de cette contrée aussi de la société de Jésus, le R. D. Jacques Valens ; les treize autres missionnaires avaient pour supérieur le P. Gabriel Machos qui était venu à Rome du Japon comme procureur de la province ; le navire qui les portait se nommait le Saint-Maur. Sur l'autre vaisseau nous étions au nombre de vingt-deux, dix Portugais, trois Italiens, quatre Allemands et cinq Gallo-Belges. Tout ce que nous possédions fut placé sur ces deux navires; l'amiral ne reçut aucun des nôtres, aucun de nos bagages, disposition préparée sans doute par la divine providence. Après les premières atteintes du mal de mer, que chacun de nous ressentit plus ou moins, notre navigation fut favorable jusqu'aux îles Canaries, où trois transports, avec deux bâtiments plus petits appelés viras par les Portugais, se séparèrent je ne sais comment de la flotte, et naviguèrent isolés les uns des autres.

Ensuite nous atteignîmes la zone torride, en disposant nos journées de manière à rendre la traversée aussi agréable que possible. Le soin des malades, l'enseignement de la religion, les sermons, le saint sacrifice de la messe que nous célébrions presque chaque jour, l'étude des cas de conscience, des mathématiques et de la langue chinoise, avec d'autres occupations placées chacune à son jour et à son heure trompaient si doucement la longueur du temps, que nous semblions en quelque sorte voyager sur un fleuve paisible. Mais cette prospérité ne fut pas longue: près de la ligne équinoxiale, des fièvres violentes se répandirent dans l'équipage et les passagers, apportant aux missionnaires non-seulement des fatigues, mais aussi la contagion qui nous atteignit tous à l'exception d'un seul, et enleva en douze jours cinq d'entre nous. Le premier que nous perdîmes fut le P. Quintin Cousyn, gallo-belge, le second le P. Albéric, allemand, le troisième le P. Hubert de Saint-

Laurent, gallo-belge mon parent; le quatrième le P. Jean de Celles aussi gallo-belge, et le cinquième, qui périt le dernier durant la navigation, fut le P. Jean Cavallino, italien. Quand les souffrances des autres s'apaisèrent enfin, mon frère Philippe et moi nous fûmes attaqués en même temps de la manière la plus grave par le fléau qui nous retint dix jours sur notre couche, et me réduisit à l'extrémité, sans que j'eusse pu recevoir les sacrements et ayant à peine, d'après l'opinion de tous, quelques heures à vivre. Philippe souffrit moins dès le commencement; mais sa guérison ne fut jamais aussi complète.

Cependant la navigation fut prospère et nous n'éprouvâmes aucune tempête jusqu'au cap de Bonne-Espérance que nous doublâmes le 25 juillet, fête de Saint-Jacques. Peu de jours après, nous fûmes assaillis par un horrible orage de trois nuits, qui paraissait vouloir s'apaiser durant les heures du jour. Et bientôt le capitaine du navire fut attaqué et enlevé par la maladie et nous ne parvînmes qu'avec beaucoup de difficulté à en faire nommer un autre sans qu'une révolte éclatât.

Enfin après cinq mois et demi, espace de temps très-court, nous arrivâmes à Goa et nous débarquâmes le jour de Saint-François; nous ne trouvâmes dans le port qu'un seul de nos vaisseaux qui nous avait précédés de quelques jours. Le *Saint-Maur* arriva seulement un mois plus tard, n'ayant perdu qu'un seul de nos missionnaires qui était italien : c'est ainsi qu'avec nos bagages nous arrivâmes tous à Goa.

Le vaisseau amiral n'y jeta l'ancre que quinze jours encore plus tard, et encore avec une flétrissure deshonorante pour son équipage. Tombé au milieu de six navires anglais, il avait mieux aimé éviter le combat en payant quatre vingt mille écus que l'on appelle *pataques*, plutôt que de vaincre ou de périr. A cause de cette lâcheté, l'amiral et quelques autres officiers supérieurs furent dégradés, et envoyés au roi enchaînés, pour être punis ou pour rendre compte de leur conduite.

Peu de jours après, mon frère Philippe, atteint de nouveau par la maladie à Goa, fut enlevé en quelques jours par une fièvre maligne, douleur profonde pour moi. Tous les missionnaires portugais ont résisté; des autres nations, six seulement ont échappé; tous les survivants se disposent à s'embarquer.

En quittant la Chine j'avais laissé tout le pays en paix et à Nan-King comme dans les autres résidences, la mission suivait un cours prospère. Le mal commença dans cette ville.

Le premier assesseur du troisième tribunal, nommé Rin, adorateur ardent des idoles et ennemi de la religion chrétienne, résolut de détruire cette religion dans tout l'empire, et, pour arriver à cela, d'attaquer d'abord nos missionnaires. Il remplit donc plusieurs libelles incendiaires de beaucoup de calomnies et les fait remettre à l'empereur à Péking, le plus secrètement possible; un mois s'étant écoulé sans qu'il eut aucune réponse malgré ses démarches répétées, il envoie d'autres pamphlets, emploie toute sorte de moyens et répand l'or partout. Entre autres partisans qu'il gagna à ses idées se trouva le premier président du troisième tribunal, auquel il appartient de juger, outre beaucoup d'autres causes, celles qui concernent la religion et les étrangers : ce président fit parvenir jusqu'à l'empereur un pamphlet non moins calomnieux. Mais toutes ces attaques tombèrent d'elles-mêmes; de sorte que nos ennemis honteux eux-mêmes de leurs accusations, ne se plaignirent plus que de la religion que nous enseignons.

L'empereur n'ayant pas même répondu à cette dernière demande, ce qui en Chine, veut dire qu'il refuse sa sanction, le président de Péking lui déclara par une autre pétition qu'en vertu des pouvoirs de sa charge il ordonnait l'expulsion de tous les étrangers, excepté de ceux qui habitent dans le palais : et il le fit en effet. Mais tous les magistrats des villes où nous avons des résidences, feignirent de ne pas savoir que nous existions, excepté notre ennemi déclaré de Nan-King qui ordonna de saisir tous les chrétiens de cette ville, deux prêtres avec un frère, leurs élèves, leurs domestiques et quelques néophytes; il n'osa cependant pas les chasser sans un décret de l'empereur.

Il les fit traduire devant divers tribunaux, et, tous dans l'espace de neuf mois, ils furent, et quelques-uns très-souvent, battus de verges, supplice que les Chinois ont rendu affreux; deux accablés par les tourments, moururent pour la foi dans les fers. Pas un des néophytes ne défaillit; et tous dans les tourments, non-seulement furent fidèles à Dieu, mais ils se réjouirent de souffrir pour lui. Enfin notre ennemi de Nan-King, en donnant dix mille pièces d'or, obtint par le moyen des eunuques ou plutôt extorqua de l'empereur l'ordre d'expulsion contre les nôtres au lieu de l'arrêt de mort qu'il sollicitait. Les missionnaires de la compagnie renvoyés de Péking d'une manière honorable se rendirent à Canton après avoir perdu ce qu'ils possédaient. Mais ceux de Nan-King, par l'influence de notre adversaire, furent chassés ignominieusement et tous deux conduits à Canton la cangue au cou. Dans les autres résidences l'on eut moins à souffrir; et tous les missionnaires restèrent dans l'empire, excepté les deux de Péking et les deux de Nan-King. Dans la suite Dieu montra qu'il combattait pour nous; car le président de Péking fut dépouillé de sa charge et renvoyé avec ignomonie dans sa famille; celui de Nan-King souffrit d'une maladie cruelle, et ayant perdu sa fille unique, douleur extrême pour un chinois, il brûla, dans son désespoir, une idole à laquelle il avait recommandé son enfant.

Nous avons fondé une nouvelle résidence dans la province de Khan-si. Le cadavre du père portugais Lucien de Sylva conservé depuis quatre ans dans un sarcophage à la manière des Chinois, fut visité par ceux qui étaient chargés de faire des perquisitions dans cette résidence et trouvé entier avec ses vêtements; mais à peine le cercueil eut-il été ouvert que le ciel se couvrit de nuages, et il reprit sa sérénité quand on le referma. Les Chinois furent épouvantés, car ils se font un scrupule religieux d'ouvrir les tombeaux. On dit que les restes du missionnaire, qui furent exhumés dans un champ au milieu d'une grande foule de peuple, opèrent des miracles et sont vénérés par les néophytes.

Les supérieurs de la mission me rappellent avec instance. On espère que par la grâce de Dieu, les présents que j'apporte pourront contribuer à rétablir l'ancien état de choses; il y aura des personnes qui exposeront notre situation à l'Empereur, qui, on le sait, a été poussé par les libelles des imposteurs à chasser les missionnaires. Peut-être même y a-t-il eu des hommes qui ont voulu faire croire que notre désir était de partir : aucune voie n'a été ouverte pour faire parvenir nos supplications à l'Empereur.

Dans le Japon quatre religieux des quatre ordres différents de Saint-Augustin, de Saint-Dominique, de Saint-François et de Saint-Ignace ont subi un glorieux martyre pour Jésus-Christ. Deux autres étaient encore dans les fers. Dans tout le pays vingt fidèles ont souffert la mort pour la foi; et un grand nombre d'autres ont enduré avec la plus grande fermeté les supplices les plus cruels et l'exil.

Dans la partie septentrionale de l'Inde, les tempêtes ont été terribles. Aussi pour détourner la colère divine on a fait, dans toute la presqu'île, des supplications solennelles. Deux comètes ont paru presque en même temps, seulement à quatorze jours d'intervalle; toutes deux parties du signe du Scorpion, l'une a dirigé sa course au midi et l'autre au nord; on les voit encore aujourd'hui, vingt décembre au moment où je vous écris; mais la première commence à s'obscurcir, car elle s'est montrée le neuf de ce mois.

VI

Ex litteris P. Nicolai Trigault, ad serenissimum Electorem Bavariæ et alios Bavariæ duces, datis 30 octob. 1624.

Annorum superiorum persecutio sedata, æmuli omnes mortui, nostri in regiam revocati, ubique rei christianæ felices progressus. Quod ad me attinet, jàm hujus linguæ difficultates oblivione diuturnâ obliteratus, Deo laus, et in hac ætate resarcivi; jam expeditè sine interprete cum omnibus ago, et jam annus est ubi in remotissimis provinciis solus peregrinor, Christi fidem disseminans. Nuper in provincia Honan urbis hujus gubernator cum tota familia fidem christianam suscepit; nunc in provinciam Xamsi (Chan-si) evocatus veni, ubi gravissimi non pauci viri fidem christianam amplectuntur, et hodiè duo ex imperatorio sanguine in catec(h)umenorum numerum adsciscuntur; quorum alter est mille et amplius regiorum nepotum princeps. Alius et præterquàm quod eodem sanguine regio, est ex primis qui in hâc urbe versantur, jàm et inter litteratos 2^m gradum obtinuit, et hoc anno 1^m proximis examinibus sperat. Ab his duobus aliorum multorum salus dependet. Expecto in dies socium qui has spes promoveat. Ego enim jàm in aliam provinciam migrari cogor, à viris maximis evocatus. Incredibile quam albæ ubique sint segetes et operarii pauci. Serenitatum Vestrarum regia munera adhuc in Amacaensi portu delitescunt; nondum enim impetrare potuimus ut admitterentur. Itâ magistratus omnes timide externis favent, ne videantur cum iis habere commercium. Verùm hoc anno, doctor Paulus, ecclesiæ sinensis columen, in regiam revocatus, ad suam in rituum tribunali dignitatem, è quâ maximo saltu infrà annum ad supremam dignitatem evadet; à quo, Deo juvante, omnia summa speramus. — Serenissima ducissa suis litteris, quas accepi, petit ut mittam frustum illius marmoris quod Sinis est in pretio, ut exploratur nùm in Lotharingiæ montibus simile reperiatur. His inclusam mitto frustulum minime adulterinum, nuper ad me dono missum. — Sinæ etiam in pretio habent succinum pro quo etiam rudi quadruplum argenti pondus pendunt. Si serenissima parens eleemosynam suam annuam in succino destinaret etiam rude quadruplum mitteret. — Inter has occupationes aggressus sum opus nobile Annalium sinensium seu compendium in centurias antè et post Christum distributum. Perveni hodiè ad annum antè Christi ortum 860, et habeo jàm rerum memorabilia folia 40. Cùm ad Christum pervenero mitti poterit ea pars, quâ justum volumen conficiet. Stupebit Europa tantam in antiquitatis tenebris lucem, et invenient christiani et in his ethnicis quod admirentur. Anno sequenti si visum fuerit superioribus et transcribit potuerit, Deo vitam dante, paratum erit. Plura vellem; sed obruor occupationibus, et hunc diem totum usque ad noctem erudiendis duobis illis catec(h)umenis magna mea voluptate consumpsi. Cras evocor in proximum à pluribus litteratis et alliis. Itaque finem cogor imponero, SS. VV. rogans ut has communes literas agnoscant: scio enim SS. VV. nolle ut ideo rem christianam prætermittam.

Ex regno sinensi, provincia Xamsi (Chan-si) urbe Kiamicheo (Kiang-tcheou), 20 oct. 1624 (1).

Lettre du P. Trigault aux princes de la maison de Bavière.

Au sérénissime électeur et aux autres ducs de Bavière, en date du 21 octobre 1624.

La persécution des années précédentes est apaisée; tous nos ennemis sont morts; nos pères ont été rappelés dans le palais de l'empereur; partout la foi prospère et se propage. Pour moi, grâce à Dieu, j'ai pu, même à mon âge, vaincre les difficultés de la langue chinoise, dont une longue absence m'avait deshabitué; je communique facilement et sans interprète avec tous les habitants, et il y a déjà plus d'un an que je voyage seul dans les provinces les plus éloignées, propageant la foi du Christ. Dernièrement dans la province de Honan, le mandarin gouverneur de la capitale a embrassé la religion chrétienne avec toute sa famille; maintenant je suis dans la province de Chan-si où l'on m'a appelé, et plusieurs hommes

(1) Cette lettre se trouve à Bruxelles dans la bibliothèque de Bourgogne. A cette occasion, nous remercierons le savant P. De Buck, qui a bien voulu nous transcrire lui-même quelques passages que nous avions omis de copier lors de nos premières recherches dans la Belgique.

très-influents y adoptent nos croyances, aujourd'hui même deux membres de la famille impériale ont été admis au nombre des catéchumènes ; l'un est chef d'une branche qui comprend plus de mille personnes du sang royal, et l'autre, non-seulement est aussi du sang royal, mais c'est l'un des principaux habitants de cette ville, il est mandarin du second degré, et il se présentera, cette année, aux prochains examens, pour arriver au premier. De ces deux néophytes dépend le salut d'un grand nombre d'autres personnes.

J'attends de jour en jour un auxiliaire qui puisse faire éclore l'espoir que donne cette nouvelle chrétienté. Pour moi je me vois forcé de me rendre dans une nouvelle province, où m'appellent des personnages importants. On ne pourrait croire comment les moissons blanchissent et combien rares sont les ouvriers.

Les présents vraiment royaux de vos sérénités sont encore cachés dans le port de Macao ; nous n'avons pas encore pu obtenir de les faire pénétrer dans l'empire, tant les mandarins mettent de circonspection dans la faveur qu'ils nous témoignent, de peur de paraître entretenir des relations avec des étrangers. Mais cette année, le docteur Paul, ce soutien de la chrétienté chinoise, est rappelé dans le palais impérial pour occuper la première place dans le tribunal des rites, et avant la fin de l'année prochaine il montera sans doute jusqu'à la plus haute de toutes les dignités ; avec l'aide de Dieu, nous espérons les faveurs les plus grandes.

Dans la lettre qu'elle m'a écrite, la sérénissime

duchesse, me demande de lui envoyer un morceau du marbre qui a une très-grande valeur dans la Chine, afin de savoir si l'on en trouve de semblable en Lorraine. J'envoie dans cette lettre un petit morceau de ce marbre, qui m'a été donné dernièrement. Les Chinois estiment beaucoup l'ambre jaune ; même quand il est encore brut, ils le payent en argent quatre fois son poids. Si votre mère sérénissime m'envoyait son aumône annuelle en ambre, même brut, cette aumône serait donc quadruplée.

Au milieu de ces occupations, j'ai entrepris un ouvrage important, c'est l'abrégé des Annales de la Chine, distribué par siècle avant et après Jésus-Christ. J'en suis maintenant à l'an 1560 avant l'ère chrétienne, et j'ai déjà écrit quarante feuilles d'événements mémorables. Lorsque j'aurai atteint la naissance de Jésus-Christ, je pourrai envoyer une partie qui remplira un volume tout entier. L'Europe s'étonnera de voir tant de lumières au milieu des ténèbres de l'antiquité, et les chrétiens trouveront à admirer même dans l'histoire de ces nations païennes. L'année prochaine, si mes supérieurs m'y autorisent, si je puis copier mon travail et pourvu que Dieu me prête vie, cette première partie de mon ouvrage sera terminée.

Je voudrais vous écrire plus longuement, mais je suis accablé de besogne. Aujourd'hui à ma grande joie, j'ai consacré toute la journée à instruire mes deux catéchumènes, et demain je suis appelé dans une ville voisine par plusieurs lettrés et d'autres personnes. Je me vois donc forcé de mettre fin à cette lettre, et de prier vos sérénités de vouloir bien la considérer comme écrite pour chacune d'elles. Je sais qu'elles ne voudraient pas que je négligeasse, pour leur écrire, les intérêts de la chrétienté.

De l'empire chinois, province de Chan-si, Kiang-tcheou, 20 oct. 1624.

N. TRIGAULT.

VII

De rebus Chinensibus, P. Trigault ad R. P. Montmorenci, 13 septembris, 1627.

Ego ab Apostolico in quo hic versabar munere, ad scribendum Sinis Europœa, Europœis sinensia sum revocatus; et ut apparet in hoc occupationis genere ad mortem usque detinebor. Ne tamen hæc Epistola nihil prælibet, quam brevissimo potero, pauca de tota expeditione, pauca de me contraham. Quod ad annorum superiorum persecutionem spectat, in antiquum statum restituti sumus. In regia nostri degunt, ab Rege revocati, necdum tamen quæ vellemus impetramus. Non est eadem imperii hujus facies, quæ olim fuit. Qui nunc imperat puer cœpit, et tametsi per ætatem sapere deberet, Eunucho cuidam omnia permittit. Magnæ inter Eunuchos, qui nunc prævalent, discordiæ magistratusque sunt. Tartari nunquam quiescunt, licet jam aliquoties victi tormentorum bellicorum operâ, quorum jam usum Sinæ per Amacaenses Lusitanos nostrorum operâ didicerunt, cujus meriti gratiam alii ut ad se derivarent, a nobis averterunt; sed ita, ut tamen constet externos, qui arma sua tradunt, nihil machinari.

Res Christiana pergit non infeliciter, sed adhuc infra vela. In tribus novis Provinciis fixa domicilia constituimus, in alias excurrimus, ab aliis expetimur, sed operariorum penuriâ prohibemur.

Hæc universim.

De me quoniam R. V. ita velle scio, pauca.

Quadriennium est, ex quo Sinensis jam sermonis gnarus ad novas missiones emissus sum. Tres mihi provinciæ, verius regna, singula Hispaniæ vel Galliæ vastitate ac frequentia non minora, commendata. 1ª fuit Thonan (Thong-hoa *ou plutôt* Honan?) in qua sedem figere non potui sed adjunctus est Christo urbis unius Gubernator, qui in suam provinciam Han-am ad extremum regni Sinensis Austrum regno Cunchinchinæ conterminum ab ducere me vel alium saltem omni ope conatus est, sed neutrum a nostra penuria, non sine magno vel illius, vel nostri mærore impetravit. Ex ea provincia Chan-si-noe migravi, et Deo conatum inutilis servi sui promovente, fixam societatis sedem constitui, cujus tanta messis est, ut intra biennium supra 100 se Xº adjunxerint. — Ea constituta post annum ad tertiam migravi, dato successore Xan-si-noe, in qua per sex fere menses lecto affixus ad extrema deveni, et licet sine socio, in maxima rerum penuria, tandem convalui, et aliam sedem fixam societatis in ejus metropoli constitui;

nullo missionis sumptu comodissimas ædes coëmi, et Neophytus doctor, ad ædium quem fecit sumptum, sacram ædem parat sumptu non minore. Neutra cedit illis quas hactenus constituinus. In hoc rerum cursu, cum iterum successore dato, ad alias provincias vicinas me accingerem a Vice Provinciali nostro post visitationem revocatus sum in provinciam Chechium, unde discesseram, ad scribendum. Cum enim ille quadriennio illo opera quædam interim a me edita conspexisset, hoc occupationis genus alteri prætulit, et ego nec potui, nec ausus sum pertinatius repugnare. Scripseram autem sinicè, quod mihi nunc satis est expeditum tribus tomis, Sinarum rogatu, vocabularium quoddam, in quod sinarum characteres ad nostraram vocalium et consonantium ordinem ita revocavi, ut intra triduum a Sinis totum artificium intelligatur, Opus a grammatico grammaticum, Sinis stupor fuit, quod mirarentur hominem externum errores suos, quibus in hac materia scatebant, emendasse, opus hoc est esca amplissima, et quæ jam multos in Christi sagenam compulit. Supremi quondam totius regni tribunalis præses, suo sumptu illud edidit, et insigni proëmio cohonestavit.

Urgeor nunc ad 2^{am} editionem ampliorem, quæ ubi aliquot voluminum decadibus prodierit, omnia corum de hac materia, quæ sunt innumera, volumina sepeliet. Hoc sinis, aliud nostris. Quinque illorum volumina quæ illis tanti sunt, quanti nobis sacra Biblia, latina paraphrasi explicavi, quod de alio volumine, quod tetrabiblion vocant, fecerat olim P. Matthæus Riccius; hoc opus imperfectum vult a me poliri P. noster Provincialis, ut nostrarum qui hic recentes veniunt studium facilius fiat : nam alioquin Europæis est inutile.

Post hoc opus aliud ingens inchoavi Sinensium Annalium et jam ultra Christi natalem ad ducentos annos produxi. Ad Christi natalem tomus intumuit ad magnitudinem unius e Tomis Cardinalis Baronii, et quod ad nostra tempora superest, alios tres ejusmodi implebit. Hoc opus est revera nobilissimum (nisi in quantum illud scriptoris deterit ingenium) erit que Europæ gratissimum, et qui primus in Indiam navigabit Procurator secum feret, quod factum repererit.

Præter hæc P. Vice-Provincialis vult historiam illam nostram de expeditione Christiana recudi, et e primo libro volumen conflari, et quæ post mortem P. Matthæi Riccii contigerunt, per annos alios fere viginti continuari. Ad hæc singulorum annorum litteras, ut olim, a me scribi.

Nec hic stat quod a me exigitur; nam neophyti nostri doctoris urgent, ut sinensi sermoni plura aptem, alius hoc alius aliud a me exigit : nondum quidquam statui. Expecto in dies Vice-Provincialis adventum, ut aliquid statuamus. Ego inter tot ægritudines, quæ mihi nunquam desunt, quo me vertam nescio, oportebit me diem unum sinis, alterum Europæis continua vice consecrare, ne ab obedientia discedam, cujus auctor vires vitamque quam diu placuerit suppeditabit.

Ex his velim R. V. colligat quam mihi parum supersit ad Europæas litteras concinnandas, in quibus si quid in charissimam provinciam meam ceterosque peccavi, velim silentii culpam in necessitatem, non in tot quæ ubique recepi beneficiorum oblivionem referri, quibus ut satisfacerem, cuperem sæpius, si possem, meipsum in plures multiplicare. Peto a R. V. ut per se aliosque aliquid semper eorum quibus ibi abundatis, ad munuscula, seponat, cujusmodi sunt icones, maximè Christi et B^{mæ}. V^s. Ad hæc ædificiorum, nemorum, hortorum, et hujus modi sculptæ figuræ, specula, conspicilia, clepsydræ, et his similia, quæ hic in pretio sunt. Quæ attuli jam exhausta sunt omnia. Vocabularii mei opus integrum R. V. mittam; si cum his litteris defuerit, ne miretur, nam ex absentia Patris Vice-Provincialis vereor ut hoc anno destinari possit : tardius enim e missione mea per 50 dierum iter huc perveni, indè mittere possum. In annum sequentem si vixero, hoc parabo. Quæso R. V. ut litteras has cum PP. Fratribusque communes esse velit, quorum apud me gratissima memoria nunquam interibit. Sed quam difficile est unum multis, tam facile est multos uni scribere. Itaque singuli hæc pro suis accipiant. R. V. et omnium SS. sacrificiis et orationibus me commendo.

Ex urbe Han-cheu metropoli provinciæ Chem-Chiam, 13 sept. 1627.

R. V. Servus in Christo,

NICOLAUS TRIGAUTIUS.

Rex Sinarum ex improviso moritur, successit Frater annos natus 18. Eunuchus invasor amotus, jam creditur periisse. Ego a scribendo iterum avocatus, in provinciam Cantoniensem iterum recurrere jubeor, ad adducendum visitatorem nostrum, qui quod sit sermonis imperitus, sine duce huc penetrare non potest. Hoc iter si 4 mensibus absolvero, præclare mecum actum putabo. Jam secundò in vastissimo flumine prope naufragium feci; sed Deus me adhuc eripuit. Reversus iterum in provinciam Xen-si excurrere cogær, et ita fere annum integrum peregrinabor. Deus sit benedictus. Iterum vale. 25 9bris 1627.

R. V. Servus in Christo,

NICOLAUS TRIGAUTIUS.

Iter P. Nicolai Trigautii ex China in Europam et Chinensium status.

P. Nicolaus Trigault Belga, missionis Chinensis Procurator, a decennio in Indiam Orientalem, inde post aliquot annos in regnum Chinense intimum, denique ad regiam et ad ipsius regis palatium penetravit. Eundo solitum iter mari confecit. In reditu, Cochinum usque mari vectus consuetâ navigatione, Cochino Goam centum et amplius leucas terrâ confecit, quod iter hactenus è societate nostra nullus percurrerat, et vulgo periculosum habebatur. Goâ deinde mari venit in Insulam Armusianam, in ora sinus Persici sitam. Indè transiens in Persidis continentem, maximâ illius parte peragratâ, terrestri itinere in Arabiam desertam pervenit; ea transmissa non procul a Babylonia Turcarum terras ingressus, ipsam quoque Babyloniam attigit, quam ex vicinis ruinis facile constat talem fuisse, qualis describitur. Inde fluminibus Tygri et Euphrate transmissis, post immanem solitudinem venit Eliopolim Syriæ metropolim, quæ sedes Aleppo dicitur, quo in emporio sanè celebri, negotiatores Europæi permulti, Galli, Veneti, Angli et Belgæ reperiuntur. Inde discedens in portum qui biduo distat, et Alexandreta vocatur, in mari Mediterraneo conscendit navem, et in Cyprum appulit; inde scapha exigua solvens in Attaliam Natoliæ urbem devenit, ibique alia scapha conscensa devenit in insulam exiguam non procul à Rhodo, quam Simi Græci, vel Simiagni vocant; ibi celocem conscendens pervenit in Cretam, quam hodiè Candiam vocant, agnitus que pro societatis Jesu religioso, nihilominus à Venetis est habitus perhumanè, factaque illi facultate in illorum dominium qua opus esset, ut in Italiam deveniret, exscendendi; conscendit navem Belgicam Amsterolodamensem, et ea vectus in insulam Zacynthum, ubi recrudescente morbo cum quo e Candia discesserat, aliquot dies substitit; postea velocem conscendens Hidruntum, regni Neapolitani portum attigit, tum terrestri itinere venit Neapolim, inde Romam, quo cum pervenisset, post paucos dies febre correptus, periculosè et propè desperatè laboravit. In eo itinere, ex quo Nanchino vetere Chinensium regum curia discessit, biennium totum consumpsit, priusquam Romam perveniret.

Chinensis regni latitudo mathematica incipit a sinensis regni insula cui nomen Haynam in 19 gradu ab æquatore usque ad 42 et paulo amplius, ubi regnum clauditur muris illis in Tartarium *(sic)* cantatissimis. Longitudo vero ab insulis fortunatis, in gradu 112, et excurrit in mare ad ortum per gradus 20, usque ad 132. Abundat mare omnibus, neque deest illi quidquam quod ad vitam humanam necessarium, imo et ad luxem esse videatur. Fructus præter uvam et amygdala, nostros habet omnes, oleo tamen etiam optimo non caret, quod optimum est gesamo exprimitur, id semen lino non absimile, Lusitani Garzonino vocant. Sed horum loco non minus 20 fructuum species, ad zonam torridam soli Indiæ communes habet, quibus caremus, præter alias tres, Chinensi regno particulares.

Habitatur frequentissimè, muratas urbes habet, et numerat mille quingentas quinquaginta septem. Capita verò, ultra ducentos et trigenta duos milliones excrescunt. Ea sic numerantur. Ex questuræ libris constat eo anno quo a P. Matthæo Riccio summa est inita, repertos esse capitum quinquaginta octo milliones, et quinquaginta quinque millia et octingentos virorum; hi enim soli tributum illud pendunt. Ab eo vero tributo sunt immunes viri totidem, quot obnoxii numerantur. Nam pueri ad annum 14, servi magistratus, magistratuum famuli, milites, eunuchi e regio sanguine, ab omni seculorum memoria oriundi, litterati, aliique complures. Ex quo conficitur illam summam duplicandam ex viris dumtaxet, quibus si accesserint fæminæ, nihilo viris pauciores sed fere plures, summa quam dixi resultabit.

Rex non fit, sed nascitur, filiorum successione, prout apud Europæos. Reliqui filii, certas in urbes non simul omnes, sed singuli amandantur; ibi regiè habitant, nominantur vivuntque stipendio quod illis senectus pendit, sed injussi Regis exire est capitale, nec ullam reipublicæ partem attingunt. Habet rex in annuo censu 150 milliones auri. Hæc summa nunc est omnino explorata, et in eam magnitudinem excrescit ex tributo, quod in capita penditur. Ædes etiam singulæ tributum persolvunt. Nono deinde pars ex omnibus agris totius regni ad regem redit. Præter hæc habet aurifodinas, et teloniorum per singulas provincias vectigalia, quæ ex incredibili commercio multum excrescere constat. Asserit testis oculatus ipse procurator, videri sibi tot in Chinensi regno navigia reperiri, quot in reliquo terrarum orbe. Si de fluminibus agitur in duarum urbium portubus asserit : in singulis a se visa non pauciora quam centum navigiorum majorum ac minorum millia, cum tamen duæ illæ urbes, non nisi triduo inter se distarent. Et ut de urbibus quod supra exciderat, aliquid dicam, asserit ab se visas duas urbes, in quibus mortales numerantur, ex subductione qua supra, in singulis, in una 4 milliones, in alia tres milliones.

Nulla est apud Chinas nobilitas, nisi quam sibi quisque fecerit studio litterum : ex solis enim litteratis magistratus eliguntur, quorum litteratorum examina ad litterarios gradus conferendos tanta circumspectione instituuntur, ut fraus intervenire nullo modo posse videatur. Magistratuum ingens est numerus, varii ordines, magna majestas. Ad sex fere tribunalia omnia revocantur. 1ᵘᵐ Est magistratuum eligendorum, 2ᵃᵐ est rituum, 3ᵐ questuræ, 4ᵘᵐ operum publicorum, 5ᵘᵐ militiæ, 6ᵐ criminum. Præter hæc tamen sunt alii velut extraordinarii, ut regis provinciarum visitatores, earumdem ad monitores regii ac syndici, qui regem de suis ac aliorum erratis monent incredibili libertate. Ex his nemo in sua provincia gubernat, ne a notis a rigore justitiæ abducatur; Militiæ tamen duces ac Præfecti fere apud suos in patria excubant; nam eos aiunt fortius sua quam aliena tuituros. Religio non una est, nam litteratorum secta, e quà etiam reges esse solent, idola non colunt, sed est lex naturalis, multorum seculorum tenebris obscurior, unum numen colit, angelos admittit, et colit, sed ut Dei ministros, et animum immortalem fatetur. In moribus secundum charitatis præceptum clare proponit; secundæ tabulæ præcepta observanda exhibet, de animi perturbationibus sedandis, de virtutibus omnibus, imo, quod miréris, de ipsa animi submissione nobilissima præcepta tradit.

Alia secta est Idolorum, quam ferè vulgus sequitur, tametsi litterati hoc tempore plerique quoque idola exterius venerentur, licet illis non credant. Hinc oritur nostros per se magna libertate invehi in idola, eaque flammis tradere, etiam conscia civitate universa. Gens est mire urbana et quæ fortasse in hac re nimia est, cujus comparatione Europæi, si speciem solum externam attendimus, rudiores videri possunt. Litteris ac scientiis supra omnes nationes recreantur. Veritati clarè propositæ facile cedit, mitis est ingenii, superioribus obediens, pacis studiosa et jurgiorum inimica; denique mire facta est ad Evangelii lucem recipiendam, nisi externos ita metueret, et sinistra semper suspicaretur. Non tamen ita male illos habet ut olim scribebatur. Eos ab ingressu arcet, si possit, sed si quis irrepserit egredi non sinitur, neque enim externum regni sui negotia vult scire, si sciverit non sinit illum hæc regno secum efferre. Undè certum est iam nostros nulla ex causa sinarum regno expellendos. Alia multa scribenda erant, sed historiam patris Matthæi Riccii appello quam ipse trigenta annorum experientia concinnavit. Ea non solum regni mores, quamquam brevius quam optassemus, sed multo magis rei Christianæ ab initiis suis ad hæc usque tempora progressum persequitur. Cum hac edentur eodem tempore annales ex eodem tempore. Item ex Japonia duorum annorum 1610 et 1611 latinè.

Nunc aliquid dicam de re Christiana. E societate nostra viginti duo vineam illam colunt, sinæ coadjutores septem, reliqui sacerdotes Europæi, Lusitani, Itali, Hispani, Belgæ in 5 sedes sunt divisi, in utraq scilicet Regia Pequinensi et Sanquinensi. Item in duarum aliarum provinciarum metropoli, denique in primaria quadam urbe provinciæ Cantoniensis. In his omnibus sedibus templa nostra habemus publica nec in fide disseminanda impediuntur nostri, nam apud Sinas, licet cuique quam velit legem sequi.

Neophytorum numerus ad quinque millia crevit,

in iis numerantur litterati permulti, et e magistratibus non pauci, e summis vero, quibus vix sunt superiores in Europâ, Pro-Reges sex censentur. Templa nostra publica sunt, et in culmine cruces erectas habent, nullo prohibente : imo quod amplius est, nec intra hos paucos annos sperabatur, Rex nostris nil tale petentibus, consilio magistratuum palatium dedit perelegans et magnum, triplici maximè de causa diplomatibus expressa, 1°. ad ædem sacram Deo nostro erigendam, in qua ritus nostros possimus observare, et Deum nostrum precari pro Regis ac regni incolumitate. 2°. Ad sepulturam P. Matthæi Ricci, quæ res illi ac nobis fuit perhonorifica, et supra quam in Europa credi possit. Nam indigenis non nisi summis iisque de republica benemeritis, ægre et multis largitionibus conceditur. Externo vero hactenus nulli, qui legatus Regis non fuerit, concessum ferunt. 3°. Denique ad ceterorum sociorum habitationem et sepulturam. In ejus palatii aula primaria, ubi nunc est templum, idola erant permulta, quæ consciâ et prope inspectante aulâ universâ confregimus aut exussimus, nemine renitente, aut etiam mussitante. Nostri præterea ex occasione lunaris eclipsis, perperam a Regis astronomis prædictæ, ipsorum astrologorum rogatu, designati sunt a rege ut Chinenses fastos ad siderum normam revocarent. Quæ res nostrorum stationem in eorum regno securam facit, et magnam rei Christianæ auctoritatem parit, de qua non dubitavit dicere nuper in aula, quidam e magistratibus fere summis, nostris alioquin prius ignotus, et vir qui nemini unquam favisse fertur, legem nostram unicam veram esse, nullum que esse in aula tribunal, quod eam rem ignoret, sed ex eo quod sumus externi nondum omnes fieri Christianos.

Hæc ex multis quæ a P. Procuratore audivimus selecta sunt pauca; reliqua ex annalibus, et historia rescientur.

(*Anno* 1623). Tandem aliquando adamantinæ illæ portæ Chinensium Evangelio videntur reserari, occasione a Tartaris sumpta, qui irruptione facta jam unam alteramve provinciam occuparunt. Doctor Paulus, is cujus est frequens et honorifica mentio in annalibus Chinensibus, Regi Juveni imprimis charus, totiusque exercitus Imperator, ac nonnullis rebus contra Tartaros fortissimè prudentissimè que gestis clarus, is inquam adeo innocentiam nostram Regi probavit, ut effecerit, quod ab ipso rege innocentes, et sine causa pronuntiaremur de China pulsi, et regio edicto revocaremur. Amplius curavit ut a rege Lusitani milites ac tormentorum bellicorum magistri Macao in auxilium belli peterentur. Missi Lusitani milites centum cum instrumento bellico, ejusque magistris, cum his 5 nostri Chinam ingressi, e quibus duo milites secuti fuere, tres Pequini substitere.

Non exigua est suspicio Doctorem Paulum Regiæ quoque juventutis moderatorem esse; Dixit ei sæpius ad fidelitatem subditorum nihil tam facere quam fidem christianam eo quod Patres tamquam magistri christianorum doceant, Deo ac Regi ad extremum usque spiritum fidem servandam.

MISSIONS DE LA CHINE.

Lettre du P. Trigault au R. P. de Montmorency, 13 septembre, 1627.

J'ai été rappelé des provinces où je me consacrais au ministère apostolique, pour écrire des livres qui feront connaître l'Europe aux Chinois, et la Chine aux Européens ; et il est probable que, jusqu'à la mort, je m'occuperai de ces travaux littéraires. Mais cependant, afin de ne rien négliger, je parlerai, aussi brièvement que possible, et de toute la mission et de mes prédications. Quant à la persécution des années précédentes, elle a cessé ; tout a repris sa première tranquillité. Nos pères habitent dans le palais où ils ont été rappelés par l'empereur lui-même ; mais ils n'obtiennent pas encore toute la liberté qu'ils désirent. La face de l'empire a bien changé. Celui qui règne aujourd'hui est monté sur le trône encore enfant ; et, bien que l'âge doive maintenant lui donner plus d'énergie, il laisse la puissance à l'un des eunuques. Entre ces eunuques et les mandarins se sont élevées des dissensions. Les Tartares ne restent pas en repos, bien qu'ils aient déjà été plusieurs fois vaincus par les canons des Européens. C'est grâce à nous que les Chinois ont appris des Portugais de Macao à se servir de cette arme ; sans doute, ils se sont fait honneur d'avoir rendu ce service à l'empire chinois pour nous en enlever le mérite ; mais cependant il n'en est pas moins évident pour les indigènes que les étrangers, qui livrent ainsi leurs armes, ne pensent pas à conquérir.

Les progrès de la foi continuent, mais sans éclat. Nous avons établi des résidences dans trois nouvelles provinces ; nous en parcourons d'autres et l'on nous demande en quelques-unes ; mais la rareté des missionnaires nous arrête. Voilà pour la situation générale.

Sachant que V. R., veut que je lui parle de moi je le ferai en quelques mots. Voilà quatre ans que, possédant la langue chinoise, j'ai été envoyé dans des contrées où nous n'avions pas encore pénétré. Trois provinces ou plutôt trois royaumes dont aucun n'était inférieur à l'Espagne et à la France pour l'étendue et la population, m'ont été confiés. La première a été celle de Thong-hoa où je n'ai pu fonder une résidence mais j'y ai converti à la foi le gouverneur d'une ville qui a fait tous ses efforts pour m'emmener, moi ou un autre missionnaire dans la province de Honan, qui est au sud de l'empire, près de la Cochinchine. Mais à notre grand regret, et au sien, nous n'avons pu lui accorder sa demande à cause du manque de missionnaires. De là, j'ai passé dans la province de Chan-si, et Dieu bénissant les efforts de son serviteur inutile, j'ai établi une résidence pour la mission ; et la moisson y est si abondante qu'en deux ans plus de cent personnes ont reçu le baptême.

Cette chrétienté fondée, j'y laissai un successeur et je me rendis dans la troisième province, où pendant près de six mois je fus retenu sur un lit de souffrances par une maladie qui me réduisit à l'extrémité, sans compagnon, et manquant du nécessaire ; revenu à la santé, j'ai fondé une nouvelle résidence dans la capitale de la province : une habitation très-commode a été acquise sans que la compagnie ait eu rien à dépenser ; et un docteur catéchumène, aux sommes qu'il a données pour cette maison, ajoute encore celles qui sont nécessaires pour une église qui sera construite avec non moins de splendeur. Aucune des résidences et des églises que nous avons élevées jusqu'ici dans la Chine n'est plus remarquable.

Au milieu de tout cela, lorsqu'ayant un père pour me succéder, je me préparais à pénétrer dans une autre province, le vice-provincial, après sa visite, m'a rappelé dans le Tché-Kiang que j'avais quitté, pour me consacrer à des travaux littéraires. Comme il avait vu, durant ces quatre dernières années, quelques-uns des ouvrages que j'ai publiés, il a préféré m'employer à l'étude, et je n'ai pu, je n'ai osé lui résister trop opiniâtrement. A la demande des chrétiens indigènes, j'avais écrit en chinois (ce que je fais assez facilement) un vocabulaire, en trois volumes, dans lequel j'avais rapproché les caractères chinois de nos voyelles et de nos consonnes, de telle sorte que les habitants du pays pouvaient, en trois jours, comprendre notre système d'écriture. Ce travail de grammairien excita l'admiration des Chinois qui s'étonnèrent de voir un étranger corriger les vices de leur langue, dans une matière qu'ils s'étaient épuisés à perfectionner : aussi ce livre a été comme un hameçon excellent qui a attiré beaucoup d'idolâtres dans les filets de l'Église. L'ancien président du tribunal suprême l'a édité à ses frais et l'a enrichi d'une préface remarquable. L'on me presse maintenant d'en donner une seconde édition qui, lorsqu'elle paraîtra augmentée de quelques volumes, éclipsera les innombrables écrits que les Chinois ont écrit sur ce sujet. Voilà pour les Chinois; voici pour les Européens. J'ai expliqué à l'aide d'une traduction et d'un commentaire en latin les cinq volumes que la Chine estime autant que nous estimons les saintes Écritures, travail que le P. Ricci avait jadis fait pour le *Tetrabiblion*. Le P. provincial veut que ce dernier ouvrage qui est imparfait soit revu et augmenté par moi, afin que les missionnaires nouvellement arrivés, puissent l'étudier plus facilement; sans cela, il serait inutile pour les Européens.

J'ai commencé un autre grand ouvrage sur les Annales de la Chine, et j'en suis arrivé jusqu'à deux cents ans après Jésus-Christ; avant l'ère chrétienne, il comprend un volume in-folio de l'étendue de ceux des Annales du cardinal Baronius; et pour l'époque suivante, il offrira trois volumes du même format. C'est un ouvrage qui sera vraiment utile (à moins que l'auteur ne soit inférieur à la tâche) et que l'Europe recevra avec le plus grand plaisir. Le premier procureur qui partira pour l'Inde emportera avec lui tout ce que j'aurai composé.

De plus, le vice-provincial veut me faire refondre l'*Histoire de l'expédition chrétienne en Chine*; le premier livre doit devenir tout un volume; et il faudrait ajouter aux autres, tout ce qui s'est passé dans les 17 années qui se sont écoulées depuis la mort du P. Matthieu Ricci. Enfin je suis chargé, comme autrefois, d'écrire les lettres annuelles.

Et ce n'est pas tout ce que l'on me demande : car les néophytes de notre docteur me demandent de traduire en chinois, celui-ci un livre, celui-là un autre. J'attends l'arrivée du vice-provincial pour prendre une détermination là-dessus. Au milieu de ces embarras qui me harcèlent sans cesse, je ne sais où me tourner ; il me faudrait consacrer tour à tour un jour aux Chinois, un jour aux Européens, pour ne pas désobéir aux ordres de mes supérieurs ; l'auteur de la vie me donnera, autant qu'il lui plaira, les forces nécessaires pour suffire à ces travaux.

Votre Révérence comprendra, d'après cela, combien il me reste peu de temps pour écrire en Europe ; si j'ai paru négliger ma chère province et mes amis, l'on verra que j'en ai été absolument empêché ; et on n'attribuera pas cela à l'oubli de tous les bienfaits dont mes compatriotes m'ont comblé, et auxquels je voudrais répondre en me multipliant si c'était possible.

Je supplie Votre Révérence de vouloir bien par elle-même et par d'autres me réserver quelques-unes de ces choses que vous trouvez en abondance en Europe, telles sont les images de Jésus-Christ et de la sainte Vierge ; ou encore les statues, les miroirs, les horloges qui ornent vos demeures, vos bois, vos jardins ; tout cela a beaucoup de valeur en Chine ; et j'ai épuisé depuis longtemps ce que j'avais apporté.

J'enverrai à V. R., un exemplaire complet de mon

vocabulaire ; s'il ne vous arrive pas avec cette lettre, n'en soyez pas trop étonné ; en l'absence du provincial, je crains qu'il ne puisse vous être envoyé cette année, et, forcé de faire un voyage de cinquante jours pour revenir dans cette résidence, je n'ai pu arriver à temps pour l'expédier moi-même. L'année prochaine si je suis encore en vie, je vous l'enverrai. Je vous prie de vouloir bien communiquer ma lettre à nos pères et à nos frères, dont l'agréable souvenir ne périra jamais dans mon cœur : qu'ils n'oublient pas qu'autant il est difficile à un seul homme d'écrire à tous, autant il est facile que tous écrivent à un seul. Que chacun veuille bien recevoir cette lettre comme si elle lui était adressée. Je prie V. R., et je vous prie tous de vous souvenir de moi dans vos prières et au saint sacrifice de la messe.

De la ville de Han-tchéou, métropole de Tché-Kiang, le 13 septembre 1627.

De Votre Révérence, le serviteur en J.-C.

NICOLAS TRIGAULT.

L'empereur de la Chine est mort subitement ; son frère, âgé de dix-huit ans lui a succédé. L'eunuque, qui avait tout le pouvoir, a été éloigné des affaires, et on croit qu'il a été mis à mort. Pour moi, j'ai été de nouveau détourné de mes occupations littéraires ; l'on m'a dit de me rendre de nouveau dans la province de Canton, pour introduire notre visiteur-général, qui, ne connaissant pas la langue, ne pourrait pénétrer sans un guide. Si ce voyage est terminé en quatre mois, je croirai avoir fait une merveille. J'ai déjà deux fois fait naufrage sur un fleuve très-large; Dieu m'a arraché à ces dangers. Revenu encore dans la province de Chen-si je suis forcé à de nouvelles courses, et ainsi j'aurai voyagé pendant un an entier. Que Dieu en soit béni.

Encore adieu. 25 décembre 1627.

Toujours votre serviteur en J.-C.

NICOLAS TRIGAULT.

Voyage du P. Nicolas Trigault de la Chine en Europe.

Le P. Nicolas Trigault, né dans la Flandre wallonne, procureur de la mission de la Chine, est parti il y a dix ans pour les Indes orientales, il a ensuite passé quelques années dans l'intérieur de la Chine, où il a pu pénétrer jusque dans la Cour et dans le palais de l'empereur. Il était arrivé à Canton par la voie de mer qui est ordinairement suivie. En revenant, il a pris la route ordinaire sur un navire jusqu'à Cochin : mais de Cochin à Goa il a fait plus de cent vingt lieues par terre, route qu'aucun de nos pères n'avait encore parcourue, et que l'on regardait comme pleine de périls. De Goa il se rendit dans l'île d'Ormuz, sur les côtes du golfe Persique et pénétra ensuite dans la Perse; ayant parcouru à pied une grande partie de ce pays il arriva dans l'Arabie déserte; et après l'avoir traversée il entra dans l'empire de Turquie non loin de Babylone, ville dont il put facilement reconnaître les ruines. Il franchit ensuite le Tigre et l'Euphrate; et, traversant des déserts immenses, il arrive dans l'Héliopolis de Syrie qui est aujourd'hui appelée Alep, marché célèbre où habitent des marchands Européens, Français, Vénitiens, Anglais et Flamands. Se rendant dans un port qui n'est qu'à deux jours de distance et qu'on nomme Alexandrette, il s'embarque sur un navire, et, à travers la méditerranée, arrive à Chypre. Une petite barque le conduit ensuite à Adalia, ville de l'Anatolie d'où une autre barque le descend non loin de Rhodes, sur un îlot que les Grecs appellent Simi ou Simiagni; de là montant sur un petit navire il parvient dans l'île de Crète, aujourd'hui appelée Candie; et reconnu pour un religieux de la Compagnie de Jésus, il est néanmoins très-bien accueilli par les Vénitiens. Après avoir obtenu la permission de s'embarquer pour l'Italie, il prend passage sur un navire d'Amsterdam, qui le porte à Zante où sentant s'aggraver la maladie qui l'attaquait déjà en partant de Candie, il s'arrête quelques jours. Ensuite, un vaisseau à voiles le conduit à Otrante port du royaume des deux Siciles, d'où il va par terre à Naples et enfin à Rome. Là peu de jours après son arrivée il fut saisi par une fièvre qui le mit en danger et fit désespérer de ses jours. Pour ce voyage, en prenant comme point de départ Nan-King, l'ancienne capitale de l'empire chinois, il avait fallu plus de deux ans.

Le reste de la lettre n'est qu'un abrégé des récits et de l'ouvrage du P. Trigault; nous renvoyons nos lecteurs, pour la traduction, à l'introduction de notre livre.

IX

INDICATIONS BIBLIOGRAPHIQUES,

Relatives aux ouvrages du P. Trigault (1).

1. Vita Gasparis Barzæi è societate Jesu B. Xaverii in India socii. Antverpiæ en officina Joach. Trognesii, 1610, in-8° pp. 338, sans les lim., etc.

Vita Gasparis Barzæi Belgæ è societate Jesu, B. Xaverii in India socii. Coloniæ, sumptibus Bernardi Gualtheri. Anno 1611, gr. in-8 p. 424, sans l'épitre dédicat. et les tables.

La vie du P. Gaspard Barzée, zélandois de la compagnie de Jésus, et compagnon du R. P. Xavier aux Indes; ou le triomphe de la croix sur les infidèles Turqs, Sarrasins, Gentils, Schimastiques, Hérétiques, Juifs, Athées, etc. En la conqueste d'un nouveau monde à la foy chrestienne, sous les estandarts du bon Jésus, en l'Inde Orientale. Traduit du latin du R. P. Nicolas Trigault, de la mesme compagnie par D. F. D. R. T. (Dominique-Florice De

(1) Nous avons emprunté une grande partie de ces notes bibliographiques à la *Bibliothèque des écrivains de la compagnie de Jésus*, par le père De Backer.

Riquebourg-Trigault). A Douai, de l'imprimerie Noel Wardavoir, 1615, pet. in-8°, pp. 444, sans les lim. et les tables.

2. De expeditione apud sinas suscepta ab societate Jesu. Ex P. Matthæi Ricii ejusdem societatis commentariis Libri V ad S. D. N. Paulum V. In quibus sinensis regni mores, leges atque instituta et nova illius ecclesiæ difficillima primordia accuratò et summa fide describuntur. Augustæ Vind., apud Christoph. Mangium, 1615, in-4°, pp. 646.

De expeditione apud Sinas suscepta ab societate Jesu. Ex P. Matthæi Ricii ejusdem societatis commentariis. Libri V ad S. D. N. Paulum V. In quibus sinensis regni mores, leges atque instituta et nova illius ecclesiæ difficillima primordia accurato et summa fide descrebuntur. Editio recens ab eodem auctore multis in locis aucta et recognita. Lugduni, sumptibus Horatii Cardon, 1616, in-4°, pp. 628. Titre encadré. Planche.

De christiana expeditione apud sinas suscepta ab societate Jesu. Ex P. Matthæi Riccii, ejusdem societatis commentariis Libri V, ad S. D. N. Paulum V. In quibus sinensis regni mores, leges atque instituta et novæ illius ecclesiæ difficillima primodia accurate et summa fide describuntur. Editio recens ab eodem auctore multis in locis aucta et recognita. Coloniæ, sumptibus Bernardi Gualteri, 1617, in-8°, pp. 712 sans l'epit. dédicat., la préface et les tables.

L'abbé Prévost dans son Abrégé des Voyages en cite une édition de Rome.

Histoire de l'expédition chrestienne au royaume de la Chine entreprinse par les pères de la compagnie de Jésus, comprinse en cinq livres, esquels est tracté fort exactement et fidèlement des mœurs, loix et coustumes du pays, et des commencements très-difficiles de l'Eglise naissante en ce royaume. Tirée des Mémoires du R. P. Matthieu Ricci de la compagnie de Jésus, par le R. P. Nicolas Trigault de la mesme compagnie, depuis nagueres venu de la Chine en Europe pour les affaires de la chrestienté dudit royaume. Et nouvellement traduite par le S. D. F. de Riquebourg-Trigault. A Lille, de l'imprimerie de Pierre de Rache, 1617, in-4°, pp. 889, sans les lim. et les tables.

Histoire de l'expédition chrestienne en la Chine entreprise par les pères de la compagnie de Jésus. Tirée des commentaires du P. Matthieu Riccius de la mesme compagnie, et divisée en 5 livres ; auxquels les mœurs, loix et coustumes du royaume de la Chine et les commencements très-difficiles de la nouvelle Eglise d'iceluy sont exactement et fidèlement descrits. Par le père Nicolas Trigault, de la mesme compagnie. Traduit du latin en français, par T. C. D. A Paris, de l'imprimerie de Pierre Le Mur, 1618, pp. 994, sans les lim. et les tables. Le priv. donné à Le Mur pour 6 ans est du 29 déc. 1617.

Historia von Einfuehrung des christlichen religion, in dass grosse Königreich China durch die soc. Jesu. Sambt wolgegründten bericht von beschaffenheit dess Landts und volcks auch desselbigen gesatzen, sitten und gewonheitten. Auss den Lateinischen R.

P. Nicolai Trigautii, gemelter socieloyt Jesu. Augsburg, in Verlag Antonii, Hiera von Collen, 1617, in-4°, pp. 527. A la fin : Gedruck in Augsburg bey sara Mangin Wittib, 1617. C'est la traduction de Paulus Welser.

Entrata nella China de' Padri della compagnia di Giesù. Tolta dai commentarii del P. Mattheo Ricci, di detta compagnia. Dove si contengono i costumi, le leggi e ordini di quel regno, e i principii difficillissimi della nasciante Chiesa, descritta con ogni accuratezza, et con molta fede. Opera del P. Claudio Trigauci Padre di detta compagnia, ed in molti luoghi da lui accresciuta e revista. Volgarizzatta dal signor Antonio Sozzini da Sarzana. In Napoli, per Lazzaro Scorrigio, (1622), in-4°, pp. 504, sans les lim. Titre encadré.

Historia de la China, per Nic. Trigault, traduzida de longua latina por Duarte. Sevilla, 1621, in-4°.

Sotwel cite une traduction espagnole, par Edouard Fernandez, 1621, in-4°.

3. Rei christianæ apud Japonios commentarius ex litteris annuis societatis Jesu annorum 1609, 1610, 1611, 1612 collectus. Auctore P. Nicolao Trigautio ejusdem societatis. Augustæ Vindelicorum, apud Christophorum Mangium. 1615, in-8°, pp. 296, sans l'ép. déd. et la préface.

Nowing Chrinski zwloskiego Mikolaia Trigwata, tlumaczone przez X Szymena Wysockiego W Krakovie W Drukarni Lazazowey, Maciey Jedrzeiowczyk, 1616, in-4°. (Traduction en polonais).

4. De christianis apud Japonios triumphis, sive de gravissima ibidem contra Christi fidem persecutione exorta anno 1612 usquè ad annum 1620. Libri V, in annos totidem summâ cum fide ex annuis societatis Jesu, litteris continuâ historiæ serie distributi ad serenissimos, Principes Gulielmum Parentem Ferdinandum et Maximilianum S. R. J. septem viros electores, Albertum F. F. F. Com. Pol. Rheni utriusq. Bavariæ duces. Auctore P. Nic. Trigautio ejusdem societate sacerdote Belga Duacensi cum Raderi auctuario et iconibus sadelerianis. Monachii 1623, petit in-4° pp. 518, sans l'ep. dédicat. et la table. L'Auctuarium occupe les pages 496-518. Titre encadré. 8 gravures.

Histoire des martyrs du Japon, depuis l'an 1612 jusques à 1620, composée en latin par le R. P. Trigault de la compagnie de Jésus, et traduit en françois par le P. Pierre Morin de la mesme compagnie. A Paris, chez Sébastien Cramoisy, 1624, in-8°, pp. 638.

5. Coppie de la lettre du R. P. Nicolas Trigault... contenant l'accroissement de la religion catholique aux Indes, Chines et lieux voisins. Ensemble l'assiègement de Mozambic, Malaca, Amboin etc. par la flotte Hollandoise. Escritte au R. P. François Fleron, provincial de la mesme compagnie, en la province des Pays-Bas, datée de Goa, en l'Inde orientale, la veille de Noël 1609. En Anvers, chez Daniel Vervliet, 1609, pet. in-12, pp. 113. Vervliet avait le privilège pour le latin, le françois et le flamen.

Copie d'une lettre du P. Nicolas Trigault jésuite au R. P. Fleuron, provincial de la compagnie, datée de Goa, en l'Inde orientale, en 1607. Paris, Chapelet, 1609, in-12.

« Eam refert Petrus Jarricus in Thesauro rerum Indicarum. Tom 3. lib. 1. cap 41, et Gallice prodit Lugduni apud Rivarid *(Lisez Rivoire)* 1609. » (Sotwel.) Nous n'avons pas trouvé cette lettre, ni même sa mention, dans P. Jarric.

6. Litteræ societatis Jesu è regno sinarum annorum MDCX et MDCXI, ad. R. P. Claudium Aquavivam ejusd. Societatis Præpositum generalem. Auctore P. Nicolao Trigautio ejusd. Soc. Augustæ Vindelicorum, apud Christophorum Mangium, MDCXV in-8° pp. 294. Sans l'épître dédic. datée de Rome. Kal. martii, CIƆIƆCXV.

Litteræ societatis Jesu è regno sinarum ad R. P. Claudium Aquavivam ejusdem societatis præpositum generalem annorum MDCX et MDCXI. A R. P. Nicolao Trigautio, ejusdem societatis conscriptæ. Antverpiæ, apud Petrum et Joannem Belleros, MDCXV, in-8°, pp. 227. L'approbation est datée du 2 mai 1615.

Il y a eu une autre édition de ces lettres à Lyon, 1616, petit in-4°.

Due lettere annue della Cina del 1610 et del 1611. Scritte al. M. R. P. Claudio Aquaviva generale della compagnia di Gièsù. In Roma, per Bartolomeo Zannette, 1610 (?) in-8° pp. 263. Il y a erreur dans la date 1610, puisque le P. Trigault rapporta lui-même ces lettres de la Chine en 1613.

7. Histoire du massacre de plusieurs religieux de Saint-Dominique... Item diverses lettres; une du R. P. Nicolas Trigault; une du P. Spira, et le « Petit discours d'Elie Trigault religieux de la compagnie de Jésus. Contenant plusieurs belles particularitez de son voyage aux Indes orientales. » A Valenciennes de l'imprimerie de Jean Vervliet, 1620, in-8° pp. 44. — Pour le volume en entier, 3 parties, pp. 31, 80 et 59.

8. Epistola N. Trigautii è soc Jesu de navigatione in Indiam; itemque de statu rei christianæ apud sinas et Japonios. Coloniæ 1620, in-8°.

9. Rerum memorabilium in Regno sinæ gestarum littera annuæ societatis Jesu ad rev. admodùm in Christo patrem P. Mutium Vitelleschi præpositum generalem ejusdem societatis. Antverpiæ ex officina Hieronymi Verdussii, 1625, in-8° pp. 148 pour 168, sans nom d'auteur dans le titre. Ces lettres sont datées de Nan-King, 21 août 1621.

10. Dans le recueil intitulé : De novis christianæ religionis progressibus... Monasterii Westphaliæ, ex officina Michaelis Dalii, 1627, se trouve l'ouvrage suivant : Litteræ ex regno sinarum anni 1620. Ex metropoli Ham ceu., 1622, Nicolaus Trigaultius.

La même lettre a été publiée par des traducteurs différents en Italien, on la trouve dans un recueil analogue. Elle a été ensuite traduite en français par le P. J.-B. de Machault, et imprimée dans un ouvrage qui a pour titre : Histoire de ce qui s'est passé en Chine ès années 1621 et 1622. Paris Cramoisy, 1627, in-8°.

11. SI JOU EUL MOU TSEU : Vocabulaire disposé par tous, suivant l'ordre des mots européens, in-4°, 3 parties en 1 volume. On lit sur l'exemplaire de Klaproth : Auctor hujus libri est P. N. Trigault, cujus nomen sinicum *Kin-ni-ko*. Publié en 1626, avec une préface du président du tribunal suprême.

12. Pentabiblion sinense quod primæ atque adeò sacræ auctoritatis apud illos est, latina paraphrasi explicuit P. Nicolaus Trigault. Traduction et commentaire.

13. Annales regni sinensis tomis 4, in fol. justæ magnitudinis parabat et probabiliter confecit.

14. Expeditionis christianæ continuationem quæ tamen mors ipsius intercepit, verùm impressit lingua sinensi Librum. En chinois et en latin.

15. De computu ecclesiastico per quem christiani sinenses indagare possunt festa et jejunia romanæ ecclesiæ. En chinois, en latin et en syriaque.

16. Fables choisies d'Esope. En chinois.

17. La bonne foy des anciens jésuites sur l'idolâtrie des Chinois dans le culte qu'ils rendent à Confucius et aux morts, démontrée par des extraits des R. P. A. Kircher, N. Trigault, Alexandre Rhodes, etc., in-12.

18. Nic. Trigautii, De regno Chinæ. Lugdini Batav. Ex officina Elzeveriana, 1633. Petit in-octavo, 265 pages, sans les lim. et la table. Titre encadré.

19. Lettres écrites de l'Inde au grand-duc de Toscane; de la Chine aux princes de la maison de Bavière et au R. P. de Montmorency, etc. Ces lettres sont reproduites dans cet appendice.

20. Tsi-Ke ou les Sept Victoires, ouvrage en chinois, attribué par les uns au P. Trigault et par les autres au P. Didace Pantoja.

FIN DE L'APPENDICE.

TABLE.

A Monsieur l'abbé Fava.

Introduction.   1

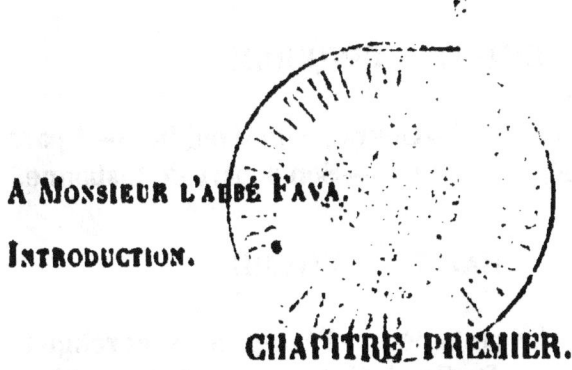

CHAPITRE PREMIER.

La ville de Douai et la famille Trigault. — Naissance et études de Nicolas Trigault. — Son entrée dans la Compagnie de Jésus. — Ses premiers travaux comme professeur. — Son départ pour les missions étrangères.   4

CHAPITRE DEUXIÈME.

Lettre du P. Trigault. — Départ de Lisbonne. — Navigation. — Tempêtes. — Arrivée au Mozambique. — Attaques des Hollandais. — Débarquement à Goa. — Séjour dans l'Inde.   25

CHAPITRE TROISIÈME.

Souvenirs du pays natal. — Le P. Trigault pénètre en Chine. — Premier voyage dans l'intérieur. — Nan-King. — Fondation de la résidence de Han-Tcheou. — Conversion du mandarin Yang.   69

CHAPITRE QUATRIÈME.

Péking. — Le P. de Spira tente de pénétrer en Chine. — Le P. Trigault est envoyé en Europe. — Son voyage de Macao à Goa et de Goa à la Méditerranée par l'intérieur de l'Asie. — Son arrivée à Rome. 99

CHAPITRE CINQUIÈME.

Le P. Trigault à Rome. — Ouvrages qu'il publie. — Il parcourt l'Europe. — Son séjour à Douai. — Son départ de Lisbonne. 119

CHAPITRE SIXIÈME.

La traversée. — La peste décime l'équipage et les religieux. — Séjour dans l'Inde. — De Goa à Macao. — État de la Chine. — Persécutions; les Tartares; les sociétés secrètes. 143

CHAPITRE SEPTIÈME.

Retour en Chine. — Séjour dans le Kiang-si. — La porcelaine et la pisciculture. — Missions dans le Honan et le Chen-si. 167

CHAPITRE HUITIÈME.

La pierre de Si-ngan-fou. — Écrits du P. Trigault. — La question des rites. — Mort du P. Trigault. 187

Appendice. 217

FIN DE LA TABLE.

PARIS
P. LETHIELLEUX,
6e, rue Bonaparte.

BIBLIOTHÈQUE INTERNATIONALE CATHOLIQUE

TOURNAI
H. CASTERMAN,
Imprim.-Lib.-Édit.

Depuis longtemps, nous nous étions proposé de réunir, en une seule collection, les traductions françaises des meilleurs ouvrages qui paraissent chaque année dans les différents pays de l'Europe. Déjà nous avons fait connaître au public plusieurs livres excellents ; nous sommes heureux de pouvoir annoncer aujourd'hui que nous réalisons enfin notre projet. Chaque année, l'Italie, l'Allemagne, l'Angleterre et l'Espagne, en fournissant leur contingent à notre collection, verront leurs plus utiles productions se populariser et se répandre par l'intermédiaire de la langue française, aujourd'hui devenue la langue universelle.

Ouvrages parus ou à paraître.

SECTION ALLEMANDE.

Benoît (P.)	Consolations en Marie. In-12.
Bolanden.	Luther et sa fiancée. In-12.
»	Franz de Sickingen. In-12.
Busé.	S. Paulin de Nole. Gr. in-8.
Emmerick	Douloureuse Passion. Gr. in-18.
»	Vie de N. S. J.-C. 6 v. gr. in-18.
»	Vie de la sainte Vierge. Gr. in-18
Faesser.	Anabaptistes de Munster. In-12.
Goffiné.	Manuel complet de Piété. In-18.
Hahn-Hahn.	Pères du désert. Gr. in-8.
Héfélé.	Ximenès et l'Inquisition. In-8.
Hirscher.	Vie de la sainte Vierge. In-12.
Holzwarth.	Ludwig et Edeltrude.
Luken.	Traditions de l'humanité.
Martin.	Doctr. et morale cathol. 3 v. in-12
Muller.	Voyages des Papes. In-12.
Ottmar.	Violettes. In-12, illustré.
»	Myosotis. —
»	Bluets. —
»	Pervenches. —
»	Anémones. —
Overbeck.	Livre de la religion catholique.
Schmid.	Souvenirs de ma vie. Gr. in-8.
Siemers.	Histoire de l'Eglise. In-12.
Veith.	Paroles des ennemis de J.-C. In-18

SECTION ANGLAISE.

Allies.	Voyage en France. Gr. in-8.
Baptiste (P.)	Ailey Moore. Gr. in-12.
Bonus.	Ombres de la Croix. In-12.
Caddell.	Snowdrop. In-12.
Cobbett.	Réforme en Angleterre. In-12
Cumming.	Orpheline de Boston. 2 vol. in-12
Dalgairns.	Vie de S. Etienne. In-12
Anderdon.	Antoine de Bonneval. Gr. in-12
Miss Thompson.	Mont Saint-Laurent. In-12.
Faber.	Tout pour Jésus. In-18.
Husenbeth.	Conversion et martyre. In-12.
Layrenee (de)	Alice Sherwin. Gr. in-8.
Manning.	Fondements de la foi. In-12.
Montanclos (de).	Sorcière de Melton-Hill. In-12.
Newman.	Callista. In-12.
»	Perte et gain. In-12.
»	Sermons. In-12.
Oakeley.	Jeunes martyrs de Rome. In-12.

Wiseman (card.)	Fabiola. In-12 et gr. in-8.
»	Mélanges religieux. Gr. in-8.
Yves.	Epreuves d'un esprit. In-12.

SECTION ITALIENNE.

Bartoli.	Vie de S. Stanislas Kotska. In-12.
Bresciani.	Juif de Vérone. 2 vol. in-12 3e éd.
»	Lionello. In-12.
»	République romaine. In-12.
»	Don Giovanni. In-12.
»	Edmond. In-12.
»	Lorenzo ou le conscrit. In-12.
»	Ubaldo et Irène. 2 vol. in-12.
»	Mathilde de Canossa. In-12.
Civiltà cat.	Le mariage. In-12.
Carcano.	Nouvelles italiennes. In-12
Dominique (P.)	Excellence de Marie. 2 vol. in-12.
Léonard de Port-Maurice.	Vie et correspondance.
»	Voie du Paradis. In-12
»	Sermons pour carême. 2 v. in-12.

(Les œuvres complètes auront 8 vol. Chaque ouvrage se vend séparément).

Liguori (S. Alphonse de).	Prép. à la mort. In-12.
»	Voie du salut. In-12.
»	Grands moyens de salut. In-12.

(Les œuvres ascétiques formeront 18 vol. Chaque vol. se vend séparément).

Margotti.	Rome et Londres. Gr. in-8.
Pagani.	Ecole de la perfection. In-12.
Pascal-Marie.	Médit. sur la passion. In-12.
Patrignani.	Dévotion à S. Joseph. In-18.
Perrone.	Le Protestantisme et l'Eglise.
Piccirillo.	L'Orfanella. In-12.
Roberti.	Petites vertus. Format mignon.
Sanesi.	La Bonne Maria. In-12.
Secondi (Mgr)	Veillées funéraires. Gr. in-18.
Silvio Pellico.	Rafaella. In-12.
»	Mes prisons. In-12.
Taparelli.	Traité de Droit naturel. 4 v. in-8.

SECTION ESPAGNOLE.

Alvarez de Paz.	Médit. sur la vie de J.-C. In-12.
»	Médit. sur la vie de la S.-V. In-12.
Grenade.	Méditations. Gr. in-18.
Sobrino.	Hist. de la Terre-Sainte. 2 v. in-8.
»	Livre de la consolation. In-12.

Les volumes de cette collection sont imprimés dans le grand format de luxe in-8 ou dans le format économique in-12 compacte, selon l'importance de l'ouvrage ; parfois dans les deux formats, ainsi qu'on l'a fait pour « Fabiola ; » quelques autres enfin dans le format grand in-18 cavalier.

EXTRAIT DU CATALOGUE GÉNÉRAL.

Vie de Notre-Seigneur Jésus-Christ, par…
— Histoire de Notre-Seigneur Jésus-Christ, par le Père Deporter.
— Vie de Notre-Seigneur Jésus-Christ et la Sainte Vierge, par Rohrbacher.
— Notre-Seigneur Jésus-Christ méditée, par le P. Avancin.
— la Sainte Vierge, par le docteur Hirscher.
— la Sainte Vierge, par C. A. Emmerich.
— la Sainte Vierge méditée, par le P. Alvarez, S. J.
— Saint Joseph, par le Chanoine Prau.
Une vie de Saint par semaine, suivant l'ordre des siècles.
Le Saint de chaque jour selon la liturgie romaine, par l'abbé Chapia.
Saints et grands hommes du catholicisme, par le Père Smet, S. J.
Histoire de Saint Albert de Louvain, par le Chanoine David.
— Saint Antoine de Padoue, par le P. Dirks.
— Saint Augustin, par Vincent.
— Saint Roch, par l'abbé Reclus.
Saint Anselme de Cantorbéry, par le Chanoine Crozet-Mouchet.
— Avite, évêque de Vienne, par l'abbé Parizel.
— Eleuthère, évêque de Tournai, par Un Tournaisien.

— Vie de Saint Jean de Dieu.
— de Saint Jean de la Croix.
— Bienheureux Pierre Gérard Majella, par le P. J…
— Bienheureux Léonard de Port-Maurice, par le P. S. Ivaro.
— Saint Liguori, par le Chanoine de Smet.
— Saint Louis de Gonzague, par le P. Cepari, S. J.
— Bienheureux Paul de la Croix.
— Saint Philippe de Néri.
— Saint Rombaut.
— Saint Stanislas Kostka, par le P. Bartoli, S. J.
— Bienheureux Thomas Hélye.
— Gustave Mittini, par le P. Prévost.
— Saint Vincent de Paul, par Collet.
— P. Jean d'Almeida, par Sainte-Foy.
— P. Ribadeneira, par le P. Prat.
— P. Ricci, par Sainte-Foy.
— Sainte Berthe, par le Ch. Parenty.
— Sainte Berlilie, par le Ch. Parenty.
— Sainte Godelive, par De Baecker.
— Sainte Gudule, par Bulteydier.
— Sainte Aldegonde, d'après le P. Binet, S. J. etc.
— Sainte Angèle de Foligno, par le P. Armand.
— Sainte Angèle de Merici, par le Chanoine Parenty.
— Bienheureuse Baptista Varani, Clarisse.

Contraste insuffisant

NF Z 43-120-14

www.ingramcontent.com/pod-product-compliance
Lightning Source LLC
Chambersburg PA
CBHW050543170426
43201CB00011B/1542